苏州大学"211工程"三期建设经费资助

苏 南 学 校 与 区 域 发 展 研 究 丛 书

近现代苏南教育家概览

尹艳秋 编著

苏州大学出版社
SOOCHOW UNIVERSITY PRESS

图书在版编目(CIP)数据

近现代苏南教育家概览 / 尹艳秋编著. —苏州：苏州大学出版社，2013.5
(苏南学校与区域发展研究丛书)
苏州大学"211工程"三期建设经费资助
ISBN 978-7-5672-0408-9

Ⅰ.①近… Ⅱ.①尹… Ⅲ.①教育家－人物研究－苏南地区－近现代 Ⅳ.①K825.46

中国版本图书馆 CIP 数据核字(2012)第 313067 号

近现代苏南教育家概览
尹艳秋 编著
责任编辑 王晓丹 肖 荣

苏州大学出版社出版发行
(地址：苏州市十梓街1号 邮编:215006)
扬中市印刷有限公司印装
(地址：江苏省扬中市科技园区东进大道6号 邮编：212212)

开本 700 mm×1 000 mm 1/16 印张 11.5 字数 207 千
2013年5月第1版 2013年5月第1次印刷
ISBN 978-7-5672-0408-9 定价：29.00 元

总 序

“苏南”主要是指苏州、无锡、常州所在区域，这里地处长江以南、太湖之滨，面积将近 18 000 平方公里，常住人口约 2 000 余万。

当下的苏南，正处在一个天翻地覆的巨变时期。苏南曾经被称为上海的“后花园”，高官巨贾从名利场上撤下来，多隐居于此，置屋筑园“退思”静养。而如今，苏南早已从“后花园”一跃而成改革开放的前沿阵地，成为投资开发的热土，成为城市化、工业化的样板，各级政府、各行各业争先恐后地宣示着“全面实现小康”“基本实现现代化”的宏伟目标，各路英豪也纷至沓来在这里大显身手。苏南久经吴文化的浸染，吴人注重耕读传家、诗礼传家，性情温良恭俭让，生活上小富即安，平和安详。而如今，苏南人正以敢为天下先的气魄，以只争朝夕的紧迫感，不断地创造出“苏南模式”“新苏南模式”“张家港精神”“昆山之路”“华西奇迹”，创造出 GDP 的新高。苏南也是得天独厚的鱼米之乡、宜居之地，这里曾被描绘成良田万顷绿野遍地，小桥流水曲径通幽。如今经过三十多年的跨越式发展，苏南早已旧貌换新颜：连片式“开发区”势如燎原，各类“城市综合体”拔地而起，“东方曼哈顿”“欧洲城”之类争奇斗艳。苏南正处于深刻的社会转型、文化嬗变、环境日新的历史巨变过程之中。

在这样一个历史转折的过程中，苏南的教育同样也发生着深刻的变化。

吴地具有崇尚人文、尊师重教的优良传统，苏南教育有着悠久而辉煌的过去。苏南古代堪称“状元之乡”，现当代又堪称“院士之乡”。苏南历史上曾出现过诸多名校，官学如苏州府学、太仓州学、武进县学，书院如紫阳书院、东林书院、南菁书院，私学如盛泽镇学、钱氏家塾、无锡国专。苏南也曾是教育家辈出的地方，古代如言偃、范仲淹、顾宪成、顾炎武，近现代如唐文治、顾颉刚、钱基博、叶圣陶，都是名垂青史的大教育家。更重要的是，苏南人懂教育，善教育。范仲淹认为，所谓教育，就是“敦之以诗书礼乐，辨之以文行忠信”；顾炎武将教育归结为“博学于文，行己有耻”，主张“成德达材，明先王之道，通当世之务”；叶圣陶说：“教，是为了不教”；连吴江退思园的楹联，也似乎在昭示着教育的真义：“种树者必培其根，种德者必养其心。”

经过最近三十多年的发展，苏南教育同样今非昔比。苏南已经高水平地普及了九年义务教育，有的地方甚至已经普及了高中教育，高等教育早已超越了马丁·特罗所定义的“大众化高等教育阶段”而开始迈入“普及化高等教育阶段”；苏南的学校，有着精美的建筑、先进的设施，有的堪称豪华；苏南的学校，有着大批优质的师资，他们学历高、知识新、见识广，此外，众多学校还能凭借其地域优势吸引各地的良师来任教；苏南的学校，有着一代更比一代强的生源，他们在入学前大都受到良好的家庭教育和早期教育，入学后还有各种形式的社会教育作补充。苏南教育与苏南社会一样，近几十年来发展迅速，变化巨大，成绩骄人。人们有理由认定，苏南教育在国内已处于“率先”的位置，也有理由要求苏南教育向着更高的“教育现代化”目标挺进。

然而，苏南教育毕竟是中国教育整体的一部分，它既有中国教育共同的优点，具有自身的种种独特优势，但是它在许多方面，却也同样摆脱不了当下中国教育特有的内在缺陷，也同样面临着一系列深层次的挑战。我们如何才能摆正“目的”和“手段”的位置，使得我们的教育不再是以升学率而是以学生个体全面而自由的发展作为一切工作的出发点和归宿，以“人的现代化”作为最终的鹄的？我们如何才能在德育和智育之间取得平衡，真正地教人向善，教人求真，教人诚信，教人过平实而幸福的生活？我们如何才能实现教育的公平和正义，保持教育起码的尊严，使一切权力和金钱在我们面前无路可通？我们如何才能利用好资源优势，多“雪中送炭”少“锦上添花”，切实解决好“办学校”与“办教育”的关系，使教育回归其本真和朴素？我们如何才能营造出适宜新一代教育家辈出的土壤和机制，让教育家的成长成为一个自然的发展过程，而不是随心所欲地为他们贴上种种时髦标签进行包装？诸如此类深层次的矛盾，当然不是一地的问题，甚至也不单纯是教育的问题，而是一个全局性的、社会性的问题。但是，对于多方面“率先”的苏南教育而言，如果我们真诚地想“办教育”，真诚地要实现“教育现代化”，那么，我们就必须“率先”直面这些深层次的问题，并且一如既往地以敢为天下先的精神，勇于改革，有所突破。这才是“教育现代化”的要旨所在，也是苏南“人民满意的教育”的本义所在。

本丛书是苏州大学“211 工程”三期项目“生态型区域（苏南）经济与社会治理研究”第三方向之子项目“苏南学校与区域发展研究”的成果。各书著者从不同的角度对苏南教育的发展道路及其相关理论进行研究，既总结经验，又探讨问题，自成体系，各有特色。笔者作为子项目主持人，对各位著者的辛勤工作及其学术贡献表示诚挚的谢意，同时也恳请业内外各位读者批评指正！

周　川

2012 年 5 月

目录

导 论

教育是人类的一种实践活动,也是人类永恒的事业。一生尽瘁于此事业的教育家们更是可敬可颂,正是这样一代代前仆后继的先哲们勇于探索、躬身力行的奉献,才使得教育之树长青。在我国尊师重教优良传统的长期影响下,历史上先后出现了灿若星辰、功业垂世、影响深远的教育家,他们成为灿烂华夏文明的继承者、传播者、创造者,构筑起人类文化的丰碑,也是人类社会真、善、美的象征和人间正气的赋形。“纵观整个教育历史,不难发现,每一次伟大变革无不有一位或几位伟大的教育家起着重大的作用,例如孔子和杜威”[1]。从某种程度上说,一部教育史大体上就是以历代教育家为杰出代表的教育工作者的奋斗史,他们以自己远大的志向、开阔的视野、独特的思想见解、高尚的品德和人格魅力,投身到教育的理论探索与实践的开拓中,培养出一批批杰出人才,引领着教育的继承与创新,时代的发展与进步。

一、问题的提出

(一)我国近现代之独特的时代背景

19 世纪中叶以后,中国进入了一个充满动荡与变革的时期。鸦片战争爆发后,资本主义列强以坚船利炮打开了封建中国的古老大门,中国开始套上半殖民地半封建的枷锁。一方面,原有的社会制度和价值观念面临着冲击与解体;另一方面,近代中国饱受西方列强的侵略与蚕食。“中国向何处去?”这一攸关民族存亡的问题严酷地摆在了中国人的面前,成为当时中国知识分子忧患的主题。从此,中华民族在内外交困的情况下开始了“救亡图存”之路的艰难跋涉。“救亡图存”一直延续到20 世纪中叶,成为中国近现代化发展的时代主题。

中国近代教育正是与“救亡图存”这一时代的脉搏一起跳动的,是伴随着向西方学习的潮流一步一步前进的,也是紧随着对“救亡图存”这一急切问题

[1] 许可峰.“教育家”问题研究述评[J].中国地质大学学报(社会科学版),2008,(2):27.

的探索与解决而逐步成熟的。从清初"经世致用"思潮的兴起到洋务运动时期的教育改革,从维新变法到1919年的五四运动,中国近代教育经历了一次又一次的改革,经历了从传统教育到近现代教育的一次又一次的超越,从而实现了由古代传统教育向近现代教育的转变,实现了教育的近代化。所谓中国教育近代化,指的是与几千年的自给自足的封建农业经济和封建专制政体相适应的传统教育逐步向与近代大工业生产和资本主义发展相适应的近代新式教育转化的历史过程。[1]换句话说,是近代资本主义兴起之后,通过多次的教育改革,学习、借鉴西方教育经验,推进传统教育不断改造、更新的历史过程。

在中国近现代独特的时代背景的影响下,生长并活跃于地理位置、经济发展、文化教育等方面在全国都占优势的苏南的教育家们,得风气之先,学贯中西,博古通今,博采众长,以大无畏精神,革故鼎新,投身到波澜壮阔的教育改革潮流中,不断推动苏南教育的近代化进程。因此,研究近现代之际的苏南教育家,展示其时代使命、人生追求、教育作为,无疑也是对独特时代背景下的中国近现代教育的回眸与反思。

(二) 苏南地区的典型性

苏南地区是我国灿烂的吴文化和江南文明的发祥地。优越的地理位置与自然条件,使苏南自古就是全国经济最为发达的地区之一,并促成苏南文化教育在不同的历史阶段都走在全国的前列。从全国地理位置上看教育家的分布,有关研究表明,"对我国从先秦到现代杰出人才的城市分布统计,苏州、无锡、常州分别名列全国的第一、第四和第九位,县级城市常熟、吴江、宜兴均列前20名之内"[2];根据对《教育大辞典》所载398名中国教育家的籍贯进行的统计,"近代以来在全国居前5位的是:江苏、浙江、湖南、广东、湖北"[3]。由此可以看出,苏南地区自古以来就文教昌盛、人文荟萃,正是这片丰厚而神奇的土地孕育了源远流长、独具异彩的吴文化,并滋养了一批在教育理论与实践上有着卓越成就的苏南教育家。

苏南教育家在吴文化的长期熏陶下,耳濡目染,潜移默化,逐渐形成了具有区域特性的文化心态、个性特点、人文情怀等。例如,由于长期生活在倚江临海的水乡泽国,身处在流动、变通的环境中求生存、求发展,吴地教育家养成了勤劳勇敢、自强不息、灵活机巧、讲究策略的生活习性;以精细高雅为特征的

〔1〕 田正平.中国教育近代化研究丛书[M].广州:广东教育出版社,1996.

〔2〕 顾敦荣,张曾明,张嘉巽.苏南教育与现代文明[J].教育研究,1997,(2):12—19.

〔3〕 孙孔懿.试析中国历史上教育家涌现的三个高峰期[J].华东师范大学学报(教育科学版),2007,(6):77.

吴文化,养成了吴地士人高雅的审美选择与生活情趣,在丰富多彩的感情世界中,他们有着积极、乐观、平和的心境;崇文重教的优良传统,使苏南教育家从小浸染在浓郁的文化氛围中,好学上进,知识渊博,求精求新,并有敢为人先的创新意识。在悠悠历史长河中,辛勤耕耘于教育园地的历代吴地教育家,为繁荣和发展吴文化乃至整个中华文化,作出了不可磨灭的重要贡献。

优越的地理位置、发达的经济条件及崇学求功的文化传统等,使苏南教育一直走在全国的前列,为国家培养了大批的政治家、科学家、教育家、社会活动家等优秀人才,创造了一个又一个教育奇迹,形成了独具特色的苏南教育典范。为此,从当代理论视域考察近现代在苏南地区创造辉煌业绩的教育家的思想与贡献,对于拓展区域教育研究、弘扬传统教育文化,将起到重要的推动作用。

本书通过查阅文献,搜集近现代苏南地区教育家的相关资料,对具有鲜明时代特征、汲取吴文化养分并且在教育史上影响深远的教育家进行研究。本书主要由以下几部分组成:

第一,借鉴谱系学方法来对近现代苏南教育家群体进行分类。从追溯吴文化特点出发,在占有大量史料的基础上,收集生长于苏南、活跃于苏南的教育家事迹材料,以此为基础,选取时间、空间和思想三个维度对他们的教育成就与教育思想进行谱系梳理,构建近现代苏南教育家谱系,以展现其成长的过程和群体特点,达成对苏南教育家群体的整体感知,同时探寻苏南教育家成其为教育家的根源或影响因素。

第二,以文化性格为视角,在分析近现代之际中国教育家共同的文化特点的基础上,从苏南教育历史发展过程及苏南文化的独特性出发,对马相伯、叶圣陶、郑辟疆、俞庆棠、唐文治、袁希涛等苏南教育家的价值观念、行为模式、处事态度、道德情操、教育理念等进行考察与分析,进而揭示近现代苏南教育家的共同文化性格。

第三,以"意义世界"为切入点,对苏南教育家的教育意义世界及人生意义世界进行考察。一方面,厘清近代以来苏南教育家的教育思想、教育理念、教育价值、教育信仰等;另一方面,通过对一个个具体人物成长过程的剖析,感知苏南教育家的人文情怀,展示苏南教育家高尚的精神世界。

需要说明的是,上述三方面的论述,会有某些地方的交叉或重复,但因为其各自的切入点不同,可以使我们从不同的视角来了解近现代苏南教育家个体与群体,所以,笔者仍保留了这三部分各自的表述。相对来说,苏南教育家谱系部分,着重从历史的角度,围绕苏南教育家成长的历史过程中所受到的各方面的影响因素,来对苏南教育家进行时间、空间等方面的梳理与分类;苏南教育家的文化性格部分，着重考察苏南作为一个地域，其区域文化对生长生活于这一地域的教育家群体产生怎样的影响，造就了他们怎样的文化性格；苏南教育家的意义世界部分，则通过对近现代苏南教育家的个例分析，揭示他们对教育、对人生的认识、理解与追求。

二、相关概念的界定

（一）教育家

“教育家”一词在我国最早出现于19世纪末20世纪初。这一时期的社会出版物中频频出现“考据家”“帖括家”“学问家”“经验家”“实行家”“立法家”“政论家”等名称，“教育家”称号也就是从那时候流行起来的。教育家最初是一个中性的称谓概念，后来日益为人们赋予褒义，用来指称教育工作者中的佼佼者，指那些古今中外具有高尚人格，在教育思想、教育理论、教育实践等方面作出重要贡献并产生重大影响的杰出人士，比如中国的孔子、孟子，德国的赫尔巴特，美国的杜威等。梁启超在1901年撰写的《南海康先生传》之“教育家之康南海”一节中不仅多次使用“教育家”一词，而且提出了“教育家之精神”“教育家之资格”[1]等概念。

整体来看，学界对教育家的研究已经取得了较为丰硕的成果，达成了一些共识，但是大多数学者在教育家标准问题上的意见不一，由此也引发了围绕教育家界定展开的种种争论，从概念到具体对象，学者们莫衷一是。如，有的学者认为只要从事过教育事业，有明确的教育思想，在人才培养方面作出过较大贡献者就可以称为教育家。当然教育家有贡献度、知名度大小之分，有的是教育理论家，有的是教育实践家，有的两者兼备。[2]还有学者认为，作为一名教育家，应当具备三个条件：一是从事教育理论或教育实践工作；二是对教育有一定的见解，公开发表过论著；三是有一定的知名度。[3]还有学者将教育家定义为在教育思想、教育理论、教育实践、教育事业、教育改革等某一方面或某些方面作出重要贡献并产生过较大社会影响的杰出人士。周川先生等认为，“教育家是教育工作者的一个特殊的群体，它既是一种称号，更标志着一种素质，一种才能，一种人格境界”；教育家有五个基本特征：“真诚无私的教育爱”“创造性的教育工作及其显著的工作实绩”“独特的教育经验和思想”“为人师表，成为教育目标的化身”以及“一定的社会影响和声望”[4]，且教育家应该集这

[1] 孙孔懿.论教育家[M].人民教育出版社，2006：409.

[2] 杭建伟.简论无锡近代教育家的创新精神和主要贡献[J].江南大学学报（教育科学版），2009，3：1—4.

[3] 陶华坤.教育家成长的足迹[J].浙江教育科学，2009，3：59—59.

[4] 殷爱荪，周川主编.校长与教育家[M].福州：福建教育出版社，2004：273—274.

几方面于一身。我们认为,以这几个方面对教育家所作的概括是比较全面的。这也是本书考察教育家的依据或标准。

(二) 近现代

本书所谓的近现代,主要指1840年鸦片战争前后至1949年中华人民共和国成立这段历史时期。通常意义上,1840年鸦片战争爆发至1919年五四运动之前这段历史时期,我们习惯称之为近代;1919年五四运动之后至1949年中华人民共和国成立这段历史时期,我们习惯称之为现代。因此,本书所选取的近现代苏南教育家,也主要指活跃于1840年鸦片战争前后至1949年中华人民共和国成立之初这一历史时期的苏南教育界涌现的杰出人士。书中对这些教育家生平事迹的介绍多侧重在这一历史时期,对他们在新中国成立以后的教育建树较少涉及。例如苏南籍的钱伟长、杭苇、段力佩等,早年均在苏南从事过教育活动,但他们有关教育理论方面的突出建树还是主要集中于新中国成立以后;再如,为江苏师范学院(今苏州大学)教书育人作出卓越贡献的著名历史学家柴德赓教授及物理学家朱正元、周孝谦教授等,由于他们均为20世纪50年代来江苏师范学院工作,且他们在教育领域的贡献主要集中在当代,而且从籍贯及出生地上看,他们也非苏南人士,所以,本书对这部分内容暂不进行研究。

(三) 苏南

古代科技不发达,交通、通讯手段落后,由于长江把江苏自然分割为两个部分,因此大江南北的沟通有所不便。在这种情况下作为一级地方行政区划,要想兼治苏南、苏北,其行政管理的效率必然会受到较大的限制。1949年南京等地解放以后,江苏正式划分为南京市和苏南、苏北行署三个行政区。[1]从此苏南、苏北分属不同的行政区域,在当时的条件下这是行政管理的最好选择。

纵观江苏历史,秦统一以前,今江苏省管辖的这片土地在大多数年代分属于不同的诸侯国。秦废封建郡县后,直到清康熙六年(1667)江苏建省,在历经18个朝代的近两千年间,苏南、苏北在大部分时间里都分属于不同的行政区域,有时甚至分属不同的政权,即使在江苏建省以后的两百余年中,苏南大部分隶属于江苏布政使司,苏北则全部隶属于江宁布政使司。事实上,长江不仅是苏南、苏北交通上、行政上联通的巨大障碍,而且也揭示了苏南、苏北民性具有不同精神风貌的地理特征。[2]苏南作为一个以地理范围划定的行政区概念,它的核心文化是吴越文化。从已有的研究文献看,苏南指的就是太湖以东

---

〔1〕 陈乃林,周新国.江苏教育史[M].江苏人民出版社,2007:592.
〔2〕 张乃格.江苏民性研究[M].江苏人民出版社,2004:669—670.

的苏锡常地区，从语言上说，属吴语中的苏锡常方言片。一般说来，又可称为东吴文化。[1]目前，对于吴文化的区域界定主要以王长俊教授主编的《江苏文化史论》和陈书禄教授主编的《江苏文化概观》为代表的五分法影响较大，他们把江苏境内的区域文化分为五大块：吴文化，以苏锡常地区为中心；金陵文化（宁镇文化），以南京、镇江为中心；徐淮文化（楚汉文化），指徐州、淮安、宿迁以及连云港、盐城的部分地区；维扬文化，以扬州及泰州为中心；苏东海洋文化，指南通、盐城及连云港的海岸区域。另外，吴恩培在《吴文化概论》中认为应将吴文化的地域范围扩大至整个苏南，即苏、锡、常、镇、宁诸市。[2]

可见，苏南是一个地理概念，也是一个经济区域。本书选取的近现代苏南教育家深受吴文化的濡染，因而，根据吴文化意义上对苏南的定义，仅指苏州、无锡、常州三地。由于上海早期曾隶属于苏南，包括嘉定、松江、川沙、金山等地区，所以本文把出生于这些地方并活跃于此的教育家，如张焕纶、吴怀疚（吴馨）、杨白民、黄炎培、刘海粟、潘序伦等，也列入了苏南教育家的范围。再者，对他们出生地的考察均以当时的行政划分为标准。

本书所界定的近现代苏南教育家主要有以下三类，第一类是他们生长在苏南，主要的教育成就也在苏南，如俞庆棠、郑辟疆、费达生、蔡俊镛、胡雨人、钱仲联、吴研因、倪寿芝、施肇曾、吴粹伦等；第二类是虽不出生在苏南，但其主要的活动区域及所作的贡献在苏南，同时，苏南的时代背景造就了他们，如俞樾、章太炎、杨达权、古楳、孙起孟等；第三类是从吴文化中汲取了养分成长起来的教育家，他们出生在苏南，但主要的活动并不局限在苏南，而是遍布祖国各地，促进了祖国教育事业的发展，如章钰、钱穆、马博庵、蒋南翔、瞿菊农、周培源、潘菽等。本书所选取的教育家主要是第一类，具有显著特点与成就的第二类教育家也在考察范围内。至于第三类，本研究较少涉及，只在“传略”中对部分人物有所论及。此外，本书所选取的苏南教育家，总体上依目前已有著作或文献中对其作为“教育家”的界定为标准。但对个别人物，如顾颉刚，鉴于其在教育及苏南文化上的贡献，笔者也将其置于苏南教育家之列。在对文献（如地方志等文献）的搜集与梳理中，我们还特别关注到那些在苏南办学兴教上作出开创性贡献而现有文献有所忽略的民间教育家，如胡静芳、侯鸿鉴、王谢长达、王同愈、王季玉、江漱芳、李仁、倪寿芝、徐念慈等。根据这一标准，本书所收录的近现代苏南教育家见下表（以出生年代先后顺序排列）：

---

〔1〕 荣长征，李勇. 吴文化与苏南现代化[J]. 唯实，1998，1：25—28.

〔2〕 吴恩培. 吴文化概论[M]. 东南大学出版社，2006：8.

本文收录近现代苏南教育家一览表

序号	生卒年	教育家	出生地
1	1808—1874	冯桂芬	吴县
2	1818—1884	徐　寿	无锡
3	1821—1907	俞　樾	浙江德清
4	1828—1897	王　韬	吴县
5	1833—1902	华蘅芳	无锡
6	1840—1939	马相伯	丹阳
7	1844—1912	缪荃孙	江阴
8	1844—1916	盛宣怀	武进
9	1844—1937	胡静芳	常熟
10	1846—1902	张焕纶	上海
11	1848—1934	王谢长达	苏州
12	1852—1915	杨　模	无锡
13	1854—1904	华世芳	无锡
14	1855—1941	王同愈	苏州
15	1861—1910	李佩黻	无锡
16	1861—1935	汪家玉	苏州
17	1864—1930	蒋炳章	吴县
18	1864—1943	倪寿芝	吴江
19	1864—1949	沈恩孚	吴县
20	1865—1945	施肇曾	吴江
21	1865—1953	吴敬恒	武进
22	1865—1954	唐文治	太仓
23	1866—1930	袁希涛	宝山(今上海)
24	1867—1928	胡雨人	无锡
25	1867—1928	江漱芳	吴县
26	1867—1934	朱文熊	太仓
27	1868—1922	李　仁	常州
28	1868—1938	胡石予	昆山

续表

序号	生卒年	教育家	出生地
29	1869—1936	章太炎	浙江余杭
30	1872—1938	顾　倬	无锡
31	1872—1961	侯鸿鉴	无锡
32	1873—1916	杨保恒	川沙(今上海)
33	1873—1919	吴　馨	上海
34	1873—1958	蒋维乔	武进
35	1874—1908	徐念慈	常熟
36	1874—1924	杨白民	松江(今上海)
37	1874—1947	金松岑	吴江
38	1875—1952	荣德生	无锡
39	1876—1957	蔡俊镛	苏州
40	1878—1957	刘勋麟	常州
41	1878—1965	黄炎培	松江(今上海)
42	1879—1925	费伯埙	吴江
43	1879—1966	杨达权	泰州
44	1880—1969	郑辟疆	吴江
45	1881—1963	唐昌炎	吴江
46	1882—1918	周维城	太仓
47	1883—1920	陈　警	常州
48	1883—1941	吴粹伦	昆山
49	1883—1980	顾颉刚	苏州
50	1884—1939	吴　梅	苏州
51	1884—1943	胡汀鹭	无锡
52	1885—1938	杨荫榆	无锡
53	1885—1967	顾树森	嘉定(今上海)
54	1885—1967	王季玉	苏州
55	1885—1970	俞子夷	吴县
56	1886—1929	过探先	无锡

续表

序号	生卒年	教育家	出生地
57	1886—1959	吕凤子	丹阳
58	1886—1962	邓邦逖	江宁
59	1886—1975	吴研因	江阴
60	1887—1957	钱基博	无锡
61	1887—1971	潘慎明	吴县
62	1888—1928	宗秀松	常熟
63	1888—1968	王　謇	吴县
64	1889—1971	韩大受	金坛
65	1890—1990	吴若安	金山(今上海)
66	1891—1949	汪懋祖	吴县
67	1891—1977	贺天健	无锡
68	1892—1943	高　阳	无锡
69	1892—1966	胡刚复	无锡
70	1893—1967	黄寰清	常熟
71	1893—1983	施仁夫	常熟
72	1893—1985	潘序伦	宜兴
73	1893—1988	颜文樑	苏州
74	1894—1988	叶圣陶	吴县
75	1895—1953	徐悲鸿	宜兴
76	1895—1990	钱　穆	无锡
77	1896—1994	刘海粟	常州
78	1897—1949	俞庆棠	太仓
79	1899—1966	马博庵	仪征
80	1899—1967	孟宪承	武进
81	1899—1976	沈体兰	吴江
82	1899—1977	古　楳	广东梅县
83	1899—1984	杨荫浏	无锡
84	1899—1993	童润之	南京

续表

序号	生卒年	教育家	出生地
85	1900—1956	王　庸	无锡
86	1900—1978	吴邦伟	无锡
87	1901—1997	程有庆	常熟
88	1903—1998	顾翼东	苏州
89	1903—2005	费达生	吴江
90	1906—1965	许莼舫	江阴
91	1907—1981	戴伯韬	丹阳
92	1908—2003	钱仲联	常熟
93	1910—1971	华　山	无锡
94	1911—2010	孙起孟	安徽休宁

三、已有研究综述

(一) 教育家研究的历史与现状

对教育家的研究,历来受到学界的高度重视,并取得了丰硕的成果,兹归纳如下。

1. 研究的内容

从研究内容来看,对教育家的研究经历了从单纯的人生经历的记述到对教育经历、教育思想的全面研究和教育影响评价的发展过程,研究成果令人鼓舞。特别是20世纪80年代到90年代,教育史界对教育家的研究出现了一个小高潮。这一时期具有代表性的著作有:

《中外著名教育家》[1],共对40名中外教育家作出评介;

《中国古代教育家传》[2],该书为传记体,不仅阐述了我国古代教育家的教育思想,而且简要地介绍了其生平、业绩;

"中国近现代教育家系列研究丛书"[3],每册专著以一位教育家为研究对象,对其教育思想、教育事功进行论述并评价,内容十分丰富;

《中国教育家评传》[4](共三卷),对中国古今50位最著名的教育家的生平、业绩、思想和影响进行了全面述评;

---

〔1〕 雷克啸编著.中外著名教育家[M].哈尔滨:黑龙江教育出版社,1985.
〔2〕 毛礼锐主编.中国古代教育家传[M].北京:北京师范大学出版社,1987.
〔3〕 宋恩荣主编.中国近现代教育家系列研究丛书[M].辽宁:辽宁教育出版社,1991—1997.
〔4〕 沈灌群,毛礼锐主编.中国教育家评传[M].上海:上海人民出版社,1988.

《外国教育家评传》[1]（共四卷），对外国教育家的生平活动、教育思想和历史影响作出了详尽的介绍和评价；等等。

从内容上看，学界对教育家的研究不仅在广度上日益丰富，而且在深度上也日益加强，多角度地展开对教育家的研究得到越来越多学者的关注。他们从不同的角度来考察教育家的成长、教育思想、教育影响，且涌现出一批高质量的研究成果。

2. 研究的方式

对教育家的研究从研究方式上来看，有个案研究、群体研究、整体研究三种。各种研究方式各有特色，侧重点也不同。

第一，个案研究主要是对单个教育家的教育思想与教育实践进行介绍与论述。比如《人民教育家陶行知》[2]，考察了陶行知先生青少年时期的成长经历，早期的教育思想，从倡导普及教育时期、推行国难教育时期、实施战时教育时期到提倡民主教育时期的教育思想，以及对后来的教育产生的积极影响；再如《爱国教育家陈嘉庚》[3]，介绍了陈嘉庚先生为了祖国教育事业的发展积极奔走，先后创立了集美小学、南洋华侨中学、厦门大学等学校，培养了大批人才的事迹；等等。

第二，群体研究是针对某一类教育家群体和教育流派展开的研究，其成果有《中国近代教育家群体特征综论》[4]、《民国时期教育家群体特征论析》[5]、《中国近现代教育思潮与流派》[6]、《近代天津十二大教育家》[7]，等等。这些研究都是从教育家群体所具有的共同特征出发来探讨特定群体和教育流派的特点。在群体研究中还出现了教育家之间的比较研究，其中有本国教育家教育思想的比较，有不同教育思想流派的比较，也有跨国教育家的比较等。

第三，整体研究是对教育家作总体的论述，旨在探索教育家之间的联系与内在规律。最具代表性的是孙孔懿的《论教育家》[8]，该书论述了教育家的社会影响、教育家的人格、教育家的个体风格等内容，分析了教育家的特征、成长规律以及对未来教育家的展望，等等。

---

[1] 赵祥麟主编. 外国教育家评传[M]. 上海：上海教育出版社，1995.

[2] 安徽省陶行知教育思想研究会. 人民教育家陶行知[M]. 上海：上海教育出版社，1984.

[3] 李小丁，练先永. 爱国教育家陈嘉庚[M]. 北京：北京师范大学出版社，1989.

[4] 田正平，肖朗. 中国近代教育家群体特征综论[J]. 教育研究，1999，(11).

[5] 林良夫. 民国时期教育家群体特征论析[J]. 华东师范大学学报（教育科学版），1999，(4).

[6] 董宝良，周洪宇主编. 中国近现代教育思潮与流派[M]. 北京：人民教育出版社，1997.

[7] 中国人民政治协商会议天津市委员会文史资料委员会. 近代天津十二大教育家[M]. 天津：天津人民出版社，1999.

[8] 孙孔懿. 论教育家[M]. 北京：人民教育版社，2006.

（二）苏南教育家研究的历史与现状

从整体上看，对苏南教育家的研究大多以个体为对象展开，具体介绍某一位苏南教育家的成长经历、主要成就以及产生的影响，如《叶圣陶语文教育论集》[1]、《蚕魂——费达生传》[2]、《俞子夷教育论著选》[3]等。

群体研究有金其桢编撰的《吴地教育家》[4]。该书选择了吴地具有代表性的80余位教育家，分为上、下篇，主要介绍了这些教育家的生平事迹、教育实践和教育思想。但该书论及的教育家大多是无锡一地的教育家，对苏州、常州地区的教育家较少涉及。

纵观目前对于教育家以及苏南教育家的研究，主要有以下几个方面的不足：

第一，文献检索发现，20世纪八九十年代，教育史界曾集中涌现出一批颇有影响的研究成果。[5]不无遗憾的是，这些成果都是针对教育家个体和群体的研究，而以系统论的方式将某时代或某区域的教育家作为整体对象来进行的研究，则近乎空白。实际上，无论是单个的教育家还是教育家群体，彼此都不是孤立的存在，相互之间具有千丝万缕的联系。离开了由这些联系折射出的错综复杂的社会关系，就难以理解教育家个人的本质，难以理解他们的思想和行为。

第二，从现有的研究来看，对于教育家的研究大多是对其思想与实践进行述评，缺乏从当代理论视域对教育家的思想与贡献进行的考察与揭示。为此，本书选择从谱系学、文化学、意义世界等当代话语出发来考察教育家，以一定的理论视域来分析和理解教育家的群体特征。

以苏南来说，教育家是文化积淀的产物，苏南教育家是汲取吴文化的养分，在特定时代呼唤下成长起来的群体。苏南教育家虽然来自不同的家庭、不同的阶层，有着不同的人生阅历，个性迥异，但是苏南这片沃土滋养着他们，风云变幻的时代影响着他们，使近现代苏南教育家群体具有独特的文化性格，有着与时代发展及苏南教育发展息息相关的教育理想与教育追求、教育精神与人文情怀。

第三，从已有的研究来看，对区域教育家的研究仍有不少空白与缺失。特定的地域文化培育和造就了带有鲜明地域特点的教育家群体，有学者对湖南教育

---

〔1〕 中央教育科学研究所编. 叶圣陶语文教育论集[M]. 北京：教育科学出版社，1980.
〔2〕 余广彤. 蚕魂——费达生传[M]. 苏州：苏州大学出版社，2002.
〔3〕 董远骞，施毓英编. 俞子夷教育论著选[M]. 北京：人民教育出版社，1991.
〔4〕 金其桢. 吴地教育家[M]. 北京：中央编译出版社，1996.
〔5〕 孙孔懿. 教育家整体研究的简要过程与基本结论[J]. 江苏教育研究，2007，9：4—8.

家群体和浙派教育家群体进行了研究，总结出其群体的共性特征；也有学者对我国总体的教育家群体进行研究，梳理了从古至今我国教育家群体的共同属性并对教育家进行了界定。但是，作为素有深厚吴文化滋养的苏南教育家群体，却鲜有学者进行研究。特别是许多对苏南地方教育事业开创与发展呕心沥血、积极探索的同时又作出重大贡献的民间教育家，他们处于被研究遗忘的角落，在现有的成果中并未予以足够的重现。如苏州兰陵女学的创办者江漱芳、无锡竞志女中的创办者侯鸿鉴、常州女子刺绣专业学校的创办者李仁等女教育家，现有研究成果中几乎鲜见对她们的研究，有的只是在地方志中被一笔带过。

前文提到，自古以来，苏南地区一直文教昌盛、人文荟萃，正是这片丰厚而神奇的土地孕育了源远流长、独具异彩的吴文化。长期在吴文化的熏陶、影响下，耳濡目染，潜移默化，苏南教育家逐渐形成了具有区域特性的文化心态和个性特点、人文情怀。他们辛勤耕耘于教育园地，为繁荣和发展吴文化乃至整个中华文化，作出了不可磨灭的重要贡献。苏南教育家群体具有源远流长的文化基因、诗书传家的文化血脉、浓郁醇香的教育习俗，经历了时代锤炼，形成了苏南教育家独特的群体特性。今天，我们深入研究这些教育家，了解他们的生平事迹、教育实践和教育思想，无疑可以从中获得很多有益的借鉴和启迪。

四、几点说明

其一，本书由上、下篇两部分组成。上篇主要从谱系、文化性格、意义世界三个视角，着力考察近现代苏南教育家的整体特征；下篇“传略”部分主要对本书涉及的近现代苏南教育家个体进行介绍，包括他们的出身、经历、主要活动等，也是对上篇的佐证及补充。诚然，中国近现代的教育家灿若星辰，仅活跃于苏南一域的也是繁星荟萃，本书难以一一穷尽并一一进行追根溯源，而只是从整体意义上对其进行“概览”。

其二，中国近现代之际动荡的时代背景，使得这一时期的教育发展历经起伏与曲折，也使得近现代教育家的人生经历充满了起伏与动荡，其活动的领域及地域也多有变动。比如，江苏省立教育学院、无锡国专都几经动荡流迁。所以，本书对苏南教育家的界定及对他们的分类也只能具有相对的意义，主要着眼于该教育家人生的主要经历与主要活动，很难按严格意义上的“生于此、长于此、活跃于此”的标准执行。

其三，“近现代苏南教育家”的选题，是笔者承担的由苏州大学周川先生主持的学校“211 工程”项目中“苏南学校与区域发展研究”中的子课题。自接手课题以来，笔者便对课题研究的内容与主题进行了整体的规划，拟定了每个主题的研究提纲、思路与写作方法，并与笔者所带的苏州大学教育学院教育学原理方向的研究生共同来完成。其中，上篇的三章，即“近现代苏南教育家谱系”

“近现代苏南教育家的文化性格”“近现代苏南教育家的意义世界”，分别是在研究生董铭铭、王富国、赵春梅的硕士论文的基础上修改完成的；下篇“传略”中的人物资料搜集工作主要由笔者与研究生李秀雪完成，研究生乔撼、许念英等也参与了这部分工作。在“传略”的编写过程中，我们陆续发现一些值得收录的人物，故几经增补，耗时耗力颇多。即便如此，也难免疏漏与差误。

最后要说的是，对近现代大学校长、教育家的研究是周川先生近些年来关注的学术焦点或视域，并卓有成果。这里引用周川先生在《百年之功——中国近代大学校长的教育家精神》的“再版前言”中的一段话，再度重申本课题对教育家研究的意义与价值——

选择这样一些历史人物和这样一个题目来进行研究，其理论价值和现实价值，非但没有因时间的推移而降低，甚至于今显得更为必要，更为迫切；同样，我们对这些著名校长的崇敬与钦佩之情，也丝毫没有因时间的流逝而减弱，反而有历久弥新、与日俱增之感。究其原因可能就在于，这些校长所表现出来的那种教育家精神，似乎正成为一种“历史”的遗产而离我们远去；对这样一种精神境界，我们越来越感到陌生，越来越久违矣！规律在于，历史的遗产随时间的推移，不仅不会失去它的价值，反而会越来越稀罕；它就像酒一样，越是年深日久越是香醇。

上篇

近现代苏南教育家的总体特征

第一章　近现代苏南教育家谱系

"乡曲儒生，老死翰墨，名不出闾巷者何可胜道。"

——《古文观止》

苏南经济繁荣，人文荟萃，俊彦辈出，教育有着灿烂的历史与成就。苏南教育之发达，除自然经济条件优越外，更归功于为教育事业开拓与奉献的先哲名师，他们致力于教育事业，培养出一批批人才，桃李满天下，推动了社会的进步。尤其可贵的是，近现代苏南教育家们把教育、教学工作和拯救祖国、改造社会、争取人民民主的进步事业结合在一起，从旧民主主义革命到新民主主义革命的各个历史时期，举凡辛亥革命、北伐战争、抗日战争和解放战争，都不乏这些先哲名师的参加。在宣传反对封建制度和封建思想，鼓吹妇女解放，兴办女学，提倡职业教育，推行乡村教育等一系列改革教育、改革社会的伟大事业中，他们努力实践，勇为先驱，为国家以及苏南地区的教育发展与进步，作出了重大的贡献。

一般而言，"谱"是指按照对象的类别或系统，采取表格或其他比较整齐的形式，编辑起来供人参考的书或表册。所谓"谱系"，在《现代汉语词典》中有两个义项：(1) 家谱上的系统；(2) 泛指事物发展变化的系统。"谱系学"则是研究谱系的专门学问。[1]现代科学研究中的"谱系方法是考证史实的间接方法之一，指利用谱系资料确定史料缺乏记载的事实，或揭示以某种'隐藏的'方式包含在史料中的有关信息"[2]。福柯在20世纪70年代提出"谱系学"的历史研究方法，形象地把谱系学展开的一种方式描述为追寻对象的血统、出身，"追随血统的复杂进程就是要将一切稍纵即逝的事件都保持在它们特有的散布状态上；它将分辨那些偶然事件，那些细小的背离，或者反过来说，那些完全

〔1〕 孙孔懿. 论教育家[M]. 北京：人民教育出版社，2006.
〔2〕 汝信主编. 社会科学新辞典[M]. 重庆：重庆出版社，1988.

的颠倒、错误、虚假的评价以及有缺陷的计算，而这一切曾导致那些持续存在并对我们有价值的事物的诞生”〔1〕。这样，谱系学作为观察、分析历史的方法就具有了两个主要目标：追溯历史对象的血统和出身，同时标示出对象得以出现的原因，也即当对象之所以成为对象时它的构成要素中所蕴含的各种力量以及它们之间的相互作用。〔2〕这“构成要素”指的是知识、权力和伦理三者。这是塑造一个对象的基本方法，具有普适性。笔者以为，这种方法同样适切于对教育家的研究。

中国近现代之际涌现了大批教育家，已有不少学者根据不同的标准对教育家们进行了划分。如，以教育家所从事的教育活动领域为标准，将教育家划分为教学型教育家、办学型教育家和管理型教育家。〔3〕以教育家成长的背景为标准，将教育家划分为出身于书香门第或文化望族的教育家；出身贫寒、立志于学、有志于教育事业的教育家；根植于传统、深造于西方，归国致力于教育改革的教育家。〔4〕从个人的贡献方面，划分为教育思想家、教育理论家、教育行政家、教育活动家、教育事业家、教育改革家以及教育实践家。还有种“两分法”，分别将教育家划分为广义的教育家和狭义的教育家，职业的教育家和非职业的教育家，教育科学家和教育艺术家。孙孔懿在其所主持的课题“教育家内涵特征及成长规律研究”中，对教育家的谱系进行了研究，其所定义的谱系分别着眼于“二分法”、教育场所、个人贡献领域三个维度。

在参考对教育家分类的已有研究成果的基础上，本章主要借鉴福柯所提出的谱系学方法来研究近现代苏南教育家群体，从追溯吴文化特点出发，在占有大量史料的基础上，收集生长于苏南、活跃于苏南的教育家事迹材料，选取时间、空间和思想三个维度对他们的教育成就与教育思想进行梳理，以期能够展现源于吴文化，受特定历史时期时代背景的影响和感召，在各自领域取得卓越教育成就的苏南教育家的群体特点，达成对近现代苏南教育家群体的整体感知。同时，探寻近现代苏南教育家成其为教育家的根源或影响因素，揭示塑造一位教育家所需的内在与外在条件。

本章主要分三部分：一是从纵向历史时代延伸的角度，对近现代苏南教育家进行分类，时间从1840年鸦片战争开始直至新中国成立前后，共四个历史

〔1〕 福柯.尼采·谱系学·历史学[A].学术思想评论[C].苏力，译.第四辑.沈阳：辽宁大学出版社，1998.

〔2〕 李震.福柯谱系学视野中的身体问题.求是学刊[J].2005(2)：44—50.

〔3〕 许可峰.“教育家”问题研究述评[J].中国地质大学学报(社会科学版)，2008，2：27—30.

〔4〕 杭建伟.简论无锡近代教育家的创新精神和主要贡献[J].江南大学学报(教育科学版)，2009，3：1—4.

阶段;着重考察不同时代背景对苏南教育家的影响。二是以苏南教育家教育活动的领域及由此取得的成就领域为依据,对本书所收录的苏南教育家进行分类,主要包括:为救国图强不遗余力兴学育人的教育家、在学科教育领域卓有贡献的教育家、在管理层面大胆革新蜚声教坛的教育家、在教育思想或见解方面独具影响的教育家等。三是以其已经形成体系的教育思想为依据,分别对凸显于苏南一域及苏南教育家倡导的几种教育思想,诸如实业教育思想、职业教育思想、平民教育思想、师范教育思想等进行"追根溯源",力图探究其形成与发展的脉络。需要说明的是,从本章的主题出发,这里的重点不在于对这几种教育思想内容的阐述,而在于厘清这些教育思想形成的源头,即将这些思想形成谱系。最后,在上述三方面研究的基础上,概括出促成教育家成长的内在因素与外在条件。

第一节　时代感召的教育求索
——近现代苏南教育家谱系之历史视角

一国之教育是与时代紧密相连的,特定的时代背景锤炼了教育家们共同的教育志向,赋予了他们从事教育实践的特殊的使命与要求,也构成了影响教育家成长的时代因素。

我国的近代教育是以洋务运动为始的,至五四运动之前历经了"西学东渐"从"器物"到"制度"的学习,促使现代教育制度的建立;新文化运动及五四运动的掀起,使得多种思想交融,教育家们的教育实践和教育思想呈现出百花齐放的景象,中国教育较之洋务维新时期简单输入"西学"有进一步的发展;随后的国民政府及抗战时期,在"争鸣"的教育思潮与"齐放"的教育实践基础上,在受两方政党领导下的苏南一域,苏南教育家们的活动表现出独特的特点,主要体现在开展教育研究、推行平民教育、发起爱国教育运动等方面。新中国成立之初,在中国共产党的领导下,中国社会发展经历了"从新民主主义向社会主义过渡"和"开始全面建设社会主义"的两个非常重要的阶段,在这一重要历史时期,教育家们也为建立新型的社会主义教育进行了崭新的探索。本节从时间的维度,按照以上几个历史阶段,对活跃在不同历史阶段的苏南教育家的实践活动及教育思想进行分类,阐述他们在时代诉求下的"共通之处"。

一、洋务运动至五四运动前

中国有足以骄人的悠久灿烂的古代文明,汉唐雄风曾引世界人民为之折腰。从古代地缘因素来看,中国无疑是亚洲,特别是东亚的中心。封闭在山海之间和传统思想之中的中华帝国,对在她视野之外的世界——那个先是缓缓而行，然后又加速发展变化的世界始终兴趣不大。到 18 世纪，欧洲资本主义国家的工业革命如火如荼，中国仍然停留在男耕女织的自给自足的自然经济，统治中国的清政府则酣睡于“乾嘉盛世”的美梦之中。进入 19 世纪后，世界资本主义蓬勃发展，中国却已远远落伍了。1840 年鸦片战争爆发，主权独立、领土完整的中国开始套上半殖民地半封建的枷锁。神州落沉，中国向何处去？这是当时中国知识分子的共同忧患。有识之士冲决传统思想的罗网，把学习西方、强国御敌的命题提上了近代中国的议事日程，掀起了“师夷长技以制夷”的时代浪潮，即洋务运动。这一“求强”运动发生于 19 世纪 60 年代，中国这块古老土地的地平线上出现了一线近代工业文明的曙光，拉动了民用工业、翻译人才、工业技术人才的涌现，实实在在地满足了社会的急切需求。社会对人才的渴求呼唤近代教育的产生。但是，甲午战争的失败宣告了洋务运动“中学为体，西学为用”的教育模式解决不了中国的问题，于是有了维新派教育家们的崛起与呼吁。他们认为，向西方学习的内容不能停留在“坚船利炮”的物质、技术层次上，而必须学习他们的政治制度，进行变法维新。他们明确地把教育变革与政治变革联系起来，直接促使了封建教育制度的覆灭，从而通过革新教育、颁布学制、设立学校推动传统教育的近现代转化。

基于上述的时代背景，“救亡图存”无疑成了这一时期的教育诉求。活跃于此期的教育家们都怀着无比高涨的爱国热情，积极投身于浩荡的教育救国的洪流之中。

得地理位置之优越，享千年文化之浸润，面对民族的哀叹、主权的沦陷，生长于苏南的儒者志士更是奋起读书，抱定“教育救国”之志，并为之进行艰苦卓绝的探索。他们或兴办学堂，培养专业人才；或执教讲堂，谆谆教诲；或求学西方，执著教育改革；或发表文章，宣传革新思想……活跃于其间的苏南教育家，有震旦大学（今复旦大学前身）校长马相伯，无锡国学专修馆馆长唐文治，南洋公学创办人盛宣怀，职业教育之父黄炎培，美术教育家吕凤子，苏州公立长元吴第一高等小学堂创始人王同愈等人。这些教育家们虽然在各自不同的教育领域中勤耕不辍，但历史的沧桑、教育救国的共同感召，又使得他们的教育思想与实践呈现出时代与地域赋予的群体特征。

1. 源——根植于传统文化，留学异国而受外来思想的洗礼

活跃在洋务运动与维新运动之际的苏南教育家们，均出生于礼教尚存的清朝后期，当时科举仍是读书人孜孜以求的“正道”，且受苏南独有的诗书家传文化传统的濡染以及崇文重教的社会风气的影响，自小便读经于私塾或书院。他们所就读的私塾与书院在当时都有一个共同的特点：一方面为科举取士服务，另一方面确实尽到了繁荣学术、传播文化科学的重要职责。如紫阳书院、

钟山书院、南菁书院等。因此，苏南教育家们在当时或精于经史、训诂，或长于诗词曲赋，或讲求经世之学，或研究考古、天文、历算之法。[1]良好的旧式教育，为他们日后的教育实践奠定了扎实的基础。

洋务运动和维新运动的主题是倡导西学，中国的近代教育正是沿着器物、制度、观念渐次深入，不断向西方学习并不断实现对传统教育的改革与超越的，探索教育救国之路也便成为了此时教育家们走出启蒙教育之后的选择。很多苏南教育家们都曾在年轻时期或东渡日本，或远渡重洋、寻访欧美，考察先进的教育制度。如任苏州公立第一中学堂首任监督(校长)的蔡俊镛，为我国早期赴日留学生，深谙西方教育体制与教学方法，归国后认为中国教育应借鉴西方先进的教育体制来办学，实施现代教育课程与教育方法；三所大学的创始人马相伯曾先后去日本、朝鲜、美国、法国和意大利等国考察，比较了日本的维新、高丽(朝鲜)的守旧之后，他强烈感受到国家富强之术在于提倡科学，兴办实业；过探先留美归来后主持江苏省立第一农业学校；顾倬留日归来后任无锡东林学堂校长，创办官立江苏第三师范学堂及附属小学；胡雨人留日归国后举家办胡氏公立蒙学；郑辟疆留日归来后投身于蚕丝事业的人才培养；等等。

总之，正是在这样深重的时代背景与教育诉求之下，苏南的教育家们开始了他们的教育救国之路。在他们的思想中，既保留着中华传统"经世致用"的学风，又接受了西方科学技术与先进制度的洗礼。这是苏南教育家们的思想之源。

2. 思——救国于危难，此期苏南教育家共同的教育忧思与追求

列强的入侵，主权的沦陷，满目疮痍的祖国大地深深刺痛着每一位中华儿女的心。"救亡图存"，是这一时期中国教育家们共同的理想追求。地理位置优越、经济发达的苏南一域的教育家，更是执著于此。震旦公学校长马相伯赴日考察期间，在日本学会成立典礼上发表演说，勉励留学生"救国不忘读书，读书不忘救国"；无锡国学专修馆馆长唐文治亦是倾心教育，从爱国爱民的思想出发，提出了"正人心，求民命"的教育宗旨，在教育岗位上坚持济世救民，全力培养国家栋梁之才；南洋公学创始人盛宣怀有言："只有培养人才，才能立国兴邦"，他为办教育积极奔走，并提倡"经世致用、育人兴邦"的教育思想；胡刚复在哈佛大学博士毕业后，"深感循实业科研路线报效祖国之责任"，为报效祖国，他毅然谢绝美方的挽留离开哈佛，回国投身于开创、发展我国的物理学和科学教育事业……

---

〔1〕 刘正伟. 督抚与士绅——江苏教育近代化研究[M]. 石家庄：河北教育出版社，2001.

3. 行——志同道合的教育实践探索

在当时的历史阶段,废除科举、兴办新式学堂是清末新政的重要内容。相似的求学经历,共同的目标感召,使苏南教育家们在教育实践的道路上结伴而行,倾力探索。王同愈、蒋炳章等共同创办了苏州公立第一中学堂;王季玉继承母志,振兴振华女校,树立"诚朴任勇"的好校风;江漱芳首创兰陵女学,冲破轻视女子的封建旧习;盛宣怀创办天津中西学堂和南洋公学,把师范和小学教育放在了突出的位置,认为"师道立则善人多,故西国学堂必探源于师范;蒙养正则圣功始,故西国学程必植根基于小学";无锡胡雨人受维新思想的影响,认为要改变中国落后的状态必须从教育抓起,为此举家创办了胡氏公立蒙学(后改为胡氏公学),同时又设立师范传习所,以培养师资……在各自的教育领域,苏南教育家们践行着"自强之道,以作育人才为本,求才之道,尤宜以设立学堂为先"(马相伯语)的教育理念,为筹建各式学堂奔走呼号,鞠躬尽瘁。

在苏南教育家群体的共同努力下,这一时期的苏南基本确立了新式教育的主导地位,形成了新的教育格局,即以初等教育为基础和重心,以师范学堂为先导,中学堂、专门学堂、实业学堂三足鼎立的局面。

二、五四新文化运动时期

自1912年孙中山在南京宣布成立中华民国临时政府,到1927年南京国民政府建立,苏南一域暂时远离了政治和军事的纷争,获得了自由发展、繁荣教育的时间和空间。加上这一段时间又是中国民族资本主义发展的黄金时期,作为近代民族工业的发祥地,这一时期苏南民族工业的发展速度达到了历史上的最高水平,这从经济上给苏南地区的教育发展提供了保障。辛亥革命成果的得而复失使得中国的知识分子再一次对传统的文化教育进行反思,认识到从对西方的器物的学习转变到对制度的学习虽然是一种进步,但仍没有把握问题的实质,应在文化的深层面、人的层面对以往的教育进行反思和超越,这随即成为了20世纪20年代初新文化运动的主题。为此,新文化运动的提倡者们通过各种形式揭露封建教育压抑人的个性的本质,提出解放个性的要求。在这种要求下,各种教育理论和教育思潮,百花争艳般闪耀在历史舞台上。五四运动送来的马克思主义,以及美国杜威来华讲学所带来的实用主义教育思想等,深深影响了中国的教育界。中国共产党成立后,把"改良教育制度,实行教育普及"和"废除一切束缚女子的法律,女子在政治上、经济上、社会上、教育上一律享受平等权利"等定为党的任务与近期的奋斗目标,这也给我国教育的发展指明了方向。教育变革的主题贯穿于整个五四新文化运动至第一次国内革命战争时期的教育领域。各种教育思潮,诸如职业教育、社会教育、平民教育等纷至沓来,变革的主题不断转换。就教育结构而言,在变革大潮中主题逐渐转向了中、高等教育，形成以初等教育为基础，以中、高等教育为重心的崭新格局。商业、行业协会、私人创办中等学校蔚然成风，初等小学教学改革在这一时期也十分活跃。

五四新文化运动时期，教育救国仍然是教育家们孜孜以求的从教目标。历经洋务运动和百日维新，知识分子们已经不满足于将教育救国停留在“技术救国”的层面，而把通过推行科学教育，追求科学真理，开发民智、变民心习，培养新型国民作为救国的重要战略。自由的政治环境和快速发展的经济状况，加上外来思想的植入，使得这一时期教育家的教育活动及教育思想异常活跃。从教育思想的确立到践行于具体的办学活动，从力倡科学的教育改革到投身于各种教学法实验，教育家们在各自的领域躬身力行，大放异彩。

1. 彰扬教育思想，并躬行于实践

活跃于此间的苏南教育家们，经历了甲午战争的惨败，目睹了国家的衰败景象，在求学路上不断受到家国被欺辱的屈愤以及西方科技之进步的感染，又恰逢五四运动，迎来了马克思主义和西方诸多先进的教育思想及理念，这些纵横交织的先进思想和理念深深影响着教育家们炽热的心，他们对教育提出了各自的想法，不断变革着时代的教育主题，并以行动实践着自己的“教育救国”之梦。

中国近代职业教育的创始人黄炎培，以毕生精力奉献于中国的职业教育事业，认为中国的教育“乃纯乎为纸面上之教育。所学非所用，所用非所学”，改良之道“不独须从方法上研究，更须在思想上研究”。故而得出结论，须采取实用主义，发展职业教育，并提倡教育要与学生生活、学校与社会实际紧密联系，即教育与生活相联系的职业教育思想；与此思想相一致的，还有我国近代职业教育的先驱顾树森。在常州首创女子刺绣专业学校的李仁，也为我国早期职业教育的推行作出了卓越的贡献。20 世纪二三十年代，中国社会动荡多舛，这些职业教育的倡导者们，怀着“教育救国”的理想并身体力行，在倡导建立职业教育制度、明确职业教育的培养目标、探索职业教育的课程设置及办学模式等方面，进行了不懈的努力与尝试。这些努力与尝试，使中国职业教育在当时艰难的局势下得以起步并发展到一个新的高度，至今仍闪耀着时代的意义与光辉。

一生致力于民众教育的人民教育家俞庆棠，怀着唤起民众觉醒的愿望，尽瘁于社会教育事业。她认为中国之所以贫穷落后，是因为广大穷苦大众和他们的子女得不到受教育的机会，因而积极倡导平民教育；近代蚕丝业教育家和革新家郑辟疆，提倡知行合一、学以致用的社会教育思想，认为必须振兴实业，才能富国强民，把学校教育和社会实践密切结合，孜孜不倦地为培养人才和推广科学技术而奋斗；郑辟疆之妻，中国著名蚕丝教育家费达生，一生追随郑辟疆先生，为实践郑先生及自己的理想长期深入农村，从事桑蚕丝绸科学技术的推广，为中国的蚕丝业奉献了毕生的精力。

此外，苏州中学校长汪懋祖、教育家俞子夷等，也在各自不同的教育领域彰显自己的教育思想并身体力行。

2. 培养人才，不拘一格进行办学探索

在20世纪初教育大变革的浪潮中，苏南教育的主题逐渐转向了中、高等教育。教育家们积极的教育实践使得苏南一域形成了以初等教育为基础，中、高等教育为重心的新格局。教育家们出于培养人才的需要，大多致力于中、高等教育的办学探索。创办里昂中法大学并任校长的吴敬恒，认定在巴黎建立一所中国大学最为合适，因为将来这所大学不仅可以成为向中国输入世界最新文化信息的窗口，而且可以教授一些法国青年，以显示中国的"慈善力量"，同时还可以将中国的文化和精神输入法国，培养高级知识分子仍要靠正规的大学教育，这是吴敬恒一向坚持的观点与信念；此外，美术教育家吕凤子先后在上海创办了神州美术院，在丹阳创办正则女子职业学校；为了培养高级会计人才，以适应社会需要，教育家潘序伦先后创办了多所会计学校，包括立信会计补习学校、立信会计专科学校以及立信高级会计职业学校；等等。总之，发达的工商业经济和新学制的推行，给苏南地域的教育家提供了广阔的办学舞台。

3. 破旧立新，推进传统教育的革命

五四新文化运动时期，是江苏教育近代化的推进时期[1]，苏南作为中国教育近代化的前沿地带，这一时期在教育理论传播和教育科学化探索方面，在全国一直处于领先地位。

20世纪20年代初，在破旧立新、要民主、要科学的新文化呼声中，经江苏省教育会、中华教育改进社的努力，以美国为主的西方教育家，如实用主义教育家杜威、教育史研究专家孟禄、科学教育专家推士、教育心理测量专家麦柯尔、道尔顿制创始人伯克赫斯特、设计教学法创始人克伯屈等，纷纷来华传播其教育理论，进行有关中国教育问题的考察，为中国输入新的教学方法。江苏不仅是杜威等美国专家来华的前站，也是他们活动时间最长的中心地带之一，苏州、无锡、常州等地都留下了杜威等人的足迹。这对包括苏南在内的整个江苏的教育产生了重大的影响。受此影响，一些教育家，特别是民国初年的留美归国学者，纷纷行动起来，积极推进江苏教育科学化的探索与教育改革。如儿

〔1〕 刘正伟，督抚与士绅——江苏教育近代化研究[M]. 石家庄：河北教育出版社，2001.

童教育家陈鹤琴曾受杜威、克伯屈的实验主义和进步主义教育思想的影响，面对旧中国旧式教育因袭旧法、脱离生活、死读书本等痼疾，立志改革旧教育、创造新教育，提出了“活教育”理论；毕生从事小学教育的实验和研究的教育家俞子夷，赴欧美考察教育后，在中国进行各种新教学法的实验研究，实行新教学法。初等小学教学改革也十分活跃，语文教育家叶圣陶从1915年起，抱着试验和改革的态度编写教材，成为这一时期全国改革国语课程的先行者，促使江苏成为采用语体文进行教学最早的省份……活跃的教学改革有力地推进了整个苏南地区教育科学化的进程。在这一时期，苏南建立了从事教育研究的专门机构。通过苏南教育家们的积极探索与实验，苏南的教育呈现出以教育测量和教育实验为主，同时开展多种形式的教育研究活动的繁荣局面，进一步促进了20世纪20年代中国教育科学化的探索。

三、国民政府及抗战时期

1927年南京国民政府成立，此后全国趋于统一，教育、科技和文化等领域开始走向制度化和正规化。国民政府在文化教育等方面颁布了一系列的政策与法规，这些政策与法规为教育的发展进一步提供了政策环境与制度保证。这一时期的中小学科学教育的发展具有很明显的现代教育意味，侧重于对科学教育方法论的探索，民众科学教育随之而在30年代兴起。1931年中华苏维埃共和国的成立，让当时的中国同时存在着两种政权，一是中国共产党领导的政权，一是国民党领导的政权。中国的教育也就同时存在着两种模式，一种是中国共产党领导的解放区教育模式，一种是中国国民党领导的国统区的教育模式。苏南处于南京国民政府的统辖之下，但又是共产党活动最为积极的区域，受国民政府教育思想的指导以及苏维埃文化教育方针的感召，活跃在苏南的教育家及其教育实践也带上了一定的革命色彩，这其中有为劳动民众奔走呼号的平民教育家，亦有着“画地为牢”的乡村教育家。1937年日本发动侵华战争，中国再一次处于亡国的边缘，为挽救国家危亡，知识分子们喊出了“科学救国”的口号[1]。教育家们再一次挑起了民族的重任，为国家的兴亡奔走呼号……

1. 为强国　推行科学研究

五四时期，人们对科学的理解还是初步的，处于“科学的启蒙”阶段。经历了五四新文化运动的思想洗礼，马克思主义给中国的教育界以深刻的影响，新的世界观改变了近代以来中国人视科学为制造器用的技术的片面认识。到国民政府时期，科学开始影响和支配人们的世界观与人生观。在教育领域，学者

〔1〕 刘咸. 科学与国难. 科学[J]，1935，19(2)：131—134.

们钻研科学技术以求振兴国威，教师传授科学知识以待国之强盛……蓬勃发展的科学研究是这一时期教育家们的共同实践。学成归国的教育家们带着西方先进的教育理念和对科学的炽热崇拜，在陶行知先生的带领下，发起了一场把科学知识普及到工农大众中去的“科学下嫁”运动，苏南一域的科普事业因此得以轰轰烈烈地开展。如曾在无锡民众教育学院、惠山实验小学任教的教育家戴伯韬跟随陶行知在上海西摩路创办了自然学园，从事科学实验、科普创作及科学普及活动。化学教育家程有庆抱着开发民智，振兴科学以拯救祖国的决心投身化学教育，为祖国培养了一批批卓越的专业人才。顾翼东在担任东吴大学教授、交通大学化学系教授、震旦女子文理学院化学系主任等职务期间，强烈感受到国家要自强自力，一定要发扬自力更生的精神，大力发展科学，而教书育人是关键，因而精心培育化学人才……兢兢业业的苏南教育家们怀着炽烈的爱国热情，远赴重洋，或学习、或考察，求取科学之法，待归国后尽全身之心力，投入到各学科的研究之中。

2. 鼓民心　倡导革命教育

1931 年中华苏维埃共和国成立，以工人阶级先锋队为性质的中国共产党代表着广大工农大众，力求普及大众的教育。毛泽东在 1934 年 1 月还提出了苏维埃文化教育的总方针，即“以共产主义的精神来教育广大的劳动民众，使文化教育为革命战争与阶级斗争服务，使教育与劳动联系起来，使广大中国民众都成为享受文明幸福的人”。在苏维埃文化教育总方针的引导下，共产党所统辖的解放区的干部教育、工农业余教育、儿童教育及师范教育开展得红红火火，教育家的教育实践带有鲜明的革命性。如著名教育家叶圣陶在这个时期为了让那些出身贫寒、无“资格”攀登学府门墙的青年也能受到学校教育而多方努力，鼓舞他们的爱国之心。1932 年春，叶圣陶和夏丏尊一起创办了开明函授学校；美术教育家徐悲鸿在这一阶段的绘画作品充满着爱国主义的情怀和对劳动人民的同情，他笔下的奔马、雄狮、晨鸡等形象，给人以生机和力量之感，表现出令人振奋的积极精神；吴若安也是活跃于此间的革命教育家，他将发展中国女子教育作为终生奋斗的目标，积极支持学生的各种爱国运动。

3. 救国危　捍卫教育主权

“七七”卢沟桥事变后，以抗日为目的、以国共合作为基础的民族统一战线形成。为适应抗日救亡的需要，毛泽东及时做出“伟大的抗战运动，必须有伟大的抗战教育运动与之相配合”的战略决策，并针对这一时期的干部教育问题、实行以抗日救国为目标的新教学制度与新课程问题、知识分子与工农群众相结合的问题、学习方法与学习态度问题、群众办学问题等，阐述了抗战时期解放区办教育的途径与方法，给这一时期的教育发展与活动指明了方向。在抗日救国的大背景下，活跃在苏南的教育家们以各自的行动践行着救国的理念，收回教育权运动开展得轰轰烈烈。民众教育家俞庆棠于这一时期的教育活动就是与民族解放运动相联系，为唤起民众、抗击日本帝国主义、拯救民族危亡服务的，她提出，“战时民众教育的对象，应是一般劳苦大众，要扫除文盲，增进职业知能，提高政治意识，教育是为政治服务的，要教育民众坚持抗战，成为不妥协、不屈服、不投降的硬汉”。美术教育家刘海粟在抗战期间大力提倡“美育救国”，认为“在残酷无情、干燥枯寂的社会里，宣传艺术的责任，艺术能救济民族烦苦，惊觉一般人的睡梦”，把美术的作用与国家的兴亡和人民的觉醒以及自己的责任联系在一起；戏剧教育家吴仞之在“七七”事变后积极从事救亡剧运，排演了不少优秀剧目及世界名剧，鼓舞着奋进的中国人……

四、新中国成立初期教育的崭新探索

1949 年，中华人民共和国成立。在中国共产党的领导下，中国社会发展经历了“从新民主主义向社会主义过渡”和“开始全面建设社会主义”的两个非常重要的阶段。1949 年 12 月，第一次全国教育工作会议召开，提出的教育改革的方针是“以老解放区教育经验为基础，吸收旧教育有用经验，借助苏联经验，建设新民主主义教育”〔1〕。这一方针影响着活跃在这个时代的中国学者们，教育家们围绕新型的社会主义教育展开了崭新的探索。如著名语文教育家叶圣陶，他在我国新民主主义建设时期对教育的理解是：德育，就是要培养优良的品德和行为的习惯；智育，就是要养成不断探求知识的好习惯；体育，就是要养成注意卫生和锻炼身体的习惯。由此提出“德智体”三育方针。同时，教育工作以教学为主的观点对于当时的苏南教育也影响颇深，时任江苏省教育厅厅长的吴贻芳发文强调：教学工作是学校工作中压倒一切的中心任务，教师的主要责任就是做好教学工作，学生的任务就是学习。〔2〕此外，向苏联学习最重要的成果，是对高等院校作大规模的院系调整，调整的方针是“以培养工业建设人才和师资为重点，发展专门学院，整顿和加强综合性大学”〔3〕。苏南一域教育家的实践活动更多的是围绕高等教育进行的。

1958 年颁布的《中共中央、国务院关于教育工作的指示》，提出了一个新的教育方针，即“党的教育工作方针，是教育为无产阶级政治服务，教育同生产

〔1〕 中华人民共和国教育部办公厅. 教育文献法令汇编(1949—1952)[2]. 北京：中华人民共和国教育部办公厅，1955：14.

〔2〕 程凯. 当代中国教育思想史[M]. 开封：河南大学出版社，1999：6.

〔3〕 郑登云，余立编. 中国高等教育史[M]. 上海：华东师范大学出版社，1994：36.

劳动相结合,劳动人民要知识化,知识分子要劳动化”。这就要求教育工作者的服务对象是广大的工农兵群众和革命干部,教育工作者要了解并熟悉工农兵,不能脱离群众。这样的政治要求促进了平民教育和乡村教育的发展,教育同生产劳动相结合,密切联系群众。此期的教育家们在办教育、抓教学的过程中注重因时、因地、因人制宜,根据不同季节和不同对象,变更教学内容、时间和方式,而且重视解决贫苦家庭儿童的入学问题及妇女教育问题。平民教育家俞庆棠此期的民众教育实践,也始终强调民众教育与社会经济的关系,她鼓励知识分子到乡村去,通力合作,共同扶助农民,改进他们的生产,改善他们的生活。20 世纪 50 年代,以费达生为代表的一批知识妇女,深入农村,坚持教育与实践相结合,开展合作运动,推广科学养蚕,不但发展了我国的蚕丝技术,更是扎根于广大农村,培养了一批批土生土长的女蚕人,推动了农村妇女教育的发展。

第二节　各领风骚的教育贡献
——近现代苏南教育家谱系之空间视角

自小受书香浸润的苏南教育家们很早就接受了传统文化的濡染,枕河临海的便利交通以及开放的文化环境也给苏南教育家们更多接触世界、开阔眼界的机会。他们求学海外,取法西洋,根植中国现实,为振兴祖国兢兢业业,热情高昂地投身于教育理论与实践的探索之中,在教育的各个领域做出了卓越贡献。他们中有的不遗余力地创办学校;有的在自己的学科领域辛勤耕耘;有的在教育管理层面大胆革新;还有的应和时代,倡导先进的教育思想。以下以近现代苏南教育家主要致力的教育领域与贡献,从四个方面对本书所收录的近现代苏南教育家进行分类。需要说明的是,本节中所列的有些教育家在很多方面均有建树。例如,冯桂芬、盛宣怀对传统教育各方面的革新,顾树森在教育史学与职业教育方面的探索,顾颉刚在史学与民俗学方面的突出贡献,顾倬、杨白民等丰富的办学实践活动,等等。因此,这里很难将上文表格中几十位苏南教育家按类别一一归位,而只能是列举。

一、教育实践家

19 世纪中叶以后,开明的爱国人士面对着内忧外患,认识到了在当时顺应世界潮流的振兴图强之道,喊出了“师夷长技以制夷”的口号。于是,以学习西语、西艺、西政、西学为主要内容的高等学校应运而生,一批有作为的大学校长开拓了近代中国高等教育事业,为国家培养高级专门人才;同时,知识分子们意识到国民素质的高低将决定国家的兴衰荣辱,于是提倡教育大众化,以普及教育、改变中国人民落后愚昧的状态为己任，大兴各类师范教育，开办新学，重视女学，创立中学及各式小学堂。他们在办学实践中不遗余力，且善于吸收国内外的先进经验，学校声誉卓著，成效显著。

1．功在百年——创办大学教育

抱定“教育救国”的信念和理想，苏南教育家们期望通过教育培植新人、开启民智，拯救国家民族于水深火热之中。他们有的节衣缩食，惨淡经营，排除外界干扰，矢志不渝，于夹缝之中求学校的生存与发展；有的奔波于动荡的社会和连绵的战火之中，克服难以想象的艰难困苦，坚持办学……这中间有推行“读经救国”主张而主持无锡国学专修馆的唐文治校长，他在教育岗位上坚持济世救民、爱国爱民的思想，全力培养国家栋梁之才，抱定“欲救世先救人，欲救人先救心，欲救心先读经”的宗旨，以造就领袖人才；震旦大学的创始人马相伯校长亦是深感学校教育意义之重大，所以决定毁家兴学……他们所取得的办学实绩、办学经验和他们身上所表现出来的办学精神乃至人格力量，将“教育家精神”展现得淋漓尽致，也造就了百年树人的宏伟事业。

2．惠及众生——兴办中小学教育

为提高国民整体素质，改变国民愚昧落后的状况，从而拯救中华，借着苏南浓郁的文化土壤，以开启民智为己任的知识分子，纷纷投身于创建中小学校的实践中，以那份纯粹的教育之情和那颗炽热的爱国之心培育桃李满园。在筹办各所中小学的教育实践中，教育家们还结合自身经验，高瞻远瞩，提出各种办学主张，使得学校声誉卓著，带动了苏南一域教育的发展。如苏州籍教育家蔡俊镛，先后与王同愈等地方乡绅创办了长元吴高等小学堂和苏州公立第一中学堂。蔡俊镛担任一中校长期间开拓了现代新学新路，在课程设置上既保留修身、读经等封建传统教育痕迹，又大量开办自然科学、中外史地、外国文学等西方现代课程，吸取西方先进的教育体制办学，实施现代教育课程与教育方法。又如无锡籍教育家高阳，在留学美国期间考察了西方现代文明的先进之处后，对比中国封建制度的腐朽与落后，认为中国应大力发展民众教育，才可“祛除当今社会愚蠢与贫穷之病”〔1〕，以达到“民族自救、民族复兴”的目的。高阳回国后的第一件事就是遵从父亲遗愿，变卖家产创办私立无锡中学。他提倡教育大众化、学校社会化，注重社会实践，在办学实践中形成了独具特色的民众教育理论。还有组建苏州中学的苏州籍教育家汪懋祖，他任苏州中学校长期间吸收了杜威教育思想的精华，联系我国教育实际，结合办好苏中的教育实践，研讨普通中学教育理论，主张教育源于生活，又要改

〔1〕 华莹．高阳民众教育思想初探[J]．河北师范大学学报（教育科学版），2004(5)：52—57.

变生活，形成“以教学为主，必须为教学服务”的办学特色，学校因此声誉卓著。无锡籍教育家胡雨人先生，先后创办了胡氏公立蒙养学堂、公益工商中学，不仅办学成果显著，还首创了单级独教的复式教学方式，提倡每一个村都办一所单级学堂；在他的大力倡导和推行下，到辛亥革命前夕，锡北天上市村村都办起了新式学堂，为当时无锡全县17市乡树立了榜样……苏南教育家们创办的这一系列中小学校不但推动了当时社会的发展，为国人素质的提高夯实了基础，还在一定程度上普及了教育，使教育民众化成为一种趋势，成为“惠及众生”的一项事业。

3. 开创先河——创建各类新式教育

苏南教育家们的办学实践除了创设百年育人工程的大学和惠及民众、夯实教育之基的中小学校外，还以开创的精神，根据中国社会的实际需求，大力发展乡村师范教育、女子教育以及各类专门的技术教育，让教育在更多的层面、以更丰富的形式得到普及与重视。广东籍教育家古楳先生虽不是苏南人士，然自南京高等师范学校毕业后，便一直在江苏省第五师范分校从事乡村师范教育，一度在上海主办教育实验区，他的乡村师范教育理论与实践都是取材于苏南，并在苏南一域展开他的教育教学活动的。在创办女学方面，苏南的教育家们更是走在了时代的前沿：苏州籍教育家王季玉继承母志振兴振华女校，并担任校长，她从办女学入手，力图让下一代女性摆脱愚昧，掌握现代科学文化知识，担起振兴中华的重担〔1〕，自己更是将一生交给了这所学校，执著地守护着这份信念；私立竞志女学是全国最早成立的女子学校之一，其创办者是无锡籍教育家侯鸿鉴先生，他教学严谨，管理严格，办学成绩为社会所承认，使得竞志女学与当时上海的务本、苏州的振华等女校齐名；著名美术教育家吕凤子先生创办正则女子职业学校，把女子职业教育作为自己始终不懈的追求，他认为女子只有学了文化，学到谋生技艺，才能独立生活而不依附他人，舍此谈不上妇女解放；常州的李仁，有感于妇女社会地位的低下，克服种种困难，发起组织了女子职业团并自任总理，教授闲居在家的妇女国文、图画、刺绣等科目……苏南教育家们以过人的胆识和魄力走在了时代的前列，开创各类新式教育，为祖国培育了一代又一代的建设者。

〔1〕 柳袁照.一个女子和一个时代的教育——记女教育家王季玉先生[J].中小学管理，2008(5)：55—57.

表1　空间视角之苏南教育家办学举例

教育贡献	序号	教育家	办学时间	办学所在地	所办学校
创办大学教育	1	盛宣怀	1895 年	天津	天津北洋西学学堂
	2	马相伯	1903 年	上海	震旦大学院
	3	吕凤子	1910 年	上海	神州美术院
	4	顾　倬	1911 年	无锡	官立江苏第三师范学堂
	5	刘海粟	1912 年	上海	上海国画美术院
	6	施肇曾等	1921 年	无锡	无锡国学专修馆
	7	颜文樑等	1922 年	苏州	苏州美术专科学校
	8	荣德生	1947 年	无锡	私立江南大学
创办中小学教育	1	张焕纶	1878 年	上海	正蒙书院
	2	胡雨人等	1902 年	无锡	胡氏公立蒙学堂
	3	倪寿芝	1903 年	苏州吴江	求吾蒙塾
	4	蒋炳章等	1906 年	苏州	公立长元吴第一高等小学堂
	5	蔡俊镛	1907 年	苏州	苏州公立第一中学堂
	6	费伯埙等	1912 年	苏州吴江	吴江县立中学
	7	宗秀松	1914 年	常熟	海虞市立女子初等小学
	8	高　阳	1920 年	无锡	私立无锡中学
	9	韩大受	1922 年	金坛	金坛县立初级中学
	10	施肇曾等	1923 年	苏州吴江	吴江县私立震属初级中学
	11	黄寰清	1938 年	吴县	启智小学
创办各类新式教育	1	江漱芳	1897 年	苏州(吴县)	兰陵两等女学堂
	2	杨模等	1897 年	无锡	竢实学堂
	3	徐念慈	1897 年	常熟	中西学社
	4	吴　馨	1902 年	上海	务本女塾
	5	杨白民	1903 年	上海	女子苦学社(城东女学)
	6	侯鸿鉴	1905 年	无锡	私立竞志女学
	7	王谢长达等	1905 年	苏州	振华女校
	8	李佩徽	1907 年	无锡	锡山绣工传习会

续表

教育贡献	序号	教育家	办学时间	办学所在地	所办学校
创办各类新式教育	9	陈 謇	1908 年	常州	涤氛蒙养院
	10	胡静芳	1908 年	常熟	淑琴女塾
	11	吕凤子	1911 年	丹阳	正则女子职业学校
	12	杨荫榆	1913 年	苏州	江苏省立第二女子师范学校
	13	李 仁	1919 年	常州	女子刺绣专业学校
	14	杨荫榆	1928 年	苏州	二乐女子学术社
	15	章太炎	1933 年	苏州	章氏国学讲习吴县会

注：表中列举的校名主要以创办时为准；有些教育家，如盛宣怀、费伯埙、荣德生等，一生创办多所学校，此表未一一列举。

二、学科教育专家

身处教学和研究第一线，在实践中掌握了丰富的教学知识和高超的教学技能，敢于探索和改革，教学效果好，并能总结出对广大教师乃至这个学科领域有启发意义的教学经验的，就是教学专家。他们在各自的学科领域内兢兢业业，为教育呕心沥血，为祖国的发展和振兴不懈地奋斗着。苏南一域人文荟萃，在风雨飘摇的历史时代更是群贤辈出，各学科都不乏开拓者和奠基人。在科学教育方面，有近代科学教育事业的先驱胡刚复先生，他于一线执教且治学严谨、教学民主，开中国大学课堂实验教学的先河；有开拓我国近代农业教育事业的教育家过探先先生，他担任江苏省立第一农业学校校长 5 年，办学成绩突出，列为全国农校的模范，声闻遐迩；还有中国近代"化学之父"徐寿先生，蚕丝教育专家郑辟疆、费达生夫妇，执掌苏州工业专科学校 30 余年的邓邦逖先生，数学教育家华蘅芳、华世芳先生，等等。在文史类教育方面，曾先后担任江苏省立教育学院院长和东吴大学法学院教授的马博庵先生，把毕生的精力投入到史学，尤其是社会学领域的研究中，教育成果卓著；国学教育家钱基博先生从事教育 44 年，非常重视使学生通过对国文的学习来了解和热爱中国文化，"以求新民"。在艺术教育方面，有中国近现代美术教育的开拓者和职业教育的发轫者吕凤子先生，从事中国民族音乐的研究和教育长达 60 余年的杨荫浏先生等。此外，在教育研究方面，有我国早期职业教育重要的开拓者和奠基人之一顾树森先生，他在教育史学研究上做出了先驱性的贡献；有在教育哲学、教育心理学研究方面作出卓越贡献的孟宪承、俞子夷；等等。

三、教育改革家

教育改革家，就是在教育改革活动中发挥重大作用和影响的杰出人物，他们主要致力于教育教学的改革创新工作，不断探索教育教学的新面貌。苏南一域的教育家大多曾留学海外，深受西方先进的教育理念和办学方法及管理制度的影响，学有所成后，他们纷纷返回祖国，投身到教育改革的浪潮之中。

冯桂芬所处的时期正是社会变革的剧烈时期，为挽救民族危机，冯桂芬提出了他自己的改革主张。他的改革思想主要有：改革书院制度，将书院、学校合二为一，严格挑选教师和学生，尊重教师，提高教师的待遇；提倡改革科举制度，改变科举的内容，主张广泛地学习西学，建立西式学堂；等等。冯桂芬的教育思想具有鲜明的时代特色，充分反映了近代社会对新学人才的迫切需求，他的教育思想不仅是对旧教育制度的批判和改革，更重要的是他在魏源"师夷"的基础上，鲜明地提出了"采西学"的主张。冯桂芬在教育方面的改革，对洋务教育的创建和发展，对中国传统教育的近代化产生了重要的影响，开启了我国近代教育的先河。

维新运动早期的代表性人物王韬，根据《易经》中"穷则变，变则通"的道理，断定"天下事未有久而不变者"，而"中国何尝不变"。他主张以欧洲强国为榜样革新中国。他竭力抨击封建传统教育，认为传统教育不合人性和事理，从而呼吁废除整个封建主义的教育制度，建立一个资本主义性质的全新的教育制度。王韬为中国教育改革设计了一个完整的方案，并在他所主持的上海格致书院进行了教育改革的实践尝试，格致书院也因此成为"中国近代新教育的滥觞"。

无锡的李佩黻，不仅开风气之先，创办锡山绣工传习会，而且在办学过程中鼓励妇女冲破"三从四德"封建礼教的束缚，摒弃"女子无才便是德"的落后思想，追求女性的自强、自立。吴江的倪寿芝，自捐资金在黎里镇创建了该镇第一所私立小学——求吾蒙塾。该校在当地首开男女同校之风，也因此遭封建顽固势力的非难。但倪寿芝不畏人言，坚持招收女生，向学生灌输新思想。此外，还有王谢长达、王季玉等女界先锋。她们身为女性，在当时的社会历史背景下，敢于倡导妇女解放、维护女子权利，其勇气与决心着实令人敬佩。

刘海粟在主持上海美术专科学校期间，对中国的传统教育体制作了一系列的改革，如男女同校读书，仿效北大校风，提倡学术自由，制定旅行写生制度等，勇敢地挑战了当时艺术教育领域中的封建保守势力。

蒋维乔在早期几乎倾尽全部的身心致力于近代中国的教育改革。在上海商务印书馆编辑新教科书的十余年里，他认真总结旧教育体制的经验、教训，积极参与教育实践活动，研究国外先进的教育思想和教育方法，并将其贯彻于新教科书和民国新教育制度之中，为中国教育制度的近代化作出了重要贡献。

毕生从事小学教育的实验和研究工作的教育改革家俞子夷，非常重视小学算术教材教法的探索，也曾赴欧美及日本等国考察教育，注意欧美小学教学改革的新趋势，学成归国后实行新教学法，进行各种新教学法的实验研究，还在上海创办了单级教授法练习所，以提升教师的教育创新及改革能力。他还在教学中全面试验美国设计教学、能力分组和道尔顿制，为我国的教育改革事业留下了众多的著作及文章。

被联合国教科文组织认定为20世纪"世界100个文化名人"之一的吴敬恒，在上海南洋公学任教期间，闻悉光绪帝颁布变法诏令后，即回无锡崇安寺创办三等学堂响应变法，推行新教育。又如杨白民先生，三十年如一日，积极探索研究中国的女子教育之路，为中国的女子教育做出了重要的贡献。俞庆棠一生致力于民众教育，她创办实验民众学校，坚持教育要从现实生活出发，以改造社会、拯救民族危机为目的，把推行民众教育视为改革现行教育的一种社会运动。

四、教育思想家

在风雨飘摇的近现代之际，活跃于苏南的教育家们历经清末民初的变革及抗战时期的战火，面对国土的沦丧，在"教育救国"的共同信念下，远赴重洋求取救国之道、教育之法，投身教育实践，于各自的教育领域中提出了独特的教育思想与见解。这些思想是教育家们在时代的洪流中深思熟虑的产物，是从自身思想深处生长出来的有根底的东西。任何一位教育思想家总会有一个或几个一以贯之的思想观点，这些观点往往引领着一个时代的教育思潮，且追随者甚众。

在职业教育思想家黄炎培、顾树森先生的引领下，中国现代职业教育思想得以孕育、形成。在黄炎培等倡导创立的中华职业教育社及其开展的众多活动的推动下，在一大批社会各界著名人士的支持下，职业教育思想得到不断的完善和发展。"使无业者有业，使有业者乐业"是职业教育的目的。职业教育既对当时的社会具有利国、富民的意义，也对当代的教育界有着不可撼之的深远影响。除职业教育思想外，活跃在苏南一域的教育思想还有实业教育思想、乡村教育思想、民众教育思想等。盛宣怀先生是倡导实业教育思想的弄潮儿，他创办天津中西学堂和南洋公学，广开学堂，兴办教育，认为"自强之道，以作育人才为本，求才之道，尤宜以设立学堂为先"，主张只有培养人才，才能立国兴邦，而培养人才，必先设立学堂书院。戴伯韬先生是积极响应和支持陶行知先生生活教育理念及乡村教育思想的教育家，他在学校共产党组织的影响下，树立了为劳苦大众求解放的革命思想，大力开展多种形式的文化教育活动，还编写了诸多教材。倡导民众教育的著名教育家有俞庆棠先生和高阳先生。俞庆棠先生认为“中国民众教育是改革现行教育,完成教育理想,谋求合理的共同生活的一种教育运动”,她一生致力于民众教育,尽瘁于社会教育事业,为提高民族的文化素质、培养人才积极探索,做出了卓越的贡献。高阳先生提倡教育大众化、学校社会化,在他担任江苏省立教育学院院长的十几年中,为江苏和全国十几个省培养了一大批乡村教育工作者。有关教育家们提出的教育思想将在以下章节中对其发展脉络做较为详细的阐述,在此不多加赘述。

第三节　凝聚睿智的教育思想
——近现代苏南教育家教育思想之谱系

诗有之:“高山仰止,景行行止。虽不能至,然心向往之。”我们敬畏那些功勋卓越的教育家们,慨叹他们非凡的成就,仰慕他们为教育尽瘁的高尚道德。然而在他们行动的背后,凝聚的是教育家们睿智的思想。他们学贯古今,纵横中西,于时代的风口浪尖处执笔挥毫,阐发救国救民的教育思想,引领身负创伤的祖国奔向光明。从 1840 年鸦片战争爆发,到 1949 年中华人民共和国成立,中西教育思想在一代代学者的引进、变革与传承下,得以汇通融合,呈现一浪又一浪个性鲜明的思想潮流。在近现代之际教育思想较为活跃的苏南一域,教育家们更是在“教育救国”的总目标下奋战在各自的教育领域,提出并实践着新兴的教育思想。实业教育思想、职业教育思想、师范教育思想、平民教育思想等,是近现代之际或源起于苏南或活跃于苏南一域的主要教育思想。由于本书另有其他章节涉及苏南教育家的思想及相关内容,因此,本节只是从“谱系”的视角来作考察,即着重对这些思想进行追根溯源,至于具体内容则不作主要阐述。

一、实业教育思想

实业教育源自英语中的“industrial education”,本义为“工业教育”,经日文转译为“实业教育”,在我国指 19 世纪下半期至 20 世纪初兴起的旨在为农业、工业、商业、矿冶、铁路等物质生产部门培养专门应用人才的教育。它起源于洋务运动时期,是伴随着“西学东渐”的大背景逐步在中国生根发芽的。19 世纪 40 年代到 60 年代,经历了两次鸦片战争的失败,中国社会出现了“数千年未有之变局”,为了“自强求富”,封建地主阶级经世派提出“师夷长技以制夷”的实用主义救国论,拉开了向西方学习的序幕。洋务派首先想到的是提高军队战斗力,购求坚船利炮,训练新式军队,发展军事工业,而传统的儒学教育无法培养出掌握现代技术知识的人才,于是便“头痛医头”地开办了一批实业学堂，培养新式军事、科技人才和熟练工人。中日甲午战争的惨败促使实业教育转为民用教育，随后兴起了以康有为、梁启超为代表的资产阶级改良派，他们从“民本”思想出发，认为强国须先富民，主张破除“重农抑商”的旧习，大力发展实业，走实业救国的道路；在人才培养的问题上，提出废除八股取士的制度，力倡广设学校，培养农工商方面的人才。广大教育家们十分推崇这种新兴的实业教育思想，这其中有主张兴办实业学堂的康有为、梁启超，他们认为唯有这样才能达到增加生利、减少分利的目的，以使国家富强。正是他们的极力倡导掀起了近代实业教育的浪潮。办理洋务实业的张之洞，在《重订学堂章程折》中指出“国民生计，莫要于农工商实业；实业学堂，有百益而无一弊，最宜注重”，由此正式确立了实业教育在当时教育制度中的重要地位〔1〕；还有随后涌现的轻科举与封建传统教育、重新式教育的实业教育家盛宣怀以及由封建官僚转化为实业教育家的张謇等，他们的教育实践把实业教育推向了一个历史高潮。经过洋务派、维新人士和许多教育家几十年的努力，中国的实业教育从无到有、由少至多，从初具规模到逐渐完备，1904 年清政府颁行《奏定学堂章程》，将实业教育作为一个重要体系纳入新学制，在西学东渐和走向世界中发展起来的中国实业教育，由此进入了一个新的阶段。

苏南教育家在实业教育思想的发展进程中开风气之先，功不可没。冯桂芬、王韬、薛福成等很早就主张“西学”，而积极倡导实业救国的盛宣怀，通过教育实践把实业教育推向了新的历史高潮。盛宣怀饱学经书，但三次乡试都名落孙山，随后从事了数十年的洋务实践，这让他体验到了培养懂“西学”的新式人才的重要性，认识到办新的实业必须有与其相适应的新式人才，否则将一事无成。他把对新型人才的培养视为立国之本、强国之路，一生不遗余力地推行新式教育，创办了多个实业学堂，其中最负盛名的当属北洋大学堂和南洋公学。除此之外，盛宣怀创办的近代新式学堂还有铁路法文速成学堂、吴淞商船学堂及其宁波分校。盛宣怀不仅在创办近代大学方面作出了重要贡献，而且在实业教育思想方面提出了诸多富有创新色彩的见解。其中，主张新型人才高质量培养是盛宣怀教育思想的核心。他以“中体西用”为办学指导思想，希望培养出既懂中国传统文化，又掌握西方先进技术，并且符合社会、企业需要的人才，“实用性”是其培养人才的目标。他主张中国自己所用人才应由中国人自己培养，不能过多依赖洋人，倡导通过两种途径培养人才：一是自己办学校培养；二是借地育才，即派遣留学生到国外学习。在那个内忧外患的历史时期，盛宣怀高举实业救国和实业教育救国的大旗，积极创办民族工业，大力办

---

〔1〕 方晓敏. 张謇实业教育思想研究[D]. 苏州大学，2008 年.

理实业教育，将教育和实业相结合，教学和实践相结合，为中国近代教育的发展作出了重要的历史贡献。在这方面做出历史性贡献的还有无锡的荣德生、吴江的施肇曾等。

近代实业教育的产生和发展对改变单一化的传统封建教育结构和内容的作用是明显的，对推动近代实业人才的培养和近代资本主义经济的发展的意义更是不可低估。但此阶段的实业教育也存在一些弊端，主要是在实践过程中教育与实业脱节，造成教育自教育、实业自实业，教育不能振兴实业、实业不能带动教育的尴尬局面。实业学校本是学生接受实业教育、为将来从事实际工作打下基础的地方，但学生毕业后能否全部就业面临难题。据江苏省教育会1918年至1929年展开的统计，全省甲种实业学校的平均就业率不超过60%。〔1〕实业教育由于以上种种弊端，始终不能再创造出真正实用的人才，而实用又是当时历史条件下所汲汲需求的〔2〕，因此随着辛亥革命的失败和政府的瓦解，实业教育逐渐向职业教育转变。

二、职业教育思想

早在癸卯学制颁行这一年，山西农林学堂总办姚文栋就将自己进行的实业学堂之教育，直接称为“职业教育”，且称该学堂教育“以职业教育为主义”，在派送本堂学生出洋留学时一再叮嘱他们要注意国外的“职业教育”。第一次世界大战前后，是中国民族资本主义工业短暂发展的一段时期，此期中国对受过职业教育和技术训练的人才需求迅速变大，同时由于当时诸多实业学校的教学存在严重脱离经济生活和生产劳动的现象，所教并非农、工、商等职业知识技能，而仅仅停留在教学生读一些农工商之书。所以在当时的中国社会，一方面是大批学校毕业生苦于所学无所用，毕业即失业；另一方面是经济生产领域苦叹本国人才匮乏，不得不高薪聘请洋人。因此，对于那种旨在培养适应近代经济生产的新型劳动力的职业教育，社会的呼唤声与日俱增。民国初年，陆费逵是提倡职业教育最有力者〔3〕，他于1911年在自己主编的《教育杂志》上提到“国民生计之嬴绌，恃职业教育”，指出了职业教育于社会经济进步的重要性。1916年9月，江苏省教育会率先提出了“实施职业教育方法案”，实业界的许多人士也认识到职业教育的重要性。由于其能满足多方面需要，解决当时严峻的生存和发展问题，与社会生活中的各界人士密切相关，故职业教育一经提出，应者云集，社会各界都给予广泛关注，政府也给予支持。中华职业教

〔1〕 元青.中国近代实业教育初探[J].天津师范大学学报，1986(2):30—36.
〔2〕 翟红霞.20世纪上半期职业教育思想研究[D].西北大学，2005年.
〔3〕 翟红霞.20世纪上半期职业教育思想研究[D].西北大学，2005年.

育社的成立，标志着中国职业教育的形成，而该社的主要发起人就是苏南籍教育家黄炎培。青年时期的黄炎培曾在创办于洋务运动时期的南洋公学就读，师从著名教育家蔡元培先生，深受其爱国主义精神和教育救国思想的感染，毕业后在家乡创办了川沙县小学堂，开始了他的教育救国之路。数十年教书生涯的积累和自身革命活动的熏染，使他对当时中国"纯乎为纸面上"之教育有了清醒的认识，认为其"所学非所用，所用非所学，改良之道不独须从方法上研究，更须在思想上研究"，随即提出了采取实用主义，发展职业教育的主张，大力倡导兴办有利于国计民生的各种实业学校，使"学校教育与实际生活相接近，变文字的教育为实物的教育，改平面的教育为立体的教育"〔1〕。在考察了美国25个城市、52座学校及中国六大省份的教育现状后，1916年9月，黄炎培联合蔡元培、梁启超、张謇等48位教育界、实业界人士，在上海正式创立了中华职业教育社。中华职业教育社的成立，使职业教育引起了广泛的社会关注，很快形成了具有一定影响的教育思潮。教育界、实业界的著名人士纷纷撰文、演说、捐款资助，在舆论和经济两个方面大力支持职业教育事业。在宣传研究外国职业教育方面，影响仅次于黄炎培的是顾树森。〔2〕顾先生亦是一位苏南籍的教育家，他从职业教育与实业教育两者的比较分析中揭示出当时实业教育制度的不合理，提倡学习欧美的职业教育经验，以变革壬子癸丑学制中的实业教育制度，最终目标是在中国建立欧美国家那样相对完善的职业教育制度。

三、师范教育思想

由于鸦片战争的打击和清政府的腐败，封建地主阶级内部发生了分化。以魏源等人为代表的有识之士，不满传统教育的空疏无用，他们从救亡图存的目的出发，追求务实致用，反对当时的顽固派把一切西学都看作"奇技淫巧"，主张改革科举制度，以传统实学和西学之技艺来培养济世人才。这种经世致用的教育思潮虽然囿于传统观念，对西学的吸纳带有较大的局限性，但却为中国由传统教育向新式教育的转型开辟了道路。稍后，以冯桂芬、王韬、何启、郑观应等人为代表的早期维新派，要求改革科举制度，培养新式人才。其中，郑观应曾明确指出："学校者，造就人才之地也，治天下之大本也。"〔3〕他希望中国能够按照资本主义教育制度设立大学、中学和小学。在介绍西方资本主义教育制度时，他直接提到了外国的"师范院"，即师范学校。19世纪90年代以

〔1〕 朱永新.沟通与融合——中国近现代教育思想史[M].北京：人民教育出版社，2004.

〔2〕 刘桂林.中国近代职业教育思想研究[M].北京：高等教育出版社，1997：10，148，123—135.

〔3〕 陈学恂主编.中国近代教育文选[M].北京：人民教育出版社，1983：46.

前，清政府派遣出国考察的政府官员和驻外使节中的一些人，也将外国的"师范"和"师范学校"零星地介绍到了中国。这些对师范的简单介绍，让先进的中国人看到外国培养师资的方法与中国的不同，朦胧感觉到"以养成教员为急务"的师范教育在整个教育体系中的重要地位。甲午战争，泱泱华夏惨败于蕞尔小国日本手中，中国人开始认识到以科举制度为核心的封建教育体制严重束缚人才，造成国家日益衰败。康有为、梁启超等人在总结了日本明治维新教育改革取得的成就之后，进一步强调指出：日本之所以迅速崛起，最为根本的原因在于政府重视普及教育。普及教育首先要有必需的师资，因此康、梁等人急切呼吁"欲革旧习，兴智学，必以立师范学堂为第一义"。只有中国人自己兴办师范学堂，培养新式师资，开启民智，才能达到救国自强的目的。这是近代中国人真正认识到师范教育在近代教育发展中重要地位的开端。而苏南籍教育家盛宣怀在创办新式学堂的过程中，也逐渐认识到："旁求教习，招选学徒，大抵通晓西文者，多懵于经史大义之根柢，致力中学者，率迷于章句呫哔之迂途。教者既苦乏才，学者亦难精择"；认为西方视师范为教育之本，才使得国家强盛，中国也应当"导其源""正其基"，创办师范学堂，培养自己的师资。为此，他于1897年在仿照日本师范学校的基础上创办了中国最早的师范教育机构——南洋公学师范院，揭开了近代师范教育的序幕。1902年8月，张百熙在仿照日本学制的基础上，制定了中国第一个由政府公布的现代学制"壬寅学制"，把师范教育纳入到了学制体系之中。1904年1月，清政府颁布了由张百熙、荣庆、张之洞等制定的《奏定学堂章程》，即历史上所说的癸卯学制。它摆脱了中国古代学制的束缚，改进了壬寅学制，建立了与日本学校系统相近的教育体系，把师范教育放在重点发展的位置。在癸卯学制中，师范教育层级性特征明显，分中等、高等两级教育体系。在中等和高等师范教育兴起之际，女子师范教育也在民间悄然萌芽。1902年，上海开明绅士吴怀疚创办务本女塾，这是中国最早的女子学校之一。1904年，吴怀疚本着"修明女教，开通风气"〔1〕的信念，在该校内设立了师范科，教授伦理、教育（儿童心理、教育原理）、国文、算术、地理、历史、图画、唱歌、群经大义、各国女学源流等科目，学制2年。1905年，无锡私立竞志女学添设了师范科。此外，江苏省还有丽则女子师范学堂、竞化师范女学校、士绅沈文瀚设立的泰兴女子师范学堂、上海城东女学附设的师范班等。苏南新兴的女子师范教育使得女学在当时的历史时期内呈现繁荣态势，一定程度上促成了《女子师范学堂章程》的颁布，也让女子教育被正式纳入了国家教育体系。随后兴起并盛极一时的乡村师范教育正是在这样一

〔1〕 李红. 清末师范教育述论[D]. 山东师范大学，2003.

种师范教育思想的带动下发展起来的。

四、平民教育思想

平民教育思想是“五四”时期中国教育思潮的主流，主要源于那些具有代表性知识分子的“平民”情结与爱国热忱。自近代以来，中国积贫积弱局面的形成，其中一个重要因素，便是国民的文化素质普遍偏低，知识分子们认为要改造社会，实现民族振兴，必须首先从教育入手，提高整个民族的知识文化水平。1919年，美国著名实用主义教育家杜威来华开设讲座，受到其《平民主义之教育》的演讲的影响，平民教育运动在中国蓬勃发展。其具体运作始于晏阳初归国后进行的一系列平民教育实践。先是于1920年在北京发起组织大众教育联合会，接着于1922年在长沙兴办平民学校，后于1923年会同朱其慧、陶行知在北京成立中华平民教育促进总会，并先后在华北、华中、华东、华西等地开展义务教育运动。1926年起，晏阳初又团结了一批有志于乡村建设的高级知识分子，深入到河北定县，推行平民教育，开展“实验县”工作，历时11年。他本着“与平民打成一片”“解除劳力之苦，开发劳力之苦”的宗旨，提出以“文化、生计、卫生、公民”四大教育，医治农民中存在的“愚、贫、弱、私”四大弊病。〔1〕这场平民教育运动以平民(尤其是中下阶层的工人与农民)为对象，以中小学教育、职业教育和扫盲教育为主要手段，侧重于普及性的文化知识与观念的大众传播，实现“均学主义”。

平民教育思潮在中国的兴起，是在一个特殊的时代、特殊的社会背景和特殊的文化背景下实现的。〔2〕作为当时社会的主流教育思想之一，活跃在苏南一带的教育家为平民教育思想的展开和推进起了很大作用。他们心系广大贫苦百姓，为使贫寒子女获得受教育的机会和谋生的手段殚精竭虑，耗尽毕生精力。著名美术教育家吕凤子先生正是其中一员。面对20世纪初广大贫民百姓在三座大山的沉重压迫下读书就业难、女子读书就业更难的状况，吕凤子先生毅然回到家乡丹阳办学，卖掉了祖传的所有田产，创办了中国第一所女子学校——正则女子学校。校名“正则”取自屈原的《离骚》篇，意为“公平而合法则”。吕凤子以“正则”作为校名，鲜明地提出了“对教育者要公平，人人都要受教育，女子也有受教育的权利”的平民教育思想。一生致力于民众教育事业的社会教育家高阳先生，他倡导教育不应只以青年为对象，更应该普及于广大成年民众，以实现“唤起民众”，提高广大民众素质的教育目标，这样才能改变中国的面貌。伟大的人民教育家俞庆棠先生也是平民教育思潮中的一分子，

〔1〕 祝彦.评20世纪20年代的平民教育运动[J].党史研究与教学,2005,(2):57—66.
〔2〕 朱永新.沟通与融合——中国近现代教育思想史[M].北京:人民教育出版社,2004.

她一生致力于民众教育，尽瘁于社会教育事业，十分强调民众教育与社会经济的关系，认为“民众是直接生产者，增进生产能力，要从直接生产者做起”，中国之所以贫穷落后，也是因为广大劳苦大众和他们的子女得不到受教育的机会，所以应让“尽可能多的农民子女有入学的机会”。平民教育力图为全体中国人创造平等的教育机会，使每个人受到良好的教育，最终达到国富民强的理想目标。[1]改变教育的单一受众群体是推行平民教育的主要方式。平民教育运动掀起的热潮唤起了黑暗军阀统治下中国民众的爱国热情，培养了革命的中坚力量，也给当代教育以深刻影响。

本书中所收录的90多位苏南教育家多为已有文献中列出的教育家。通过收集这些生长于苏南、活跃于苏南的教育家的事迹材料，选取时间、空间和思想三个维度对他们的教育成就与教育思想进行谱系梳理，展现源于吴文化、受特定历史时期时代背景的影响和感召的苏南教育家们在各自领域做出的卓越的教育成就。

通过对教育家谱系的梳理，我们可以看到，教育家们教育思想的提出和教育活动的开展，既是一个时代赋予的使命，更是教育家个人精神抱负的体现。而个体的精神世界又是与孕育他的文化相互影响、相互作用的。[2]由此可知，地域文化、时代责任以及个体自身的精神抱负是塑造教育家的不可或缺的条件。

〔1〕 詹一之主编.晏阳初文集[M].成都:四川教育出版社,1990.
〔2〕 阙敏."崇文"——吴文化之积淀与濡化[J].电影评介,2007(1):108—109.

第二章　近现代苏南教育家的文化性格

文化是一个内涵十分广泛的概念，包括社会的历史、地理、宗教、传统风俗、生活方式等方面。每个民族和国家在长期的历史发展中形成了自己独特的文化模式和传统，人们的生产、生活和交往都是按照一定的文化模式和传统进行的，因此不同的文化类型造就了不同的文化性格。中国近现代社会政治、经济、文化发生了急剧而深刻的变化，当时世界上各主要资本主义国家经济已经进入发达阶段，而此时的中国却国贫民弱，内忧外患，一大批知识分子不得不走出国门，寻找救国救民的出路，其中包括盛宣怀、冯桂芬、王韬、马相伯、叶圣陶、钱穆、唐文治、顾树森、汪懋祖等在内的苏南地区相当一批教育家。他们从学习西方教育入手，开始了教育救国的探索。特殊的社会现状以及苏南地区的文化特点，为这一时期苏南教育家们的文化性格添上了共同的时代色彩和文化烙印。

本章试图对蔡俊镛、胡雨人、马相伯、叶圣陶、郑辟疆、俞庆棠、唐文治、吴研因等一批教育家的价值观念、行为模式、处事态度、道德情操、教育理念等进行考察与分析，进而揭示近现代苏南教育家共同的文化性格。

本章主要由以下三部分组成：

第一，从文化与性格关系的角度来看，不同的文化类型塑造了不同的性格，而性格也能够通过对文化的选择与创新来带动和促进文化的变迁与发展。

第二，通过梳理中国近现代之际的时代背景及教育状况的影响，概括近现代之际中国教育家整体的文化性格。

第三，以苏南独特的区域文化与教育状况为背景，通过个例分析的方式来说明近现代苏南教育家的文化性格。

第一节 文化性格概述

一个地区文化的独特性、差异性，对该地区个体的文化性格有决定性的影响。中国地大物博，地形复杂多样，各地气候差异大，上下五千年的文明史加上地区差异，形成了诸如北方与南方、沿海与内陆、海派与京派、平原与山地几组对比鲜明的区域文化。因此，在不同文化背景下成长起来的教育家群体在整体上又呈现出性格、教育风格等方面的不同。如有学者从地理区域的角度对教育家的群体特征作出分析，认为浙派教育家具有浙江一域崇尚文教风气和强烈的人文精神，其主要原因是浙江独特的清丽灵秀的山水地理地域文化滋养了浙派教育家的灵性雅致；浙江作为沿海省份的开放性造就了浙派教育家的锐意创新的魄力。[1]另外，重视童蒙教育是浙江地域民风之重要特征，这为浙江幼儿教育家的大量诞生奠定了深厚的人文环境和文化底蕴。正是浙江这片文化热土，那个特殊的年代，加上家乡深厚的人文底蕴与现代多元的教育思想孕育了陈鹤琴、张雪门、张宗麟等堪称学贯中西、一方精华的幼儿教育家。[2]再如，有学者从历史背景的角度来对教育家的文化性格进行分析，认为民国时期特殊的时代背景，使得当时的教育家们满怀救亡图存、保国保种的爱国激情投身教育探索，教育救国成为民国时期的教育家群体的共同追求之一。

研究近现代苏南地区的文化与教育家的文化性格之间的关系，能让我们从时间和空间上，了解近现代的历史条件和苏南地区的文化孕育了教育家怎样的价值观念、行为模式、生活态度，进而揭示教育家成长的规律以及教育家文化性格形成的动因和条件。同时，研究近现代苏南教育家的文化性格有助于我们重新思考当代对于教育家、教育工作者的评价标准，有助于探索教育家大批涌现的历史奥秘，为当代教育家成长提供有益的借鉴。

一、文化性格的内涵

在文化学词典中，文化性格是指由一定文化环境决定的群体及个体的心理特征。它由一整套价值观念、行为模式和心理积淀构成，贯穿于群体及个体的行为和精神活动的始终。文化性格一旦形成，便具有超越历史时间段落的稳定性和固定在某一空间位置的局限性。沈金浩在《唐寅、文征明文化性格比较论》一文中认为，文化性格是指包含文化内涵的人物性格。[3]林非在《文化

〔1〕 王健敏. 解读浙派教育家[J]. 人民教育，2008，3：9.

〔2〕 吕苹. 对浙江籍幼儿教育家的文化分析[J]. 学前教育研究，2008，5：63—65.

〔3〕 沈金浩. 唐寅、文征明文化性格比较论[J]. 深圳大学学报(人文社会科学版)，2005，6：72—76.

性格论》一文中认为，几乎每个人都具有自己独特的性格，几乎每个民族也都具有自己独特的性格，不过对于前者来说，必须以鲜明的个性为前提，其共性总是蕴藏于个性之中的；而后者却侧重于表现出明显的集体性与类特性，它是许多个别性格的不同程度和不同途径的复合物，因此它的内涵自然就比个别的性格具有更为集中的社会意义。究其实质，某一民族的文化性格可以说是自己民族长期文化传统积淀而成的产物，有着源远流长的历史积淀。[1]本章所探讨的苏南教育家的文化性格，正是就这个意义而言的。

每一种职业都有它自己的角色规范，教育家的角色规范是以教育家的教育实践为前提的，教育家个人只有处在特定的社会群体和社会关系中，伴随着一定的社会交往，才能实现教育实践活动。因此教育家们在社会特定的角色期待中从事教育实践，就会逐步经由角色认同达到角色适应，进而形成自己独特的职业人格。教育家的类本性是直接在其历史活动中逐渐生成和演进的，是历代教育家在实践活动中不断得以建构的。尽管每位教育家都具有由各自不同的生活环境、教育条件、人生经历和教育活动等因素造成的独特性，但同时也拥有相同分工所形成的共有的典型特征。教育家的类本性包含了教育家的群体性和个体中的共同的本质的因素，是教育家共性和个性的辩证统一。

本书中的教育家的文化性格指的是教育家们在为人、为师、为教等方面表现出来的各不相同的风格，在教育生态学上具有积极的意义。

二、文化区

文化具有区域特征并形成特定的文化区。一定的文化区域特征，对生活在这一文化背景下的人的性格会有重要且牢固的影响。如，有学者就将区域文化性格界定为从地理空间的角度，对人类的"群体性格特征"在地域分布上的状况进行观察时所感知的一种社会文化现象。因此，研究某一地区教育家的文化性格前，有必要对"文化区"的概念做出说明。

最早用"文化区"的概念来描述区域文化的是美国的人类学家威斯勒，后来经斯图尔德得以发展，它指的是具有相似文化特质的地理区域。[2]文化区作为一个历史形成的文化环境，其居民的心理、性格、行为都具有区域文化的相似性特征，而且区域文化一旦形成，便具有相对稳定性。对文化区的划分，国内一些学者原则上是依据自然山川和人文状况，但主要还是依据历史发展的轨迹。依据地理环境、历史发展以及上述二者相结合而形成的历史区位关系，有学者将中国文化区划分为东、西两大块，即东南部的农业文化和西北部

〔1〕 林非. 文化性格论[J]. 河北学刊，1987，3：39—45.
〔2〕 吴鼎福，诸文蔚. 教育生态学[M]. 江苏教育出版社，1998：30.

的牧业文化。东南部农业文化划分出中原文化区、关东文化区、扬子文化区、西南文化区和东南文化区五个文化区。其中的扬子文化区主要包括长江中下游地区诸文化。长江中下游地区诸文化内部，东、西部之间存在一定的差异，这一差异从战国时期的吴越文化与荆楚文化即已开始出现。吴越文化影响区域以长江三角洲及附近地区为主，而荆楚文化则以长江中游洞庭湖群及附近地区为背景。与长江三角洲文明的集约化发展相适应，在狭义的江南地区，分化出吴文化、越文化、徽文化等地域文化分支。〔1〕还有学者从区域文化的角度将中国区域文化分为齐鲁文化区、燕赵文化区、三晋文化区、吴越文化区、巴蜀文化区、关陇文化区、荆楚文化区等历史文化区。〔2〕苏南即苏锡常地区，历史上就是吴文化的核心地区，形成了鲜明的苏南文化特征。如，以水乡、水城为主的水性文化孕育出这方水土人们的柔性与雅兴；“仓廪实而知礼节，衣食足而知荣辱”的富足、好学造就了苏南人的聪颖和灵慧；地势平坦、水陆交通便利使得吴文化具有鲜明的开放性和交融性；等等。〔3〕总之，一个地区文化的独特性、差异性，决定了这个地方人的文化性格。那么苏南地区作为一个文化区，该地区居民的心理、性格、行为在整体上具有相似的特征，而生活在苏南地区的教育家也体现出这些特征。

三、文化与性格的关系

性格是人在对现实的稳定态度和习惯化了的行为方式中所表现出来的个性心理特征，是一种与社会环境、地域文化密切相关的人格特征。它主要体现在对自己、对别人、对事物的态度和言行上。特定性格往往是特定文化氛围的必然结果，而性格在不断内化社会文化的同时，又不断外化和再现社会文化。

在性格特征中，那些由生物性或遗传性等自然因素形成的特征，我们称之为人的天性，即先天性格（或者说是性格中由先天因素形成的部分）；而人们在后天的文化环境中形成的性格特征，我们称之为文化性格。〔4〕性格是遗传因素和环境因素相互作用的结果，环境因素对性格的形成和发展起决定作用。古人云：“水性使人通，山性使人塞，水势使人合，山势使人离。”俗话说：“一方水土养一方人。”这说明环境的差异造就了不同地区的人的区域文化性格。影响文化性格形成的环境因素主要有以下几个方面：一是地理特征。如，居住在山区的人们长期处在恶劣多变的自然环境中，与兽类打交道，因此大多性格粗

〔1〕 吴必虎. 中国文化区的形成与划分[J]. 学术月刊，1996，3：10—15.
〔2〕 阎耀军. 论区域文化性格概念[J]. 理论与现代化，2002，3：57—61.
〔3〕 童潇. 简论吴文化的内涵与特征[J]. 华夏文化，2002，1：58.
〔4〕 阎耀军. 文化区域与区域文化性格的识别[J]. 天津大学学报（社会科学版），2007，2：117.

犷、豪放、骁勇；而居住于平原的人们长期从事以种植业为主的农业生产，处在相对安定的自然环境之中，因此性格细腻、稳重、富于耐性。[1]苏南地区地处东南沿海，地形以平原为主，当地人的性格中既有平原地区人的那种细腻、稳重，又具有水文化浸润下的那种灵性。二是经济结构。如在经济发达地区和经济贫困地区，工业区和贸易区，甚至重工业区和轻工业区，人们之间文化性格的差异也十分明显。比如在以工业为主的深圳和温州，两地人都具有强烈的开放意识，但以重工业为主的深圳，更倾向于吸收和接纳外界一些对自己有用的东西；而以贸易和轻工业为主的温州，更倾向于"走出去"，打拼天下，因此温州人遍布全国各地。三是教育因素。在孩子接受学校教育之前，家庭教育是儿童获取知识的主要手段。儿童在最初接受早期教育时，就已经被灌输了一种特定的文化模式，其性格是按着一定的文化模式塑造的。四是社会主流文化。它向人们传授各种各样的文化知识，灌输特定社会阶层的价值观念。比如中国传统社会中，儒家文化所宣扬的三纲五常体现了一种忠与孝的理念，深受这种传统文化影响的人们在性格上多具有封闭、保守、狭隘、盲从等特征。

可见，最初所处的文化环境对人们的性格影响是深刻的，犹如在调配颜色时先着底色，此后无论再加进其他什么颜色，都无法完全消除底色的影响，从而形成一种文化胎记。综上所述，个体的文化性格是一定的文化及在这种文化下个体所扮演的社会角色、所处的环境等对个体人格综合影响的结果。

文化性格是社会环境的影响结果，但是作为具有能动性的主体，每个人也都对自己生长、活动的环境施加一定的反作用，也在自觉或不自觉地改变着其所处的社会环境。因此，人在成长中既受一定的社会环境制约，同时也能动地改造着一定的社会环境。个体性格的形成和发展在文化面前并不是消极被动的，在个体性格的形成过程中，人们一方面接受文化的熏染，另一方面则是通过积极的实践活动不断地在改变环境，创造和更新社会文化。总体来说，个体人格的形成过程既是个体接受社会文化塑造的过程，又是文化实现积累、传递，使之存在和发展而不致中断的重要途径。一方面，个体接受社会文化的过程实际上是文化价值观、立场、观点内化的过程，由此形成了能够融入社会的文化性格，为个体进入社会以及更好地适应社会创造了条件。另一方面，个体的社会实践活动和主观能动性有助于文化的创新与发展，通过交往活动不断地外现出来，使文化不断地传承下去，并不断为已有文化注入新的内容。

总体来说，一种文化一旦形成，就会对生活于该文化领域内的群体、社会

〔1〕 李显卿.东北地域文化与文化性格[J].锦州师范学院学报(哲学社会科学版)，1997，1：110—117.

产生深刻而持久的影响，甚至会超越该范围对其他区域或人群产生一定的影响。它在长期的积淀过程中深入到生活在这种文化背景下人们的心理内层，并具有极大的稳定性。

第二节　近现代中国教育家的文化性格

不同的社会、同一社会的不同发展时期都会有不同的人格标准，每一种人格标准都同特定身份的社会群体联系起来，从而使同一身份的社会成员都具有一系列共同的人格因素。就教育家群体来说，中国历史上曾出现过几次教育家大批涌现的高峰期，如春秋战国、北宋与南宋交替时期以及近现代之际。这几个时期都具有共同的时代特征：社会动荡，矛盾突出，许多重大问题呼唤有识之士提供对策；思想文化环境比较宽松，言论比较自由。从以上几个历史时期的主要特征我们可以看出，每逢起伏动荡的历史时期之后，社会的发展需要一种相对统一的理论来规范人们的思想和行动，也总会有人挺身而出，打破众说纷纭、思想混乱的态势，开创出新的局面。中国近现代之所以涌现出了一批教育家，可以说是独特的时代特征以及社会现状对教育家们提出特定要求的体现，也造就了这一时期中国教育家们独特的文化性格。考察近现代苏南教育家的文化性格，有必要先对中国近现代之际的教育及教育家整体的文化性格作出一定的分析。

一、近现代中国社会及教育的现状

鸦片战争后，古老而封闭的中国在资本主义浪潮的冲击下，被动地进入了一个多事之秋。鸦片战争打开了封建古国的大门，动摇了两千多年的封建专制制度。“天朝大国”逐步沦为半殖民地半封建社会。西方列强入侵的同时也伴随着对传统经济、文化的侵略。西方列强及其文化通过在中国传教、办医院、办学校、办报纸和吸引留学生出国等各种方式向中国各个阶层渗透。从另一个角度来说，这对中国人了解世界、促进思想的解放起到了重要的作用，[1]也激发了中国社会的一次深刻的社会变革。“落后就要挨打”，国家危亡首先惊醒了中国一大批有识之士，他们为中华民族的未来而忧心忡忡，以强烈的救亡图存、保国保种的忧患意识来寻找救国救民之路。

整个中国的封建教育绵延两千年，发展到近代之初，总体宗旨和模式没有发生本质的变化。这一时期的学校教育仍然是以儒家经典作为主体教学内容，培养恪守封建伦理纲常和通晓儒家经学的士大夫阶层，作为统治者的后备

---

〔1〕 孙丽荣.中国近代教育史[M].黑龙江人民出版社，2009：16.

力量，并通过科举选士制度从中选拔充任政府的官员。[1]考试内容仍然是重复陈词滥调的八股文，读书求学成了追求功名利禄的手段。可见，传统教育早已空疏腐朽不堪，改革势在必行。[2]

中国传统教育向近代化教育转化的进程是步履沉重、缓慢而曲折的，直到20世纪初，才大体上构建起近代学制。尽管如此，这一时期的教育毕竟实现了从两千余年的封建教育体制向近代教育体制的转轨，在中国教育史上占有跨时代的意义。

洋务运动的“中学为体、西学为用”实现了对传统教育的一次超越。而维新运动的爆发，使一大批知识分子由改良转向革命，实现了中国近现代教育对传统教育的再一次超越。资产阶级革命派开展各种教育活动，利用教育来宣传革命思想，培养民主革命骨干，最终辛亥革命爆发，推翻了封建帝制，结束了两千多年的封建制度。[3]辛亥革命的爆发，对中国当时的社会状况产生了变革性的影响。这一时期的教育，也经历了根本性的改革。针对辛亥革命胜利以后在教育领域出现的一股复古逆流，先进知识分子发起的一场彻底的反封建的新文化运动拉开了序幕，他们在“民主”“科学”旗帜的引领下，对封建复古主义思潮进行了猛烈的抨击，并积极学习、引进西方的近代教育理论，推动了各种形式的教育实验与改革的开展，从而揭开了中国教育史的新篇章。五四运动以后中国的新文化，即人民大众反帝反封建的文化，民族的科学的大众的文化，推动了新时期的新教育。它提倡民主与科学，反对封建文化，提出“打倒孔家店”[4]，把多年来教育界关于学校与科举、新学与旧学、西学与中学等问题的争论推向高潮。

之后，国民政府进一步推动学制改革及国民教育的开展，乡村教育、职业教育、生活教育、儿童教育等教育改革实验蓬勃发展。革命根据地时期，中国共产党在革命根据地建立起民主政权，开始了武装斗争，一直延续到全国解放。革命根据地和解放区把文教战线作为一个重要战线，其教育以新民主主义文化教育方针为指导，紧密为革命战争和根据地建设服务，面向工农大众，走群众路线办学，建立起一个由干部教育、群众教育和儿童教育构成的全新的教育体制，在办学和管理形式、学制和课程设置以及教学内容和方法上都有众多创新和改革。[5]这一教育体制不仅为民主革命取得全国胜利提供了有力的

---

〔1〕 俞启定. 中国教育简史[M]. 中央广播电视大学出版社，1999：200.

〔2〕 陈乃林，周新国. 江苏教育史[M]. 江苏人民出版社，2007：285.

〔3〕 田正平. 中国教育史研究·近代分卷[M]. 华东师范大学出版社，2009：90.

〔4〕 孙丽荣. 中国近代教育史[M]. 黑龙江人民出版社，2009：99.

〔5〕 俞启定. 中国教育简史[M]. 中央广播电视大学出版社，1999：356.

支援，同时也提出了大量有价值的教育观念、方针、政策以及教育教学的内容、方式和方法，在中国教育史上留下了光辉的一页。

综上所述，近现代中国社会在政治、经济、文化等方面发生了急剧而深刻的变化，各主要资本主义国家已经进入了发达阶段，而此时的中国却国贫民弱，面临内忧外患，首先觉醒的知识分子们冲在了教育救国的最前线。特殊的社会现状对生活在这个时代的这一批教育家提出了时代要求，同时也为他们提供了施展才华的舞台，为这批教育家文化性格的形成提供了环境。

二、近现代中国教育家的文化性格

中国传统教育家在儒家文化思想的影响下，熟读四书五经，具有丰厚的文化底蕴，他们是五千多年中华民族传统的承担者和传递者。[1]中国近现代社会发生了翻天覆地的变化，特殊的历史时期赋予了教育家们鲜明的时代特征和特殊的历史使命。这一时期涌现的教育家数量庞大，其中既有统治阶级中的开明之士，也有早期的马克思主义思想家、革命家。身份虽然多样，但是这一时期的教育家们具有一些共同的文化性格。

（一）求真务实、脚踏实地

国家危亡之时，救国迫切需要人才，要培养救国兴邦、振兴民族的人才，必须要根据当时中国的具体情况来办教育，既不能完全西化，又不能完全摒弃中国的传统文化。维新派官僚李端芬认为当时国家贫弱，而兴办学校和延揽师资花费较大，因此首要问题是要解决办学经费紧张、师资短缺的难题。他从当时的实际情况出发，提出了切实可行的方案："令每省每县各改其一院，增广课程，变通章程，以为学堂"，即在旧书院基础上设立学堂，书院旧有公款不足部分再由国家拨补。认为"因旧增广，则事顺而易行，就近分筹，则需少易集"。[2]这样的办学思路对我国今天不少贫困地区因地制宜搞好基础教育、多渠道办学具有启发意义。保定军官学校校长蒋百里坚持认为将才靠课堂是培养不出来的，必须强化野外实习。他在演讲中对学员说："中国近来衰落的原因，是由于知识与行为的分离。读书人一味空谈理想，不适事实；负责做事的人，一味凭其直觉盲动，毫无理想。"[3]在教学制度上，时任复旦大学校长的李登辉主张参照美国模式，但不盲目模仿，而是根据实际情况改进和创新。如根据当时国际、国内商业发展以及上海民族工商业对商业人才的需求，学校增设了商科、茶叶

---

〔1〕殷爱荪，周川. 校长与教育家[M]. 福建教育出版社，2004：292—314.

〔2〕李正心，杨际贤. 二十世纪中华百位教育家思想精粹[M]. 中国盲文出版社，2001：8.

〔3〕周川，黄旭. 百年之功——中国近代大学校长的教育家精神[M]. 福建教育出版社，2005：56.

专修科、农业学系、农业化学系、市政系等。[1]教育家们怀着教育救国的理想，从中国的实际情况出发，制定了切实可行的教育方案，在教育内容上紧跟社会需要，在教学方法上注重理论联系实际，对今天的教育有很大的借鉴作用。

（二）以身作则、为人师表

这一时期的教育家们在树立新风方面更是身体力行，成为当时社会所倡导的新道德、新风尚的表率。他们在教学上兢兢业业，在为人处事上则堪称学生心目中的楷模。北京高等师范学校校长陈宝泉为了让学生树立"为人师表"的观念，自己"持身节俭，做事勤勉，待人诚恳，重力行，崇实际不说空话，不唱高调，以己之身为学生作则"。新生入学时，陈宝泉总是正襟危坐于校门口，逐一点名接见，态度极其庄严肃穆，面目极其和蔼可亲。那一副师长的风度给每一个入学的新生留下了极其深刻的印象。[2]时任中华大学校长的陈时，在学校经费相当紧张的情况下，为了照顾教师们的生活，设法帮助他们在校外兼职。对于自己的生活起居，陈时更是力求简朴。他常说："我是一个办教育的人，有时候腰缠万贯，有时候身无分文。如果为了自己的奢侈享受，把办学的钱中饱私囊，我这个校长还当得下去吗？住差一点不要紧，只要学校办得下去就行了，否则是会被社会人士唾弃的。"[3]他为全校师生作出了表率。

（三）大义凛然、胸怀正义

教育家们一身正气，毫不畏惧，绝不向恶势力低头，体现了中国教育家的民族气节。"九一八"事变后，时任河北省教育厅厅长的陈宝泉对于政府的态度极为愤慨，他致电蒋介石，强烈谴责国民党政府的不抵抗政策，并在报刊上发表言论，呼吁各界响应。时任北大校长的蔡元培先生，上任后的第一件事就是整饬校风，开除了个别品德恶劣、作风败坏的中外教员。其中一位不学无术的英国教员被辞退后，怀恨在心，让英国驻北京公使出面干涉，强求蔡元培予以续聘，被严词拒绝。英国公使威胁说他做不了几天校长了，蔡元培一笑置之，毫不动摇，表现出了大无畏的精神。[4]

（四）兼容并蓄、融会贯通

凡是伟大的教育家，都不会封闭在学校圈子里就教育办教育，而是面向社会，密切关注社会发展，把教育与社会的命运紧密联系在一起，这种在视野和胸怀上的差别正是教育家与一般教育工作者之间最根本的区别。[5]张之洞是

---

〔1〕李正心，杨际贤. 二十世纪中华百位教育家思想精粹[M]. 中国盲文出版社，2001：170.

〔2〕周川，黄旭. 百年之功——中国近代大学校长的教育家精神[M]. 福建教育出版社，2005：38.

〔3〕周川，黄旭. 百年之功——中国近代大学校长的教育家精神[M]. 福建教育出版社，2005：107.

〔4〕周川，黄旭. 百年之功——中国近代大学校长的教育家精神[M]. 福建教育出版社，2005：86.

〔5〕孙孔懿. 论教育家[M]. 人民教育出版社，2006：126.

我国封建主义教育制度的积极维护者，又是半封建半殖民地教育思想和制度的奠基人。他的基本教育思想是“中学为体，西学为用”。所谓“中学”，主要是指中国的经史之学，他认为应该把“中学”放在学习的首位，学生应先从经史之学中学得圣人之心，行圣人之行。[1]同时学习西方的先进技术。时任北京大学校长的蔡元培提出兼容并包的教育原则，他的兼容并包首先体现为教学的知识内容广采博收古今中外一切学术思想文化成果；其次，兼容并包还包含了遵循思想自由、学术自由的原则。在蔡元培兼容并包理念的推动下，北大的教师队伍充满朝气，学术自由风气大开，各种主义、学说层出不穷，学校发展蒸蒸日上。如果没有这种开放包容的思想，要在儒家思想根深蒂固的近代，实现自己的教育理想，恐怕很难有大的成就。

（五）尊师重道、唯才是举

教育家们尊师重道的理念主要体现在对人才的重视上。北京大学校长蔡元培在教师的聘任上不拘一格，网罗百家。在当时的北大著名学者中，既有提倡文学革命的胡适、鲁迅，也有维护旧学、反对新文化运动的黄侃、梁漱溟；既有宣传马克思主义的陈独秀、李大钊，也有“拖长辫而持复辟论”的辜鸿铭以及鼓吹帝制的刘师培。[2]创办了中国第一所私立大学——中华大学的校长陈时坚持“尊师重道、教授治校、唯才是举、宁缺毋滥”。对有真才实学的教师，陈时倾心相待，生活上、教学上给予充分的照顾。[3]马君武在担任上海大夏大学校长期间，非常重视教师的聘用，他认为有好教师方可提高教学水平、活跃学术气氛，该校汇集了朱经农、潘序伦、郭沫若、田汉等名师。后来马君武应北京工业大学师生的五次请求，出任该校校长，就职伊始便聘请胡适为文学院院长、潘光旦为社会学院院长。广西大学初办时，马君武聘请的13位教授绝大多数为留学归来的学者，又重金聘请了在海内外知名度较高的教授来校授课，例如机械专家曹继贤、土木专家王廷相。大学之大，不在于大楼，而在于大师，教育家们正是把师资建设放在了办学的首位，才使得学校长久地生存下去。

（六）复兴祖国、担当道义

从整体上说，由于近现代之际内忧外患的时代背景，这一时期的教育家视教育为强国之道，抱着教育救国的理想，把教育作为一生的事业，以图报效国家，爱国情怀始终贯穿在他们的教育生涯中。例如，中国近代思想家、教育家梁启超认为国家的强弱以教育为转移，变法的目的在于培育人才，而人才的培

〔1〕田正平.中国教育史研究·近代分卷[M].华东师范大学出版社，2009：338.
〔2〕李正心，杨际贤.二十世纪中华百位教育家思想精粹[M].中国盲文出版社，2001：138.
〔3〕周川，黄旭.百年之功——中国近代大学校长的教育家精神[M].福建教育出版社，2005：108.

养倚赖于办学校，并主张教育应着重提高国民的素质。严复不甘于做一个与世隔绝的总办，更不愿坐视神州之沦沉，在天津《直报》上连续发表《救亡决论》《原强》等政论文，痛快淋漓地阐述了自己的改革主张，吹响了变法运动的序曲，希望通过教育开发民智，使中国成为一个民主的国家。[1]复旦大学校长马相伯的继任者李登辉，出生于南洋，留学美国，目睹侨胞受外人欺侮，回国后立志要"唤醒国人，重视教育，提倡科学，以期革命自救"，他是抱着强烈的爱国救国心愿投身到教育事业中来的。[2]陈宝泉在"七七事变"发生后，为国事忧愤奔走，在酷热的暑天，去给中小学教育工作者作战时救国报告，呼吁全体国人团结起来，一致抗日。"铁肩担道义"，教育家们为祖国富强和民族复兴积极奔走、无私奉献的精神，值得后人永世敬仰。

第三节　近现代苏南教育家文化性格的生长背景

前文已经指出：一定的文化性格是一定的文化及在这种文化下个体所扮演的社会角色、所处的环境等对个体人格综合影响的结果。就近现代苏南教育家来说，其文化性格的形成，与当时的时代背景、近现代的苏南教育状况以及苏南地区独特的文化是密切相关的。关于近现代的时代背景及教育状况在前文已经论及，这里着重分析近现代苏南地区的文化特色，以展示近现代苏南教育家文化性格的生长背景。

一、近现代苏南地区的教育状况

进入近代以后的苏南地区的教育状况与当时整个中国的教育状况一样，萌动着两股新生力量：一股是旧教育体制的僵化危机催生的"经世致用"这一古老教育命题的新生萌动；一股是西方先进教育思潮影响下的创办西方新式教育的潮流。近现代时期的中国社会性质发生了变化，儒家传统的教育方式已经不能适应近现代社会对教育提出的要求，衡量人才的标准由于社会和政治环境的变化也随之发生了变化，因此教育方式、教育内容也必须随之做出相应的调整。从鸦片战争开始，至新中国成立，近现代的中国教育不断实现对传统教育的一次次变革与超越。在这一历史进程中，苏南教育较早地展开了对旧式教育的反思，并在这场中西教育的近代对决中走在了最前列。

（一）封建教育逐渐解体，洋务教育兴起

第二次鸦片战争以后，清朝统治阶级中一部分高级官员开始认识到西方

---

〔1〕 周川，黄旭.百年之功——中国近代大学校长的教育家精神[M].福建教育出版社，2005:46.
〔2〕 李正心，杨际贤.二十世纪中华百位教育家思想精粹[M].中国盲文出版社，2001:2.

资本主义的优势，尤其是近代科学技术和军事技术的优势。为了挽救清朝的垂危统治，他们开始推行“求富求强”的学习西方先进科学技术的洋务运动。苏南地区出现了重实学、轻制艺，重视学术研究的书院，以及教授化学、矿学等的格致书院，比如上海龙门书院、江阴南菁书院、苏州学古堂等；也涌现了一批喜谈时务的知识分子，如冯桂芬、薛福成、马建忠等。苏南地区洋务新式学堂的创办是苏南教育由传统型教育向近代型教育过渡的转折点，苏南教育由此开始了向西方近代文化科技知识的学习。在新式学堂的冲击下，中国传统教育的价值观念开始动摇。这时期，苏南地区自办的新式学堂的数量、规模虽无法与当时的传统教育体系相提并论，但它与军事近代化紧密相连，它的课程设置、教学内容、教学方法和办学的价值取向明显与传统教育有明显差异，对传统教育的挑战，成为苏南教育近代化的一种推动力量。

（二）西方教会学校在苏南的创办

第二次鸦片战争以后，资本主义列强对华进行军事、政治、经济侵略的同时，也在实施文化侵略。江苏是《南京条约》的签约地，苏南地区靠近通商口岸，因此西方教育思想与实践较早地进入了苏南地区教育界。西方列强又取得了在口岸传教的权利，传教士们先后在江苏的南京、苏州、镇江等地设中小学、女学等，如上海怀恩中学、徐家汇公学。就当时的情况而言，苏南地区可以说是美国教会的天下。美国教会的特色是资金充足，重视教育；在课程上主要学习《圣经》，同时学习一些儒家经典如“四书”“五经”，以便于基督教的传播。教会在苏南地区所创办的大、中、小学和其他教育机构，是西方列强对我国推行文化侵略的重要手段，但是在客观上介绍了许多西方的新思想和文化科学知识，培育了一批新式的知识分子。教会学校采用近代西方完整的学校制度，重视自然科学的传授，注重实际技能的培养，这些在各个方面影响或推进了苏南乃至整个中国教育近代化的进程。

（三）苏南留学教育兴起

1871 年，清政府决定派遣幼童出洋，学习西方的先进技术。派出的 120 名留学生中，江苏籍占 21 人，人数仅次于广东，居第二位。[1]清末苏南地区留日学生中官费生很少，多为自费生，其原因是江苏地处沿海，相对来说经济富裕，文化发达，海外贸易、交通发达；苏南距离日本近，来往方便，费用较少；同时，政府的鼓励政策也在一定程度上促进了当时留学教育的兴起。苏南许多有志青年在留学期间接受西方先进的思想，回国后积极投身教育改革。例如，出生于江苏常州武进的蒋维乔早年游学日本，回国后毕生致力于教育事业。时值

〔1〕 陈乃林，周新国. 江苏教育史[M]. 江苏人民出版社，2007：300.

维新变法运动,掀起了兴西学、办实业的高潮。吴江郑辟疆于1903年留学日本,他为日本蚕桑技术的先进和蚕桑业之发达所惊叹,潜心学习,回国后一直从事蚕业教育,1918年起先后任江苏省立女子蚕业学校、苏州蚕桑专科学校和苏州丝绸工业专科学校校长。还有无锡的胡刚复、过探先、顾倬,苏州的顾冀东、费达生、汪懋祖、邓邦逖,常州的吴敬恒,等等,都曾留学美、日、英等国,回国后积极投身社会变革及教育改革的活动。近代苏南的留学教育为苏南吸收西方文化提供了又一新途径,对近代苏南教育的改革起到了重要的作用。

(四) 学制改革促使苏南教育体系逐渐完善

1903年,清政府颁行《奏定学堂章程》,即癸卯学制,这是我国经法令公布、正式在全国实行的第一个完整的近代教育体系。其指导思想仍是洋务派的"中体西用",说明新学制虽然学习西方资本主义的方法技术,但仍然保持封建主义的政治思想。由于它具有改良主义色彩,客观上助长了资本主义因素的成长,推动了中国教育近代化的进程。清末新学制的颁布,对苏南的教育产生了重大的影响,促成了苏南教育行政系统的建立,新式教育在苏南全面推广;同时也传播了现代自然科学知识和资产阶级政治思想,"西文""西艺""西政"在学校教育中取得合法的地位,加速了西方学术思想的传播,促成了一批知识分子同封建营垒决裂,走上觉醒的道路。这一系列改革措施的推行,极大地促进了苏南的教育事业的发展,包括女学的兴起。例如,侯鸿鉴在无锡创办竞志女学,王谢长达在苏州创办振华女学等。

1912年,蔡元培出任南京临时政府教育部首任教育总长。他本着资产阶级共和的要求,在孙中山的"三民主义"指导下,仿效西方资本主义国家的教育制度,开始对清末教育从宗旨、学制、课程到学生出路等方面进行系统的改革,确立了我国资产阶级民主教育体制。[1]在这样的背景下,苏南地区的教育事业蓬勃发展,出现了兴办教育的高潮,各个层次的教育事业蓬勃发展。

(五) 新教育思潮对苏南教育的影响

五四运动的爆发,促进了新文化、新教育的发展,各种教育思想、教育实践纷呈多元。苏南地区一些进步的教育家和爱国知识分子从教育救国的立场出发,以西方教育理论为武器,批判封建教育,积极改革,对苏南教育的发展产生了较大的影响。比如,江苏各个大学陆续招收女生,肯定了男女有平等的受教育权。另外,像江苏省教育会、中华职业教育社、江苏平民教育促进会等各种教育学术团体,也为促进苏南教育的发展做出了巨大贡献。同时,一批苏南留学生回乡任教,使苏南地区一时人才汇集,教育实验与研究的气氛十分浓厚。例如,

---

〔1〕 陈乃林,周新国.江苏教育史[M].江苏人民出版社,2007:337.

俞子夷等在江苏省立第一师范学校附属小学(今苏州实验小学)先后试行过新教授法,儿童自治、自学辅导和弹性留级,设计教学法等研究与实验,是当时的创举。[1]

(六) 苏南教育的改造与新生

1927 年以后,国民党政府加紧了对教育的控制,一方面,"党化教育""三民主义"教育方针等成为国民政府对师生进行思想控制的工具;另一方面,实行大学院(区)制度等一批教育改革也同时启动。当时,江苏教育事业各方面继续发展,新建了一批大、中、小学,社会教育、特殊教育等都较以往取得了长足的进步,苏南地区教育总体上处于全国领先的地位。由于时局动荡、抗战爆发、内外矛盾加剧,这一时期,苏南地区师生的爱国运动也轰轰烈烈地开展起来,影响较大。抗战后,教育事业虽有所恢复,但由于国民党发动内战,国统区教育事业处于风雨摇摆之中。总体上说,这一时期的苏南教育可谓在政治运动、革命斗争中艰难前行,广大师生的爱国运动为教育事业的发展起到了重要的推进作用。

1949 年,随着南京的解放,江苏全境解放。中国人民解放军军事管制委员会苏南、苏北行政公署分别接管了原国民政府的各级各类教育机构,根据中央政府提出的"维持现状、逐步改造"的方针,稳定教学秩序,立即复课,教职工照常工作。随后,对旧教育实行有计划、有步骤的接管,再逐步进行谨慎的改造,废除了封建的、买办的、法西斯的教育,开始向新民主主义教育、社会主义性质的教育转变。

纵观苏南教育的发展历史,我们不难看出,和中国近现代社会的状况一样,苏南教育经历几多挫折,几多坎坷,但是苏南地区优越的地理位置、殷实的经济基础使得苏南地区的教育水平一直居于全国前列,为苏南教育家的成长提供了广阔的活动舞台。

二、苏南地区的文化特质

苏南地区历史上属吴国一带。关于吴国的起源,司马迁在《史记·吴太伯世家》中有记载,泰伯、仲雍为让位于季历,离国出走,跋山涉水来到荆蛮之地,建立吴国,当时所谓的国都就在无锡梅里(今无锡梅村),东汉以后的文献记载多认为在今苏南地区的苏州、无锡一带,整个吴文化的范围涵盖了长江下游及太湖流域。[2]吴文化作为黄河文明和长江文明的融合体,其源头有两个:中原周文化和江南土著文化。吴文化诞生之前,也就是在泰伯来到江南地区以前,

---

〔1〕 陈乃林,周新国. 江苏教育史[M]. 江苏人民出版社,2007:360.

〔2〕 童潇. 简论吴文化的内涵与特征[J]. 华夏文化,2002,1:58.

长江下游以及太湖流域已经生活着当地的土著居民，他们已经创造出灿烂的原生本土文化。江南土著文化不仅是长三角地区的远古文化，也是吴越文化产生的土壤和源泉，同时吴越文化也是江南土著文化的历史延伸和必然发展。相对先进的周文化与处于低位文明状态下的江南土著文化不断融合，最终形成一种高位文明的文化模式。由于融合了长江文明和黄河文明，属于一种杂交型的文化，博采众长的包容性和开放性形成了苏南区域文化的丰富多样，并滋养着生活在这一区域内的人们。

从苏南所处的江苏地区来看，江苏位于我国大陆东部沿海中心，地居长江、淮河下游，是全国面积较小的省份，境内江河湖海诸体皆备，尤其在江苏南部，形成了湖荡众多、水网密布、星罗棋布的格局。全境有大小河流约 2 900 条，天然湖泊近 300 个，水域总面积近 1.736 万平方公里，占全省总面积的 16.9%，内陆水域面积所占比率居全国之冠。其他大部分地区地势平坦，平原总面积达 7.06 万平方公里，占全省总面积的 68.8%。[1] 独特的地理优势又孕育了苏南文化及苏南人的水性特质。

1. 温婉细腻

苏南是著名的水乡，流水潺潺，水性文化带给人们以清雅灵秀的性格；文学则诗文清新婉丽，典雅细腻，缠绵悱恻；园林则玲珑剔透，布局精巧，曲径通幽。“山温水软似名姝”的苏南，千百年来造就了苏南人偏爱清丽秀美的审美心态，这与吴地山水有着密切的关系。[2] 例如有吴文化代表之称的昆曲，其婉约清丽、细腻动人的艺术风格，带有鲜明的吴文化地方特色。仁者乐山，智者乐水，聪灵的苏南人在审美观上特别追求雅与趣的统一。例如名扬中外的苏州园林，特别注重布局结构、章法层次，造园家们善于采用分水裁山、栽花植柳来营造出诗情画意，非但没有斧凿的痕迹，而且意境高雅，给人以曲径通幽的艺术享受。明媚的湖光山色、丰饶的物产在培育人们审美偏好的同时，也养成了人们享受人生、追求生活品质的习性。另外，历史上外来移民屡次大规模迁入，迅速加大了苏南地区的人口密度，人们在丘陵旱地使用精耕细作的“区田”法，将土地开成一个个小块区田，以获取作物的高产。[3] 正是由于生产上的精耕细作，逐渐形成了“苏湖熟，天下足”的局面。精耕细作的生产方式，食不厌精的生活方式，进一步发展了苏南人细腻的性格特征，并培育了他们灵秀的审美观点。

---

〔1〕 张乃格. 江苏民性研究[M]. 江苏人民出版社，2004:60.

〔2〕 童潇. 简论吴文化的内涵与特征[J]. 华夏文化，2002，1:57.

〔3〕 徐茂明. 论吴文化的特征及其成因[J]. 学术月刊，1997，8:75.

2. 崇文好学

发达的经济，平稳的社会环境，使苏南人自古就崇文好学。文人在苏南人心目中具有崇高的地位。“在堂上是老爷，下了堂是墨客；在任是官吏，归田后是学者”，这是不少苏南籍官员心向往之的理想形象。虽然苏南人秉承“学而优则仕”的传统，但若读书做不了官，也愿意从事其他行业，比如教书、从医。许多从商之士，大都选择刺绣、云锦、笔墨纸砚等文化类产业，作为谋生的重要手段。[1]我国古代封建社会生产力水平比较低下，以农业为百科之冠。在这样的社会里，“日出而作，日落而息”的农耕活动是人们生存立世的前提，这成为一种共识。但在古代的苏南，特别是在明清时期，以砚为田、执教为业、著述为生的人不在少数。早期以教授为业的人与后代的一般教师不同，他们往往是某一学科、某一学派的代表性人物，是社会公认的学术权威。例如，春秋公羊派学家严彭祖、创立苏湖教法的胡瑗等。另外，学者、仕宦在休假或者退休期间受聘教学的情况，在古代的江苏是非常普遍的，比如沈德潜、冯桂芬等。他们的休假成了地方学子请教受益的极好机会。[2]从地方志看，自唐迄清，今江苏地区共取中进士 8 481 人，明清的状元、探花两项人数都是全国第一，榜眼人数仅次于浙江，他们中绝大多数人的籍贯都属今苏南地区。另外据《江苏艺文志》的资料统计，截至清末，苏南共有作家 20 415 人，其中许多人都是才华横溢、著作等身的大文学家。宣统《江苏通志稿 · 人物志 · 儒林》共收江苏历代重要学者 93 人，其中苏南地区 67 人，超过全省的四分之三。清代全国约有画家 5 800 人，仅江苏省就有 2 700 人，其中绝大多数都是苏南地区的画家。崇文好学的社会风气，造就了苏南人文荟萃、人才辈出的可喜局面。而人文荟萃、人才辈出局面的形成，又反过来促进了苏南崇文风气的进一步发展，从而形成一种良性循环，并进而形成具有广泛社会基础的区域文化心理。

3. 尊教兴学

苏南地区自古重视教育，至宋代而勃然大兴。吴县范仲淹亲自捐建义学，奏请朝廷批准在苏州设立官学，一方面利用宰相的特殊身份，倡导天下各府、州、县兴办学校。泰州海陵胡瑗所创苏湖教法，被朝廷著为令，不仅施之太学，而且还颁布各地仿效。[3]苏南重教崇学蔚然成风，许多地方流传“养儿不教，不如不要”“小马要操，小孩要教”“插秧要早，教孩趁小”的民谚民谣。[4]温饱

---

〔1〕 张乃格. 江苏民性研究[M]. 江苏人民出版社，2004：101—107.

〔2〕 张乃格. 江苏民性研究[M]. 江苏人民出版社，2004：108—110.

〔3〕 张乃格. 江苏民性研究[M]. 江苏人民出版社，2004：188.

〔4〕 张乃格. 江苏民性研究[M]. 江苏人民出版社，2004：200.

之家多办有私塾，专门用来教育子女，课徒声、读书声、吟唱声、声声达于户外。苏南民间重教，强调教育要从家庭抓起，自婴幼儿开始，循序渐进，打好基础。无锡民谚云："教妇初来，教儿初胎""教子从小起，治家勤俭起"。〔1〕在常州城乡流行着"三年不提笔，秀才也着急"的谚语。除了重视教育，民间宗教观念也是很强的，江苏包括苏南地区到处都有宗庙祠堂，祠内除供奉本族列祖列宗名讳牌位外，还供奉家谱。〔2〕家谱中一般收有专项"家范"，其中大多有对本族人提出的生儿宜教、七岁入学、立志四方等要求。在宗族和崇教观念的双重作用下，苏南地区许多家族都以好学作为家风，诗书传家、书香门第在人们的心目中具有崇高而神圣的地位。

4. 沉稳务实

苏南不乏名山大川，但山不甚高，峰不甚奇，坡不甚陡，全境以平原为主，地势平坦，而长江、淮河、大运河流不甚急，太湖、洪泽湖等众多湖泊浪不甚大，水势平缓。平坦的地势和平缓的水势孕育了苏南人沉稳务实的性格特征。从历史上看，苏南地区没有出现过孔子、孟子、庄子这样理论宏富的大哲学家，而是产生了像军事家孙子、平民学者王艮以及明清之际主张经世致用思想的顾炎武这样的人物。没有出现程颐、朱熹这样的理学大师，却出现了大量重经义本身研究的考据学大师。〔3〕自东汉以后，江淮地区数百年间均为南北争战的前线，兵火之余，生灵涂炭。但即使在这样的局势下，苏南人依然崇尚读书。他们读书并不都是为了做官，不少人家只是想让孩子识文算数，长大了好经商贩卖，养家糊口。苏南人从商历来重诚信，同时苏南独特的地理优势，造就了苏南商业几千年的繁华史，并使苏南地区成为中国民族工业兴起和资本主义萌芽的摇篮。然而，苏南地区的文化特性中也有其局限性，由于对稳中求进的过分重视，其文化中存在过多谨小慎微的元素；人们普遍有较强的本土意识，导致了苏南人在经济发展中缺乏敢闯敢干的冒险精神。

5. 兼容并蓄

苏南地区交通便利，四通八达，长江、淮河纵穿东西，大运河横贯南北。独特的地理位置，培养了苏南人博大宽阔的胸怀，而大江南北频繁的人口迁徙，又加速了不同文化间的交流与渗透，使苏南文化接纳了中原文化、齐鲁文化、越文化等区域文化的影响。〔4〕兄弟区域文化和海外文化的长期影响，养成了

〔1〕 张乃格. 江苏民性研究［M］. 江苏人民出版社，2004：189.
〔2〕 张乃格. 江苏民性研究［M］. 江苏人民出版社，2004：240.
〔3〕 汪长根，王明国. 论吴文化的特征——兼论吴文化与苏州文化的关系［J］. 学海，2002，3：87.
〔4〕 赵理平. 吴文化的特点［J］. 和田师范专科学校学报，2006，6：131.

苏南人宽广的胸怀、开放的性格。面对外来文化,他们并不是生吞活剥,而始终以己为主,融会贯通,为己所用,从而具备了兼容和创新的特质,塑造出苏南文化的开拓精神,并对苏南地区的经济发展产生深远影响。[1]苏南包容外籍人最典型的例子是春秋时期对孙武和伍子胥的接纳,正是凭借孙武和伍子胥这两位"外人"之功,吴国才能北威齐、晋,显名诸侯,名声大振。[2]

综上所述,苏南地区的文化与中原文化关系紧密,是具有一定地域特色的支流文化,她依托江南水乡的独特地理优势,以兼容并蓄的姿态吸收各派文化的长处,孕育了聪明勤劳的苏南人民及其开放包容、农商并重、尊文崇教等特性。这些都对苏南教育家的文化性格有着重要的影响。

第四节　近现代苏南教育家的文化性格

近现代中国社会独特的时代背景及苏南地区特殊的地域文化等,为这一时期苏南教育家们的文化性格添上了共同的时代色彩和地域特色,并使他们表现出鲜明的群体特征。总体上来说,这一时期苏南教育家有的出身书香门第,受过良好的旧式教育,熟读四书五经;有的出身贫寒,发奋求学,有志于教育事业;有的出国留学,深受西方教育的熏陶,回国后致力于教育改革。时代的诉求、地域文化的浸染及个人的抱负与作为等,共同造就了近现代苏南教育家的知、情、意,形成了他们独具特点的整体性格风貌。

一、崇文好学、诗书传家

诗书传家是苏南许多大宗族共同的门风,所以苏南科举人才具有较为显著的家族特征和地域特征,在科举与政界人才、文学与艺术人才中最为显著。据统计,自唐至清的近 1 300 年间,全国共出文状元 596 名,苏州共出文状元 45 名,其中多有父子状元、兄弟状元、祖孙状元等。当地重视教育风气之盛,也体现于许多苏南教育家的成长过程中。

马相伯的父亲是个虔诚的天主教信徒,同时具备深厚的儒学修养,在马相伯很小的时候就敦促其博学善思。后来,随着马相伯年龄和学识的增长,父亲认为马相伯所在的小城已经不能满足他的求知欲望,就促成他赴上海求学。正值教会学校兴盛,马相伯修学神学、中国文学和拉丁文学、哲学,逐渐成为一位学贯中西的学者。

顾翼东出身于苏州一个书香世家,高祖父顾沅(湘舟)是清代著名的图籍、

---

〔1〕 徐茂明. 论吴文化的特征及其成因[J]. 学术月刊,1997,8:76.

〔2〕 童潇. 简论吴文化的内涵与特征[J]. 华夏文化,2002,1:58.

金石收藏家和文学家，父亲擅代数，母亲善诗词，顾翼东从小就受家学渊源的影响而立志求学。

无锡的胡雨人出身于一个知识分子的家庭，父亲胡和梅，曾任江苏省桃源县教谕。胡雨人与其兄胡壹修自小受父亲教诲，熟读儒家经典，崇尚兴学育人。1902 年，胡雨人在父亲的支持下，与哥哥一起在无锡创办了胡氏公立蒙学（后改为胡氏公学）。

无锡的华蘅芳出身于一个数学之家，受其父亲的影响从小便酷爱数学，七八岁时，便已熟读宋代数学家秦九韶、元代数学家李冶和朱世杰等人的著作。同时，他潜心钻研西方数学，成为当时中国真正能理解和应用西方数学的少数人之一。华蘅芳对数学的钟爱，以及他在数学方面的扎实的知识基础，使他后来在数学研究、著译、教学上取得了一系列令人瞩目的成就。

苏南地区自古以来尊文好学、崇文重教的价值取向，在近现代苏南教育家们身上有着显著的体现。

二、开放包容、海纳百川

苏南地区独特的地理优势，使得吴文化客观上存在与各种文化进行交融的契机，这种开放性与包容性也表现在近现代苏南教育家身上。

唐文治在主管无锡国学专修学校时，重视师资，慎于择师，有时对个别久负盛名的教授，不惜用重金礼聘，相继聘请海内外名流钱基博、朱东润、吕思勉等为教授，并请章太炎等国学大师来校讲学，形成了校内浓厚的学术氛围。他还曾邀请中国铁路之父詹天佑来校考核铁路科的教员，并大胆聘用外籍教师，直接使用麻省理工学院和哈佛大学的教材。

马相伯在担任上海震旦学院（今复旦大学）校长时，明确提出了“囊括大家、网罗众学、兼容并收”的办学方针，主张学校应该包容各种学问，广泛吸收各种人才，对不同思想和意见，应展开讨论。震旦创办时，正值严复翻译的英国斯宾塞尔《群学肆言》一书问世，马相伯对此书的评价与严复分歧很大，并引发学术上的激烈争论，但马相伯并不因此而心存门户之见。[1] 1906 年，马相伯辞去复旦公学校长一职时，还热情推荐严复出任下一届复旦校长。

苏南文化的开放性与交融性同时也表现为敢于创新，不故步自封。刘海粟在他的美术实践中，一贯以“融合中西以创新和沟通传统，并迎合世界潮流”为准绳，这正是中国新美术运动发展的方向。

王季玉对于教育教学的最高追求就是兼容并蓄、和而不同。为了达到这

〔1〕 李旻. 简论马相伯的爱国思想和实践活动[D]. 华东师范大学，2000：19.

个目标，季玉先生延请国内外著名学者来校讲学，在振华女校，不同的思想观点可以相互碰撞，不同的学术风格可以有自己的生长空间，这也是这所学校经久不衰的原因所在。[1]

缪荃孙曾以江宁高等学堂总教习的身份赴日本考察学务。回国后，他在其负责筹建的三江师范学堂的课程设置上一方面维护"中学"，另一方面开始中西并重，认为"学无古今，亦无中西"。[2]

三、求真务实、脚踏实地

苏南文化的沉稳务实造就了近现代苏南教育家脚踏实地的处事态度，以及对高谈阔论、华而不实的言行和作风的鄙弃。同时，他们关注社会动态，把握时代脉搏，以求真务实的态度办教育。

毕生从事小学教育研究的俞子夷根据当时教育界风靡道尔顿制和五段教学法的现状，提出国外教育思想应本土化和乡村化，对当时中国初等教育的发展提出了不少切实可行的建议。我国著名女蚕丝教育家费达生一生致力于蚕丝教育事业，在郑辟疆先生的指导下，结合当时生产力发展的要求，走科学复兴之路，推广养蚕新技术，深入吴江等地农村，组织蚕丝改进社、合作社，推广改良蚕种与饲养秋蚕，宣传用科学的方法养蚕，实现了理论与实践相结合，教育、科学和生产相结合，为中国蚕丝事业的发展做出了巨大的贡献。[3]

中国会计教育事业的先驱潘序伦也把实用作为教育方针。在其创立的立达会计高等专科学校，潘序伦要求各门课程除讲授理论外，还要特别加强习题练习。另外，潘序伦还用簿记会计竞赛、加强珠算练习等方法，训练学生的基础技能。更重要的是，学校经常组织学生去工商企业和政府机关参观、实习，派成绩优良的学生参加查账实习。学校还在会计事务所附设"会计职业咨询所"，让学生亲身实践。通过这些实践活动，学生不仅加深了对理论知识的理解，能更好地将其运用于实践，而且也扩大了他们就业的机会。

俞庆棠怀着满腔爱国热情，一生致力于创办一种适合中国国情的新教育，一种真正为广大劳动人民所办的教育，以改变当时一般劳苦大众严重失学的现状，提高民族素质，这就是民众教育。她一再强调办民众教育，不仅是识字的人教不识字的人，更重要的是用民众教育的力量解决民众的问题，发扬整个民族的自信力。她在苏州创办中央大学区民众教育学校，以培养民众教育师

〔1〕 柳袁照. 一个女子和一个时代的教育家——记女教育家王季玉先生[J]. 中小学管理，2008，5:55—56.

〔2〕 周川，黄旭. 百年之功——中国近代大学校长的教育家精神[M]. 福建教育出版社，2005:489.

〔3〕 余广彤. 中国蚕丝教育家——费达生[J]. 苏州丝绸工学院学报，1988，4:5.

资。在办学过程中，俞庆棠始终坚持贯彻理论联系实际，还在无锡先后创设民众教育实验区、民众图书馆、农民教育馆等实验单位。

四、一丝不苟、严谨治学

近现代之际的苏南教育家，在经世致用风气的影响下，崇尚实学；同时，他们在自己的治学之路上也是一丝不苟，精益求精。严谨的治学风格是教育家们成就事业之关键所在。

中国农业教育家过探先，以求实的态度埋头于农作物品种改良与推广事业，他在作物育种、植物病理、农业昆虫、园艺与森林等学科方面的成果在全国处于领先地位。顾翼东在几十年的化学教学中，坚持书本知识一定要与实践相结合，要求学生一定要立足创新，学了就要用。他常对学生说：搞科研务求理论联系实际，不要浮夸，不准弄虚作假，更不准剽窃别人的东西。他奉行的格言是：与人无忤，与世相争。即对人要宽厚，对真理却要争个明白，不迷信盲从。

无锡的徐寿，在鸦片战争爆发后，深感经文和八股文不能挽救民族危机，唯有学习西方的科学技术，并为中国所用，才是救国救民之路。为此，徐寿放弃了"学而优则仕"之路，开始研究西方的自然科学。经过深入研究和反复斟酌推敲，徐寿发明了化学元素音译命名法，同时，还系统地翻译了《化学鉴原》等多种西方化学著作，这些书概括了 19 世纪七八十年代最先进的化学知识，成为 19 世纪后期我国科学工作者必读的书籍，为西方化学知识在我国的传播及应用起了很大的作用。

顾颉刚对孟姜女故事的研究，在我国学术史上是首次对传说故事进行精细和系统的考证。他对记载于各种古籍和流传于当时口头的有关材料进行分析，对孟姜女故事的产生、传播及变异状况进行系统的考证，对孟姜女故事起源的时间、地点和情节变化以及与历史的关系，尽可能作出科学的阐释，其锲而不舍的精神可见一斑。

音乐教育家杨荫浏从小酷爱音乐，七八岁时便学习箫、笛、琵琶等民族乐器。后又师从美国传教士，学习钢琴和西方音乐乐理。她一生潜心于对音乐史的研究，编纂了《中国音乐史纲》和《中国古代音乐史稿》，开辟了"以音乐为中心"研究音乐史的时代。

五、勤劳吃苦、锲而不舍

近现代苏南教育家有的出身于书香世家，有的出身于普通的农民家庭，还有的出身于宗教家庭。尽管家庭教育内容和影响不同，但苏南文化那种勤劳吃苦、锲而不舍的奋斗精神却渗透在每一个苏南教育家的价值观念中。

马相伯年少时只身来到上海求学，在那里他除了修学神学、中国文学和拉丁文学、哲学外，还学习算术和自然科学，学业可谓繁重。到60岁高龄时，他还亲自教授拉丁文、数学、哲学，编写《拉丁文通》《致知浅说》等教材。虽然其一手创办的震旦学院的办学成果被教会窃取，令他深感遗憾，但他没有悲观失望，65岁的老人与退学的学生一起，继续为建立新的学校而努力，终于在浙江士绅的帮助下创办了今天的复旦大学。[1]这种锲而不舍的精神，在当时艰难的社会条件下，是极其可贵的。

唐孝端在回忆先祖父唐文治时，曾提到"从小颖悟，刻苦勤学，立志济世救民。因家庭贫困，他在晚上常借月光苦读，14岁读完《论语》《孟子》、五经，16岁中秀才，18岁中举人，28岁中进士"，足见唐文治青少年时期是多么的勤奋。[2]在南菁学院求学期间，唐文治刻苦钻研，博览群书，加上名师指导，学问日益精进。在江西任职期间，虽公务繁忙，仍抽时间学习俄文，常常在灯下取中俄文条约对照阅读，由此视力大损，后来医治无效乃至失明。[3]虽然身有残疾，但他仍然身兼数职，管理通商、关税事宜，接着又访问法、比、美、日诸国，广泛考察了各国政治、经济、文化、教育状况，深感"立国之要，以教育为命根；必学术日新，而国家乃有振兴之望"。

1918年，因病休学在家的顾颉刚，因受《北大日刊》上刊登的民歌的影响，开始搜集"怡情适性"的歌谣，在短短一年多的时间内就搜集了数百首歌谣，并连带搜集了大量谚语、方言等资料，后编辑出版了《吴歌甲集》。胡适称赞《吴歌甲集》"是独立的吴语文学的第一部"，"道地的方言文学"，"这部书的出世真可说是给中国文学又开一新纪元"。

胡石予一生好学，在草桥中学任教期间，他仍苦读不辍，读到得意处，废寝忘食。草桥中学附近的旧书摊边，也留下了石予先生淘书的足迹。他一遇到中意的书就买，尽管囊中羞涩，照样乐此不疲。在草桥中学的宿舍里，住到第13个年头时，石予先生积累的书籍已达五千卷之多。他自己有诗为证——"四壁纵横五千卷，一楼坐卧十三年"。

叶圣陶幼年时在父亲和塾师的严格要求下，很快就能熟读并背诵《三字经》《千字文》《诗经》等，能写出一手好字、下笔成章，这与他从小读书刻苦勤奋是分不开的。他在草桥中学的五年读书生涯，可以用一个"勤"字来概括，眼勤、手勤、笔勤，是他的信念。叶圣陶少年时有个笔名叫"宏愿士"，他的第一个

---

〔1〕 李旻．简论马相伯的爱国思想和实践活动［D］．华东师范大学，2000：2．
〔2〕 唐孝端．先祖父唐文治事略［J］．无锡教育学院学报，1995，2：45—48．
〔3〕 陈乃林，周新国．江苏教育史［M］．江苏人民出版社，2007：530．

宏愿是要努力“读尽天下书”。[1]叶圣陶先后翻译抄录过的诗文、小说不计其数，对音乐、绘画、金石、书法、理学、佛典以及自然学科的知识，他都有所涉猎，可以说，是他的勤奋苦读成就了他的才能。[2]读书之余，每逢节假日和礼拜天，叶圣陶常常约上几个同学结伴出游，陶醉于大自然的怀抱之中。当触景生情，脑中闪过好的诗句时，他就马上记在随身携带的纸上，回家再工整、详细地写入日记和诗集中，这成为他保持一生的习惯。

六、不卑不亢、柔中有刚

苏南的地理位置孕育了苏南的水性文化，故而在精神上普遍造就了苏南人性格的柔和，吴侬软语、斯文儒雅；心态处事上，则以柔带韧，善于运筹帷幄。体现了苏南人内在的阳刚之美和外在的阴柔之美。

“九一八”事变后，为反对国民党政府所持“不抵抗主义”，各地学生纷纷组团赴南京请愿。事后，当局勒令请愿学生悔过，俞庆棠挺身而出，当着政府人员的面慷慨陈词：“要求抗日有什么错？难道要学生甘心做亡国奴？请愿学生没有什么可悔过的，倒是首先要求别人悔过的人应该悔过！”[3]大义凛然，不卑不亢。

郑辟疆在任期间，国民党某官员想利用郑辟疆在蚕丝界的名望，请郑先生到他公司主事，郑先生看出他并不是真正热心发展中国的蚕丝事业，不为名利所动，坦然地笑笑说：“我在学校多年，想继续从事蚕桑教育事业。”此类事例不胜枚举。

创办振华女中的王季玉在学生心中，既是敬畏的严师，又是和蔼可亲的长辈。在为人处事上，她表现出坚定的人格、坚贞的气节。1937 年，苏州沦陷，当时的伪教育厅拟请王季玉继续担任校长，先生当即回绝，原振华女校的教职员也效法校长全部拒聘，表现了崇高的民族气节。

叶圣陶虽然没有生活在五四新文化运动的中心——北京，但依然是五四浪潮孕育出来的时代先锋。他的童话创作揭露和批判了残暴黑暗的社会现实。在黑暗、腐败的国民党统治时期，对于侵犯和压制人民发表自由、言论自由的事件，叶圣陶几乎每一次都及时公开地表明他的看法，积极地进行了抗争，体现了一个爱国知识分子对反动势力的愤恨，对祖国前途的担忧，对社会进步的渴望。

---

〔1〕 徐龙年. 语文教育家叶圣陶其人其事[J]. 教书育人，2003，15：43.

〔2〕 商金林. 拥抱时代的浪潮（下）——叶圣陶的中学时代（1907—1912）[J]. 新文学史料，1998，1：194.

〔3〕 李正心，杨际贤. 二十世纪中华百位教育家思想精粹[M]. 中国盲文出版社，2001：447.

潘序伦在主办立信会计师事务所期间，为了提高教学质量，十分重视聘请高水平的师资。著名经济学家马寅初因抨击国民党当局的反动政策被扣押，获释后，国民党不准任何大学聘请他。潘序伦不顾淫威，毅然聘请马寅初到立信上课。面对国民党的威胁、警告，潘序伦一笑置之，显示了一种大无畏的精神。

综上所述，从历史背景来看，中国近现代时期苏南地区的社会政治、经济、文化发生了急剧而深刻的变化，封建教育系统的解体，传统教育价值观念的动摇以及西方新教育思想的大量涌入，营造了宽松的思想环境，给予了苏南教育家新鲜的给养，为他们提供了施展才华的舞台。从文化背景来看，苏南文化兼容并蓄、开放包容的特性，使得苏南教育家能够以博大的胸怀办教育；温婉细腻的文化品性孕育了苏南教育家温文尔雅、鞠躬尽瘁的品性；苏南文化崇文重教的传统造就了苏南教育家尊文好学、重视教育的价值取向；求真、求实的文化品性熏陶出苏南教育家沉稳务实、脚踏实地的处世态度以及勤劳吃苦、锲而不舍的精神；独特的社会现状赋予了苏南教育家教育救国的历史使命。总之，中国近现代特殊的社会现状以及苏南地区的独特文化，为这一时期苏南教育家们的文化性格添上了共同的时代色彩和文化烙印。

第三章 近现代苏南教育家的意义世界

近现代苏南教育家在灿烂的吴文化濡染下，得风气之先，引领并推动着苏南乃至全国教育的探索与发展。他们学贯中西，博古通今，博采众长，以大无畏精神，革故鼎新，投身到波澜壮阔的近现代教育改革与实践中，推动了苏南教育的近现代化。本章从意义世界的角度，对苏南教育家进行考察，旨在理清近代以来苏南教育家的教育思想、教育理念、教育信仰等；同时更深刻地展现苏南教育家的人文情怀，展示教育家丰富多彩的教育风格和高尚的精神世界。

本章从两个方面对近现代苏南教育家的意义世界进行考察：

一方面是以苏南教育的近现代化为线索，以教育的重大变革为转折，梳理苏南教育家眼中的教育，探讨苏南教育家教育的意义世界，即展示苏南教育家在近现代特定的时代背景下所坚持的教育理念、信奉的教育价值、追求的教育理想等。

另一方面通过对史料的整理与归纳，分析苏南教育家在经世致用传统的影响下，在近代急剧变革的历史时期，以赤子之心投入教育事业，有着怎样的人文情怀。

第一节 “意义”与“意义世界”

意义世界是支撑人在现实世界中安身立命、生活实践的价值理念系统，是一个超越性的形而上的世界。意义世界根植于生活世界，生活世界是它的源头活水，但它并不是生活世界的简单复写，它扬弃了生活世界的许多世俗的矛盾和冲突，是创造性的提炼和升华。同时，它又是作用于人的生活世界、渗透在人的生活世界之中的。意义世界关注人的美好生活，人总是在现实世界中不断地超越有限，并在对有限的超越中，彰显人的尊严、人的力量、人的理想与追求。从这个意义上讲，意义世界引导人在创造的层次上生存，帮助人构建和实现精神的追求，使人具备积极向上、超越自我、追求理想生活的动力与冲动，使人在“意义之光”的引导中向上翱翔。这也是我们研究教育家意义世界的价值之所在。

一、意义

在汉语系统中，一般认为，意义具有至少两种含义：一是意思（meaning），它与动词 mean（意谓）有词源关系，意指一个物象、动作、符号或语言文字所意涵的内容，也就是“含义”“意味着”“内涵”的意思，主要用来提示物或符号的本义；二是意义（significance），与指示（sign）有词源上的联系，指一物的意义在于它对他物的指向，即意义是一物与他物的关系，是事物的功能、作用或价值。

从现有的相关研究来看，对意义的理解有两个角度：一是站在语言层面和文化层面来探讨；二是站在形而上的层面探讨人生命的意义。

意义与语言及其表达形式相联系，表示词、句等语言形式所内含的含义。奥格登与理查兹在以“意义”本身为研究对象的《意义之意义》一书中，便将意义视为“语言的中心问题”[1]。站在语言层面或文化层面角度来探讨意义，便形成了主客体关系出发的意义观，所谓意义就是“对人有所意谓的客体对主体的精神活动的一种指向，这种指向只有在人的理解中才能显现出来”[2]。其中客体是指主体通过实践活动对其具有实践态度和实践意向的那个存在物，而不是泛指一切客观存在物；主体是指具有能动思维的个体，不是单纯的生物学意义上的人；理解活动的发生是意义产生的必要前提。没有理解的存在，便根本谈不上意义，不同的理解产生不同的意义。离开主体的理解过程，意义便不能产生直接的物理作用或精神作用。

从形而上的层面探讨人生命的意义，意义是人独特的存在方式。人既有自然属性，又有社会属性。一方面，人依赖于自然，是自然界的一部分，人具有各种物质方面的需要；另一方面，人又具有追求精神生活充实的欲望，这是人的社会性的鲜明特征。人的社会属性决定了人是一种超越性的存在，人就是在这种超越中不断从动物性存在提升到人性存在，不断提高自己的生存质量，不断地提升人性发展的层次和境界。

本研究的意义不是在语言层面和文化层面探讨意义，而是在形而上的层面探讨意义，意义是超越人的本能，有意识的对生命的直觉，充分发挥人的自

---

〔1〕 C. K. Ogden and I. A. Richards. *The Meaning of Meaning: A Study of the Influence of Language upon Thought and of the Science of Symbolism.* London: Routledge & Paul LTD, 1952.

〔2〕 卢艳红. 从哲学的意义世界到道德教育的意义世界[J]. 教育理论与实践, 2008, 28(11): 49.

主性、开放性、创造性，体现人的高贵、尊严和勇气等终极价值的追问。意义体现了生命的充盈，发挥和表现人的自足感、自由感，是生命的本质力量在克服一切障碍、创造世界中的自我肯定与自我确证。在这一层面上，“意义”就是对有限的超越，是超越有限通达无限的精神境界。

二、意义世界

从现有的资料来看，关于意义世界的研究与阐述有很多，但是对意义世界的理解，在中外学者的话语系统中，存在许多分叉，并未达成统一的认识。

在我国学者的有关研究中，有的认为意义世界是一个精神的世界、信仰的世界；有的认为意义世界是一个价值的世界，“价值其实就是人的意义世界的生成与澄明”〔1〕；还有的学者把意义世界归结为由人的生命的意义、人生的意义或人的存在的意义构成的世界，是“一种生命哲学的价值观”〔2〕。

意义世界在西方学者眼中，是狄尔泰的“精神科学”、新康德主义的“文化科学”、叔本华的“表象世界”、胡塞尔的“意向性结构”、海德格尔的“此在”。

华东师范大学哲学系的杨国荣教授，对意义世界作出了较为深入而全面的考察。他认为，“观念形态的意义世界具体展开为世界图景、价值意境以及精神之境”〔3〕。杨教授进一步阐述了他对意义世界的理解：在认知过程中，世界首先呈现为可理解的图景；通过评价，世界进一步展示了对于人的价值意义。由世界之在反观人自身的存在，由对意义的追问进而导向对人自身存在意义的关切，与之相联系的，则是不同形式的精神之境。精神之境通过“人应当期望什么”与“人应当承担什么”的自我追问体现了人之为人的内在规定，这种反思进一步赋予意义世界以更为深沉的价值内涵。

由此可见，意义世界一般都内含着四个维度的内容：一是关于世俗生活中各种价值现象的原因和演化趋势、结果的理念，这是解释维度。比如在我国儒家文化所创设的意义世界中类似“生于忧患，死于安乐”“善有善报，恶有恶报”“多行不义必自毙”等所蕴涵的价值理念。二是关于人在世俗生活中如何处理各种价值关系、价值矛盾的理念，这是应当维度。比如“君子喻于义，小人喻于利”“极高明而道中庸”“自强不息”“厚德载物”“民胞物与”等所彰显的价值理念。三是关于人的生命的意义或存在的意义的理念，这是生命意义维度。比如“生以载义，生可贵”“赫赫与日月争光，生固生也，死亦生也”“山不

〔1〕 黄浩. 价值：人的意义世界的生成与澄明[J]. 理论月刊，2005，(6)：51.

〔2〕 陈伯海. 生命理念与多重意义世界的开显——生命哲学的价值观[J]. 上海大学学报（社会科学版），2009，(1)：53.

〔3〕 杨国荣. 论意义世界[J]. 中国社会科学，2009，(4)：15—26.

在高，有仙则名，水不在深，有龙则灵”等所蕴涵的价值理念。四是关于人在世俗生活中的终极关怀的理念，这是信仰维度。比如“为善则流芳百世，为恶则遗臭万年”“内圣外王”及“大同世界”理想等所彰显的价值理念。〔1〕

意义世界作为一种世界观，是人们在创造性地“观世界”的同时形成的对人生意义的导向性图景，这个图景不是对世界的简单复写、描述，而是人对所观察世界的看法、态度、思想、意识的反思的总和。从这个意义上说，意义世界就是世界观，它的表征方式既反映了人适应和超越的特性，又表明了人具有学习和创造的能力。人们以自己的实践活动创造有意义的生活世界，追寻生命的价值，使意义本身渗透于人类生活始终，同时在实践活动中不断反省，以使自己的活动真正具有发展人自身的“意义”，达到人性的完满。

意义世界是人的生活与生命的“意义”统一，人通过“意义”来观照、理解生活世界，人在它的润泽、烛照、导引下演绎自己在生活世界的各种社会角色，演绎自己的人生轨迹。

第二节　近现代苏南教育家的教育意义世界

作为培养人的活动，教育要告诉人们世界是怎样的，从而使人成为有知识的人、客观的人、现实的人；教育要告诉人世界为什么是这样的，从而使人成为有智慧的人、会思考的人；教育还应该使人知道世界应该是怎样的，什么样的世界才是美好的，从而使人成为有理想的人、有道德的人、勇于超越和创造的人。这最后一点，正是教育的最高境界，是教育的终极目的。所以，在教育的过程中，始终贯穿着教育的信念、教育的理想、教育的情怀、教育的精神，它们构成了人们的教育信仰系统和价值体系，即教育的意义世界。

近现代之际的苏南教育家们，立足于苏南的社会发展实际，在近现代急剧变化的时期，为民族复兴、祖国富强而积极奔走，为培养人才呕心沥血，不断地尝试与探索，总结前人的经验与教训，提出对教育的真知灼见，并在教育实践中追寻教育的理想境界。正是拥有了教育意义世界，冯桂芬、马相伯、盛宣怀、江漱芳、王同愈、郑辟疆、唐文治、王季玉、潘懋祖、叶圣陶、徐悲鸿、吴粹伦等一批苏南教育家才取得了在教育领域的卓越成就。可见，教育意义世界的有无与强弱，决定了从事教育者能达到的境界的高低，也由此影响着受教育者人生智慧的高低。因此，探讨与分析近现代苏南教育家的教育意义世界，对于今日之教育、今日之教育家培养能提供有益的借鉴。

---

〔1〕 徐贵权. 论意义世界[J]. 南京师范大学学报(社会科学版)，2004，(5)：11—16.

本节以苏南教育近现代化的过程为线索,以教育的重大变革为转折点,与政治、经济、文化等社会因素相呼应,被迫对近现代苏南教育家的教育意义世界进行考察。

一、中体西用　苏南教育近现代化的起步(1860—1897)

19世纪60年代是晚清王朝统治危机四伏、内外交困的一个时期。历经两次鸦片战争的失败,被迫签订了一系列丧权辱国的不平等条约,中国的半封建、半殖民化进一步加剧。同时,太平天国在南方建立政权达十年之久,有力地打击了封建专制统治。晚清王朝启动了以"自强"和"求富"为主题的学习西方科学知识和技术为核心的工业化运动,即洋务运动。他们开办中国第一批近代企业,创办中国第一批新式学堂,从而揭开了中国资本主义产生和发展的序幕,也开始了中国近代化的第一步。

苏南地处东南沿海,是最早接触西方文化的地区之一,因而苏南教育家在这场教育近代化运动中扮演了极其重要的角色。这一时期是苏南教育近代化的起步时期,自此,苏南教育由传统教育向新式教育迈进,开始了教育的近现代化历程。

这一时期,苏南知识分子积极向西方学习科技文化知识,不断地深化教育改革,涌现出在苏南乃至全国产生一定影响的一批教育近代化的先行者,如盛宣怀、冯桂芬、王韬、徐寿、薛福成等,他们从思想理论和实践活动两个层面在中国教育近现代化历程中发挥了重要作用。

(一)"中体西用"的教育理念

鸦片战争期间,西方列强通过签订强迫清政府一系列不平等条约,为外国传教士在中国的传教打开了方便之门,企图对中国进行文化上的征服,这对中国纲常礼教构成了严重的威胁,也引起了中国人思想观念的变化。深受传统文化影响的洋务派,一方面作为封建文化的卫道士而提出"中学为体";另一方面,西方列强的侵入,又使得他们对落后的中国有了清醒的认识,进而对西方先进科技采取了实用主义态度,提出"西学为用"。

在这一思想指引下,得风气之先的苏南教育家,看到了传统的儒家教育与西方教育的差距,认识到传统教育已经不能满足时代发展的需要,突破原有的教育体制,对新式教育进行了有益的尝试。如冯桂芬、王韬、薛福成等对科举制度加以抨击,要求改革科举制度,在考试内容方面开始重视格致、天算、律例等西学知识的考核,呼吁建立新式的学校。王韬提议设立"包括培养外交人才的外语学堂、培养海军的水师院、培养航运人才的舵工馆,培养工程人才的艺术院"的新式学校。

在众多的苏南教育家中,冯桂芬是最早提出"中体西用"指导思想的教育家，也是中国教育近代化的最早设计者之一。他认为当时中国“人无弃才不如夷，地无遗利不如夷，君民不隔不如夷，名实必符不如夷”[1]，提出“以中国之名教伦常为原本，辅之以诸国富强之术”的主张，对清王朝后期的政治统治开出了许多良方，其中关于改革教育的理论尤为引人注目。

第一，他从维护封建伦常名教出发，强调封建教化的重要性。晚清社会腐败丛生，民生凋零，冯桂芬认为要挽大厦于既倒，除了在政治上进行变革外，还要重修道德，正人心，整顿封建教化。

第二，抨击科举制度，改革考试内容，广开选才渠道。冯桂芬曾淋漓尽致地揭露了明清以来科举制度的腐败：“其事为孔孟明理载道之事，其术为唐、宋英雄入彀之术，其心为始皇帝焚书坑儒之心……意在败坏天下之人才，非欲造就天下之人才。”[2]对此，他提出了一些改革措施，如加大考试难度，减少营营奔竞之人；改革科举考试内容，严格管理；设特科，广开科举渠道；自强之道在“师夷长技以制夷”，学习西方科技知识，培养科技人才。

第三，建立新式学堂。自国门洞开，清政府在外交事务中屡遭挫败，内无御敌之兵，外无出使交涉之才。要改变这种状况，冯桂芬认为应该培养一批“悉夷语”“通夷务”的名副其实的外交人才。1862 年，冯桂芬提出建立上海广方言馆的设想，得到江苏巡抚李鸿章的支持，这所学堂于 1863 年正式建立，成为继京师同文馆之后全国第二座新式学堂。

冯桂芬还初步构想了封建教育的框架。这个框架“实质上是一个新旧教育内容杂陈的体系：沿海发达地区（以上海、广州为例），建立具有西学特点的新式学堂——广方言馆，学习年限 3 年，旨在培养外交人才；通商口岸，设立船炮局，学习年限 3 年，旨在培养近代军事科技专门人才；广大乡村，建立义庄、善堂，学习年限 3 年，实施封建教化及职业训练；各省、州、县则仍以书院为主，学习年限 15 年，从事传统经史等学术文化的研究”[3]。这一教育体系是在“中学为体，西学为用”的指导思想下形成的，冯桂芬作为封建士大夫中的一分子和对世事有识见的知识分子，一方面渴望维护封建王朝的统治；另一方面，他又抨击封建制度并对其出路作出了深入反思。这反映了当时教育家“以新卫旧”“以西补中”的在传统教育与新式教育之间权衡、折中的教育价值取向。

（二）“有用之学”的人才取向

明末清初，伴随着资本主义的萌芽，苏南地区的有识之士提出了“经世致

[1] 张岱年. 中国文化与文化论争[M]. 北京：中国人民大学出版社，1990：316.

[2] 冯桂芬. 校邠庐抗议[M]. 上海：上海书店出版社，2002：37.

[3] 刘正伟. 督抚与士绅——江苏教育近代化研究[M]. 石家庄：河北教育出版社，2001：69.

用”的思想，倡导培养关心时政、关注国事、有实用之学的人才。清初，昆山顾炎武开创的崇实学风对吴中乃至江苏全省、全国学风都有深远的影响。顾炎武身处明末清初，其时八股取士导致的虚靡之风笼罩整个学界，学风空疏、腐败。对此，顾炎武一方面猛烈抨击科举制度，积极探求经世致用之学问。另一方面，他摒弃了“明心见性之空言”，代之以“修己治人”之“根本之计”。[1]这种“经世致用”的主张，对中国传统教育“重义理，轻技艺”“重伦理，轻自然”及“通经—科举—仕途”的教育价值观形成了强烈的冲击，传统的价值观念开始了转变。

鸦片战争以后，人们渴望改变国家积贫积弱的现状，希望能够通过向西方学习改变落后挨打的现状。中国最先觉醒的知识分子如龚自珍、魏源等再一次提出“通经致用”，并进一步丰富和发展了明末清初的“经世致用”的实学教育思潮，自此以后的洋务派、维新派、资产阶级革命派，再到五四新文化运动后的各种教育改革，都是在传统的“经世致用”的思想激励下进行的。

19 世纪 60 年代，清政府提出了“求强”口号，开始了救亡图存之路，中国这块古老土地的地平线上出现了近代工业文明的一线曙光。民用工业人才、翻译人才、工业技术人才的紧缺，呼唤教育领域的新变革。苏南特殊的地理位置、经世致用的传统学风等给苏南教育家以深刻的影响，形成了近现代苏南教育家培养“实学”之才的教育目的观。

主张“有用之学”的最具代表性的人物当推苏南王韬。王韬科举仕途一直不顺，屡试不举，遂放弃以科举晋升的念头，钻研起有益于世事的学问。王韬自身的成长经历，加上后来游历考察英国、日本等国家之教育的经验，更坚定了其倡导“有用之学”的教育取向。王韬认为，治世和衰世的区别在于人才之兴衰，人才标准的核心在于名实是否相符。中国传统教育培养的是具有较高的道德品行和处理政事的本领的人才，即德、艺并重，而在当时的历史条件下，这种人才已经不符合社会要求了。“及问其何以察吏，何以治民，则茫然漠对也。所习非所用，所用非所长，则何不以有用之时，讲有用之学。”[2]王韬认为，当务之急是积极倡导实学，培养国家迫切需要的各种实用人才。“为今之际，当废时文而以实学”，“夫学时文不成，则竟成废人耳。设以学时文之精神才力，专注于器艺学术，即不能出而献诸大廷，而终有一技之长、一材之擅，足以终身用之而有余者。故时文不废，人才不生；必去时文尚实学，乃足以见天

---

〔1〕 顾炎武. 与人书二十五，亭林文集，卷四.

〔2〕 王韬. 弢园文录外编[M]. 沈阳：辽宁人民出版社，1994：55.

下之真才”。[1]王韬的人才观特别强调对当时有关国计民生的各种专门人才的培养,尤其是社会亟需的政治、法律、商务、军事、教育、科技等方面的人才。王韬于1885年担任上海格致书院院长,在主讲格致书院时,他身体力行,以西方教育精神变革书院,讲求实务,培养实用人才,引导学生关心社会和民族的出路,一时誉满东南,传为佳话。

实业教育家盛宣怀提倡“经世致用,育人兴邦”。为了培养实用人才,盛宣怀在创办天津中西学堂的头等、二等学堂时,毅然摒弃了我国传统学校的办学模式,在课程设置上明确规定“不做八股试帖,专做策论,以备考试实在学问经济”。学堂设有工程学、电学、矿务学、机器学等专业,除规定学生要学习专业理论知识外,更重视实际技能的培养。盛宣怀正是通过大胆改革专业设置、课程设置、教学内容和教学方法,让学生从实际需要出发,将理论与实践相结合,从而培养出了一批具有较强实际动手能力的应用性人才,适应了当时兴办的各种洋务实业对各类专门技术人才和管理人才的迫切需求,支持和促进了洋务运动的发展。

我国现代科学教育的开创者徐寿,凭着对科学知识的热爱,自学西方各种自然科学知识。他通过译书,向国人引入和传播西方先进的科学技术、科学方法、科学精神。他与傅雅兰等人于1874年创建的格致书院,是我国第一所教授科学技术知识的学校。它于1876年正式开院,1879年正式招收学生,开设矿物、电务、测绘、工程、汽机、制造等科目。同时定期地举办科学讲座,讲课时配有实验表演,收到较好的教学效果,培养了大批近代科学人才。

“开无锡新学先声”的杨模认为倡办新学是改良社会的良药。在外地热心办学的同时,杨模念念不忘家乡子弟的培植,光绪二十三年(1897)回无锡创办了竢实学堂,自任总理(校长),聘数学家华蘅芳为总教习,开展实用课程的教学。

苏南教育家在浓厚的经世致用的传统和学风影响下,对西方科学采取认同和接纳的态度,他们抨击科举制度,为满足社会发展的需要倡导新学,提倡富国强兵之实学,他们倡导变革传统教育,发展新式教育,推动着苏南教育向近代化迈进。

二、破旧立新　苏南教育近现代化的展开(1898—1911)

洋务运动后,中国兴办了一批民族工业和军事工业,政治、军事实力得到了加强,但是甲午战争的失败加重了民族矛盾,国内改革的呼声日高。这一时期的政治变革急剧加快,从戊戌变法到辛亥革命,这是清王朝苟延残喘并最终

[1] 王韬.弢园文录外编[M].沈阳:辽宁人民出版社,1994:17.

走向灭亡的历史时期。这一时期也是新旧教育嬗变及转折的时期，具体来说，是传统教育走向崩溃，新式教育初步建立的关键阶段。其间，无论除旧还是布新，虽一波三折，最终封建教育体系土崩瓦解，科举制度退出了历史舞台，而新式教育体系得到确立。

甲午战争的惨败，宣告了洋务运动"中学为体，西学为用"的教育模式解决不了中国的问题，这个时期的教育家们不断反思，认为向西方学习，不能只停留在"坚船利炮"的物质、技术层次上，而必须学习他们的政治制度、教育制度，全方位地培养"新民"。他们明确地把教育变革与政治变革联系起来，直接促成了封建教育制度的覆灭。在这样的背景下，苏南教育家们通过革新旧教育、兴办新式学校，建立了新式教育体系。

（一）教育制度革新的初步尝试

这一时期的教育家们为了革新教育，突破了"中体西用"的思想，采用了"西学中源"说。这是19世纪90年代盛行一时的学说，这种思想深受改良派青睐。按照"西学中源"说，西方的科学技术是从中国传过去的，因此，向西方学习，并不是什么"用夷变夏"，而是"以中国本有之学还之以中国"。如果说"中体西用"是有限度的，那么"'西学中源'却不需要任何'禁区'，西方的教育体制、思想等，都可以在'古已有之'的招牌下拿来上市"〔1〕。

在早期改良主义思潮的基础上，维新思潮形成了。所谓维新，就是在不改变清政府封建统治的前提下，用和平的自上而下的改革，实行君主立宪制，使中国走上资本主义的道路。这一思潮以康有为、梁启超等为代表。在教育问题上，他们主张改革传统教育的弊端，引进新式教育，建立起完善的教育格局。他们认为中国衰弱的根本在于教育不良、学术落后，所以"变法之本，在育人才；人才之兴，在开学校；学校之立，在变科举"，主张将教育改革作为变化之本。康有为认为，一个国家的强弱，关键是看国民智慧的高低，而智慧又是靠教育来发展的，所以他指出："欲任天下之事，开中国之新世界，莫亟于教育。"〔2〕。

这一时期苏南教育的变革不仅体现在教育思潮上，也体现于教育制度的"破"与"立"中。对教育制度的改革包括三方面：

第一，教育行政制度的改革。洋务运动中，苏南各种新式学堂渐次兴办，但是各中学堂隶属关系并不一致。新政开始，由于全国各地兴学热潮的高涨，各级各类官办、公办、民办学堂不断设立，数量上大大增长。面对千头万绪的

〔1〕 郑金洲. 教育文化学[M]. 北京：人民教育出版社，2000：354.
〔2〕 梁启超. 饮冰室合集[M]. 上海：中华书局，1989：62.

新式教育发展局势,建立新式教育行政制度便提上了议事日程。另外,经过30多年器物层面的变革之后,变革制度是必然之路。

1903年,两江总督张之洞在江宁省城设立了两江学务处,专门负责管理新式教育,这是当时较早设立的新式教育行政管理机构之一,同时,传统机构江苏学政仍然存在。不久,在苏州省城又设立江苏学务处,奠定了清末新式教育行政制度的基础。1906年,学部奏颁了《各省学务官制》,统一撤销各省学政,设各省提学使,归学部直接统辖,下设办公处所——学务公所。苏南在江宁和苏州建立两处学务公所,专门化和独立化的省级新式教育行政机关正式建立,对新式教育起着推动作用。

在设立省学务处后,由张謇等开明士绅倡议,地方州、县推广新式教育行政机构——州县学务处。1906年,学部《奏定劝学所章程》颁布后,江苏各地方教育行政制度进入了一个全面开展时期。后来,地方设立的各学务处或学务公所更改为劝学所。劝学所作为新兴的基层行政组织,其职责是劝导和督促地方新式教育活动的开展。同时,江苏省设立了视学制度,推进各地兴学。由此,苏南地区的教育制度形成了省级学务公所与地方的劝学所相结合,共同管理的教育行政机制。

第二,学制的改革带动了新式学堂的兴办。1902年,清朝政府参照日本的学制制定了《钦定学堂章程》,亦称"壬寅学制",是中国教育史上第一个系统完备的现代学制。"壬寅学制"未及实施即被废除,由"癸卯学制"所代替。癸卯学制自1904年开始逐步实行,至1911年辛亥革命废止。学制分三段六级:① 小学教育9年。分初等小学堂(5年)和高等小学堂(4年)。② 中学教育5年。属普通教育性质,兼有升学和就业两重任务。③ 高等教育。大学堂亦称分科大学,分8科,医科大学、农科大学、工科大学、商科大学均为3年,政法科及医科之医学门修业4年。大学堂还设有通儒院,以5年为限。这种学制在课程设置上,既有西方的各类实用课程,也有众多的传统经史课程,它排除了对女子的教育,具有浓厚的封建性,学制年限也较长,但这是废除科举制度后第一个正式颁布施行的新式学制,冲击了传统学校教育制度的组织形式。在新学制推行的背景下,苏南教育家也开始了创办各类新式学堂的活动。

第三,科举制的废除为苏南教育的发展带来了勃勃生机。近代以来,有识之士不断抨击科举制度,呼吁废除,直到1905年终得以实现。1905年9月2日,光绪皇帝诏准袁世凯、张之洞奏请停止科举、兴办学堂的折子,下令"立停科举以广学校",中国历史上延续了1 300多年的科举制度被最终废除,科举取士与学校教育实现了彻底的脱钩。

总体上看,维新运动带来的自上而下的教育制度改革,推动了中国教育近现代化的历程。1905年以后，全国各地的新学堂纷纷设立，得风气之先、地理优势优越的苏南地区在新学的创办中更是领全国之先。苏南一批知识分子受启蒙思想的影响，投身到新式学堂的兴办中。同时，他们怀着“科学救国”“教育救国”“实业救国”“革命救国”的理想，纷纷走出国门，或至日本，或到欧美，去学习，去奋斗。关于这方面，本书的第一章已有阐述。

（二）开启民智的兴学探索

近现代之际的苏南教育家，迫切希望变革教育、开启民智，增强实力，实现救亡图存，兴办新式学堂是实现这一愿望的直接体现。兴办新式学堂是清末新政（1901—1911）的重要内容，就近代新式学堂演进的轨迹来看，这10年可分为两个阶段：第一阶段从1901年上谕各省创办新式学堂到《奏定学堂章程》颁布，是倡导和发动阶段，这个阶段主要创办了一些普通学堂、实业学堂和高等学堂。第二阶段从1905年科举制度废除到辛亥革命爆发，是实施与推动阶段，这期间伴随着学部颁布的《奏定女子学堂章程》（1907）、《奏定京师法政学堂章程》（1907）、《简易识字学塾章程》（1909）、《奏改订法政学堂章程》（1910）等，兴学范围扩大到了女子学堂、法政学堂，而普通学堂、师范学堂、专门学堂、实业学堂在前一阶段基础上进一步发展。

这一时期苏南教育家们胸怀爱国之心，以教育为己任，在这片沃土上积极耕耘，充分发挥着自己的才情，兴办学校，教化民众，开启民智，造福桑梓。

在苏州，江漱芳首创兰陵女学，造就青年，以提倡教育为己任；王同愈与蒋炳章等于1905年共同创办了公立苏州第一中学堂（亦称草桥中学，今苏州一中）；王谢长达及其女王季玉创办振华女学，教学生以真才实学，培养“诚朴任勇”的好校风；1908年，汪家玉与同宗汪开祉创办耕荫初等小学堂，致力于学校基本建设，办学声誉鹊起。

在无锡，有“无锡近代教育的开拓者”之誉的胡雨人于1902年创办胡氏公立蒙养学堂，附设女子部，同时在尤家坦设立师范传习所，以培养师资；无锡新学的倡导者之一侯鸿鉴提倡女学，立志匡时救国，赴日留学归来后于1905年创办私立竞志女学；1907年，我国最早的妇女职业教育家之一李佩薇创办了我国第一个民办刺绣教育机构——锡山绣工传习所，认为“专心学之，既可以保存国粹，并可大开生活之门”。

苏南教育家在各自的教育领域，践行着“自强之道，以作育人才为本，求才之道，尤宜以设立学堂为先”的教育理念，为筹建各式学堂奔走呼号，鞠躬尽瘁。从下面首创兰陵女学的江漱芳和实业教育家盛宣怀的事迹，可以看出近现代苏南教育家破旧立新的胆识与气魄，以及开启民智的教育追求。

江漱芳出身于苏州书礼之家，青年时期正值清朝末年，国家民族危机日益深重，欧风东渐，西方的思想文化不断传入，有识之士相率提倡女学，开通风气，强国强民。江漱芳出于爱国之心，决意举办女学，造就有自立之志的女青年，于1897年在苏州因果巷创办了兰陵女校。学校初办时，经费无所筹措，乃典质自己的首饰充数。女校开办之初，入学女生有三四人。为冲破轻视妇女之旧习，鼓励女子入学，江漱芳特备奖品招女童会考，数年后，学生增加到了80多人。学校开设了国文、历史、英文、音乐、图画等课。她亲自执教，主持校务，教学严谨，培养了不少女界人才，颇得社会赞许。在兰陵女校的影响下，苏州女学风起，慧灵女子中学、乐益女中、振华女学及女子师范等学校相继出现。苏州女学的兴起，促进了近现代苏州社会和妇女解放运动的发展，培养了一大批优秀的女性人才。

随着近代工商业的发展，一批抱有实业救国理想的官僚阶层的先进人士，纷纷投身教育，兴办学堂，成为时代浪尖上的弄潮儿。盛宣怀就是其中最具典型意义的杰出代表。盛宣怀创办经营了一些关系国计民生的诸如电报、铁厂、纺织、银行等大型企业。在这个过程中，他切身体会到中国新式人才匮乏的严重性，“非兴实业不足以陶冶人才，以为振兴富庶之基”，为此他殚精竭虑，“造就实业人才不遗余力”。盛宣怀秉承“实业与教育并举，以实业支持教育，以教育促进实业”的思想开办了各类新式学堂，特别是实业学堂，以培养近代企业所需要的各类技术型人才。盛宣怀不仅重视矿务人才、电报人才、钢铁人才、翻译人才、商务人才等实业人才的培养，同时，开创了中国高等教育、师范教育之先河，对初等、中等教育也作出了新的尝试，对中国教育的近代化起到了推动作用。

1895年，盛宣怀创办了中国第一所工科大学——北洋大学（天津大学前身），这是一所系统学习科技理论知识和专门技术的大学，开创了中国高等工科教育之先河。1896年，盛宣怀在上海筹办南洋公学（今上海交通大学前身）。1897年1月，南洋公学基本建成，盛宣怀自任督办。同年4月，设师范院，“考选成材之士四十名”入院学习，为中国第一所正规高等师范学校，首开中国正规师范教育之先声。接着，盛宣怀又增设了外院（即小学堂）、二等学堂（亦称中院，即中学），待条件成熟后再开设头等学堂（亦称上院，即大学）。继后，盛宣怀又成立了南洋公学附设译书院，开办了“特班”，“专教中西政治、文学、法律、道德诸学，以储经济特科人才之用”[1]。1904年，改上院为高等商务学堂。1905年3月，南洋高等商务学堂移交商部接管，并改办为上海高等实业学堂，成为我国南方第一所工科大学。

---

〔1〕 金其桢. 近代三大实业教育家研究[M]. 北京：高等教育出版社，2004：53.

事实表明，盛宣怀的一生不仅是创办、经营近代企业的实业救国的一生，更是兴办近代新式教育而教育救国的一生。他的兴学办学在中国教育发展史上具有里程碑式的重大意义。

这一时期，像江漱芳这样的地方平民教育家，他们毁家兴学，不计个人得失，无私奉献于教育事业，积极开拓新式教育，发展了女子教育、法政教育、刺绣教育等形式多样的教育；像盛宣怀这样的统治阶层的教育家，他们高屋建瓴、除旧布新，推动废除科举制度改革的同时，开办新学，确立了新式教育的地位。正是这些教育家的努力求索，使苏南教育形成了一个新格局，即以初等教育为基础和重心，以师范学堂为先导，中学堂、专门学堂、实业学堂三足鼎立，苏南教育的近代化基本完成。

三、济世救民　苏南教育近现代化的推进(1912—1949)

辛亥革命推翻了封建制度，完成了政治制度层面上的决定性变革，但随之而来的是袁世凯称帝、军阀混战，国家、民族的前途依然渺茫。"救亡图存"依然是这一时期的时代主题。军阀割据严重，地方主义膨胀，中央对地方的控制大为削弱，苏南一域暂时远离了政治和军事的纷争，辟得一方得以发展、繁荣教育的自由水土。这一段时间又是中国民族资本主义发展的黄金时代。苏南作为近代民族工业的发祥地，这一时期民族工业的发展超过了历史上的最高水平。民族工业的发展给苏南教育的发展提供了经济上的保障。

洋务运动主张学习"西学"，冲击了中国几千年的纲常礼教；维新变法倡导"西政"，对封建专制政体和以科举为核心的教育进行了否定；辛亥革命中，资产阶级民主派宣传自由、平等、博爱的思想，对封建专制主义进行了猛烈的进攻。但是，由于中国封建教育传统和价值观念根深蒂固，这些革命和运动未能彻底清算封建文化及封建教育的弊病，五四运动正式在这一使命的感召下开始了对封建文化的全面批判，高举科学与民主两面旗帜，谋求教育救国，教育独立，促使中国教育由传统向近现代化推进。

五四运动以后，杜威、孟禄等学者来华讲学所带来的实用主义等教育理论深深影响了中国教育界。这一时期苏南教育界新知识分子群体迅速崛起，他们大多接受新式教育，从国外特别是留美学成归来，而且主导着中国教育界的话语权。这一群体包括陶行知、俞子夷、汪懋祖等教育界精英。这是一批接受过现代西方教育的新型知识分子，他们大多获得过哲学或教育学硕士、博士学位。无论是在理论还是在实践方面，他们都对苏南教育乃至中国教育产生了重大影响。

(一) 科学与民主的教育追求

中国近代教育是伴随西方列强的压迫而艰难地踏入近代化的征程的，因此,中国近代教育带有强烈的救国救民的时代意识与政治使命。近代西方科学是携带着坚船利炮“打”进中国的,中国人学习西方科学也并非发自内心的自觉自愿。这种“不自愿”导致“西学东渐”的过程中必然出现西学与儒学的冲突、科学与人文的冲突、知识与道德的冲突。近代中国人并没有被现代科学文明所征服,他们对义理之学、性命之学的传统文化仍有不可动摇的信念。体现在教育上,近代开明知识分子虽然认识到教育在发展经济、巩固政权、学习西学、启蒙国人等方面的价值,但又不能完全抛弃不适应时代发展的传统教育价值观,这造成了他们在教育价值取向上的双重性。五四时期先进的知识分子受马克思主义及西方进步思潮的影响,超越了洋务派,也超越了资产阶级革命派,他们从国民素质思考中国的出路问题,自觉弘扬起科学与民主这一时代的主题,掀起了规模宏大的新文化运动。

新文化运动是先进的知识分子对传统文化教育进行的反思,他们认识到从对器物的学习到制度的学习虽然是一种进步,但仍没有把握问题的实质,应在文化的层面、心理的层面对以往教育进行反思和超越,这随即成为上世纪20年代新文化运动的主题,提倡者们通过各种形式揭露了封建教育压抑人的个性的本质,提出了个性解放的要求。另一方面,在这些先进知识分子看来,近代中国落后的原因是科学技术不发达,科学精神没有得到培养,为此,解决中国问题,首先应从教育问题入手,通过教育开启民智,使国人掌握科学技术,从而找到促进社会发展的钥匙。

新文化运动的思想家们一开始就把科学与民主作为一种价值体系来向大众宣扬。1915年9月,陈独秀在标志五四新文化运动兴起的《青年杂志》(从第二卷起改称《新青年》)创刊号上发表《敬告青年》一文,向国人疾呼:“国人而欲脱蒙昧时代,羞为浅化之民,则急起直追,当以科学与人权并重。”不久,他在《〈新青年〉罪案之答辩书》中又生动地将民主与科学称之为“德先生”与“赛先生”,并明确表示,“西洋人因为拥护德、赛两先生,闹了多少事,流了多少血,德、赛两先生才渐渐从黑暗中把他们救出,引到光明世界。我们现在认定只有这两位先生,可以救治中国政治上、道德上、学术上、思想上一切的黑暗。若因为拥护这两位先生,一切政府的压迫,社会的攻击笑骂,就是断头流血都不推辞”。在进步知识分子的倡导与宣扬下,民主与科学就成了五四新文化运动的两面旗帜。民主与科学也从此逐渐深入人心,并开始成为一种社会意识、价值观念,对社会各个方面都产生了重要的影响。

在民主与科学的呼声下,各种教育思潮纷至沓来,职业教育开始兴起,平民教育运动波澜壮阔,形式多样的社会教育丰富着当时的教育实践。在教学中,“启发式”“个性化”的方法得到提倡和推广,科学知识、科学实验课程的设置受到普遍重视；在学术研究方面，主张学术独立，要求思想自由，反对政治干预学术，提倡用科学方法进行教育研究，注重调查研究和理论与实际的结合，等等。这些，都在这一时期的苏南教育家的教育思想与实践上有着充分的体现。

（二）教育救国的路径探寻

五四时期的苏南教育家们或投身于艰苦卓绝的改造社会的实践中，或从文化建设的角度，怀抱炽热的爱国理想，对实用主义教育、职业教育、民众教育、乡村建设进行苦苦的求索，表现了自身对教育的热切追求。

1. 实用主义教育的借鉴

苏南地区作为中国教育近现代化的前沿地带，这一时期在教育理论传播和教育科学化探索方面，在江苏乃至全国一直处于领先地位。五四时期，苏南籍的一批留美学生归国，其中尤以美国哥伦比亚大学师范学院的毕业生为代表，他们积极引入国外教育理论和教育研究方法、特别是杜威的实用主义教育思想，致力于现代教育科学理论的传播和研究。他们对学术研究有严谨的态度，反复地尝试试验，科学精神日益影响着教育学人。随着杜威、孟禄等学者的访华，实用主义教育理论更深入地影响了当时的苏南知识分子。

首先，实用主义教育理论在苏南传播并实践。杜威在苏南的活动十分活跃，苏州、常州、无锡等城市均留下了他的足迹。他的演说有两方面的内容：一是宣传实用主义哲学理论。杜威以实用主义的哲学思想来建构其教育理论，认为“教育即生活”“学校即社会”，主张教育生活化，教育社会化，强调教育要与生活、社会相联系。二是倡导哲学方法论——实验主义。反对教条主义、形而上学，提倡民主精神、科学精神和实验态度。实验主义要求教学内容上增加科学性，教学过程要体现科学精神和科学态度。杜威倡导的教育社会化、生活化及科学教育等观点在苏南的中小学校引起了广泛的反响，不少学校都开展了有关杜威教育理论和思想的实验。同时，教育研究方法的科学化，这是中国教育近代化的一个重要方面。它主要是指在心理科学基础上运用统计、测验等方法对教育问题进行实证的或实验的研究，表现为教育测量和教育实验的兴起。此期，在哥伦比亚大学师范学院专门学习和研究教育科学的中国留学生先后归国，与美国专家合作开展教育测量等研究，使国人耳目一新。随着美国专家孟禄、柯尔等人应邀来华，更是掀起了教育研究科学化的热潮。

1919 年 5 月，孟禄应中华教育改进社等单位邀请，来华作中国教育问题的调查和研究。孟禄在中国的足迹遍布 9 个省，历时 4 个月，演讲 60 次，对中国教育提出了许多“不客气的批评”。孟禄更着眼于对中国实际问题的调查研究，提出了许多具体的改革意见。汪懋祖总结说：“杜威、罗素来华，给我们学理上的学问，而孟禄博士此次来华，给我们实际的学问”，“以科学的目光调查教育，以谋教育之改进，实为我国教育开一端新纪元”。[1]

在杜威、孟禄等美国学者的影响下，苏南地区形成了一个探索教育科学化问题的教育家群体，这个群体包括陶行知、廖世承、陈鹤琴、俞子夷、黄寰清等人。他们以教育测量和教育实验为主，开展各种形式的教育活动，从而促进了20世纪20年代苏南教育科学化的探索。陈鹤琴、廖世承于1920年合著的《智力测验法》一书是当时有较大影响的一部智力测验专著。在教育测验方面也取得了不少学科测验上的探索成果，如俞子夷的《小学书法测验》《正书小字量表》等。

再次，科学的现代教育方法的引进。以留学归国学者为主体的新知识分子对当时国外的教学方法异常关注，从赫尔巴特的五段教学法到自学辅导法、分团教学法、设计教学法、道尔顿制等，一一予以细致的研究。教育家们在肯定新教学方法对传统教育的革新的同时，也强调每一种方法的适应性。如俞子夷对设计教学法的引进。俞子夷于1913年前往美国学习与考察，1914年考察归来，带回的“设计教学法的原材料、零件、部件则相当多”。俞子夷首先在江苏省立第一师范学校附属小学开展实验。随后，1918年夏，俞子夷被调往南京高等师范学校，开始实验并全面施行设计教学法，并不断完善推广。常熟籍人士黄寰清，热心钻研并推行单级教学法。他经过精心研究，不断改进，教学成绩斐然。他改进的单级教学法尤适用于贫困的农村和边远山区，黑龙江、四川、内蒙古、西藏等地区以及朝鲜等国都曾派人来学习。

综上所述，苏南教育家不断学习西方教育理论，并根据中国国情进行思考与探索，使得实用主义教育在中国特别是苏南地区有了新的发展。正是这种对先进文化的包容态度，严谨的学术风格，对教育事业的热爱精神，加快了苏南地区教育近现代化的步伐。诚然，由于多方面的局限，当时的我国一批学者对美国教育家杜威教育思想的理解与把握还停留在较肤浅的层面，对杜威教育思想的实践也存在着局限性。但是，他们的这种探索与努力，对当时的中国教育无疑带来了新的气象与面貌。

2. 职业教育的富国探索

职业教育是由实业教育思想发展演变而来的。民国初年，陆费逵是职业教育最有力的提倡者，他于1911年在自己主编的《教育杂志》中提到“国民生计之赢绌，恃职业教育”，指出了职业教育对社会经济进步的重要影响。1916年9月，江苏省教育会率先提出了“实施职业教育方法案”，社会各界都给予了

---

〔1〕 汪懋祖. 孟禄与中国教育界同人在中央公园饯别会之言论[J]. 新青年，1922，4(4).

广泛的关注,政府也给予了支持。1917 年 5 月 6 日,黄炎培倡导创立的中华职业教育社在上海成立,标着着中国职业教育的形成。中华职业教育社提出职业教育的目的是为个人谋生之准备,使无业者有业,有业者乐业;为个人服务社会之准备;为世界及国家增进生产力之准备。其所辖职业教育定义,为“用教育方法,使人人获得生活的供给及乐趣,一面尽其对群众之义务”。

黄炎培是中国近代职业教育的创始人和理论家,他以毕生精力奉献于中国的职业教育事业,为改革脱离社会生活和生产的传统教育,建设中国的职业教育而积极奔走。黄炎培认为当时中国“乃纯乎为纸面上之教育”“所学非所用,所用非所学”,改良之道“不独须从方法上研究,更须在思想上研究”,随即提出了采取实用主义,发展职业教育的主张,大力倡导兴办有利于国计民生的各种实业学校,使“学校教育与实际生活相接近,变文字的教育为实物的教育,改平面的教育为立体的教育”。黄炎培认为“清末以来的实业教育实践不实用——‘非教以农工商业,只不过是教读农工商之书’,普通教育不实用——学生毕业即失业”〔1〕。黄炎培受美国的启发,提出凭借建立职业教育制度克服中国实业教育、普通教育的弊病,为满足经济发展的需求而培养人才,注重个人的发展与谋生,以解决个人生计问题。

中国早期职业教育的另一位先行者顾树森,怀着“教育救国”的理想,为推行职业教育进行了一系列的改革和实践。第一,顾树森倡导废除实业教育制度,并代之以职业教育制度。他通过考察西方各国教育制度,比较实业教育和职业教育之异同,认为实业学校“既非专门学校,亦非职业学校。故毕业此种学校之学生,上之不足以言知识,下之无可用之技能”,故提出以职业教育制度取代实业教育制度。第二,顾树森创办了职业学校,进行职业教育的实践探索。在职业教育的人才培养上,他坚持“职业与教育”相结合,坚持学生素质的全面发展;在职业教育的课程方面,他密切关注社会的实际需要,以社会的需要为导向调整职业教育的专业及课程设置;在职业教育的办学形式上,他认为“职教社能够与实业界合作办学,并动员社会力量投资教育,确实为中国开辟了发展职业教育的新路子”〔2〕。第三,顾树森提倡丹麦的农业合作模式,以改变中国农业的落后状况。顾树森在法国、丹麦等国实地考察其职业教育及职业指导的实施情况后,尤其注意对丹麦农业合作制度进行分析,并认为这一经验值得在中国推广。

〔1〕 董江华. 从实业教育到职业教育——从名称的转变看清末民初我国职业教育的发展[J]. 职业技术教育,2006(4):74—76.

〔2〕 曲广华. 五四时期“职教救国”思想新评[J]. 黑龙江社会科学,2002,2.

蚕丝教育家郑辟疆成长在丝绸之乡吴江盛泽。目睹蚕丝业日益萎缩，郑辟疆立志以先进的科学技术来振兴我国历史悠久的蚕丝业。为此，他东渡日本游学，访问日本蚕丝专家。回国后，长期从事蚕丝科学技术的研究和推广，特别是在1918年接任江苏省立女子蚕业学校校长后，以“女蚕”为教育和研究基地，孜孜不倦地为培养人才和推广科学技术奋斗。同时，他把学校教育和社会实践密切结合；组织师生深入农村、工厂，推广养蚕、制丝新技术，为我国蚕丝事业的发展做出了重要贡献。

职业教育家所倡导的职业教育的核心是“实用”，即教育与社会生活生产密切联系，培养社会需要的各类专门应用型人才。为了推广职业教育，职业教育家们向国外学习与借鉴，寻求职业教育发展之路；深入农村进行教育推广，身体力行进行技能培训；在理论与实践方面都做了不懈的努力与尝试。这些努力与尝试，使中国职业教育在当时艰难的局势下得以起步并发展到一个新的高度，至今仍闪耀着时代的意义与光辉。

3. 民众教育的济世情怀

民众教育，或称平民教育、全民教育、通俗教育，在欧美日本诸国被称为成人教育，是20世纪初我国一股重要的教育思潮。它是五四时期科学和民主思想在公共教育领域的表现。20世纪20年代中期以后，民众教育的中心由城市转向农村，逐步发展成为乡村教育思想和乡村教育运动。在这个过程中苏南地区出现了若干各具特色的民众教育家，俞庆棠和高阳就是这个群体中的佼佼者。

1928年，江苏大学区民众教育学校成立，俞庆棠兼任校长，高阳担任民众教育学院院长，同时负责筹建中央大学区区立劳农学院。1930年两校合并改称江苏省立教育学院。高阳担任院长，俞庆棠辞去扩充教育处处长职务，任该院教授兼研究实验部主任。高阳、俞庆棠同其他校领导人一起，以民族自救、教育救国为宗旨，把江苏省立教育学院办成了当时我国从事民众教育和乡村教育的中心之一。1937年，日本大举侵华，大片国土沦陷，江苏省立教育学院迁至广西桂林。1941年停办。江苏省立教育学院在十几年的活动中为江苏和全国十几个省培养了一大批乡村教育工作者。

被誉为“民众教育保姆”的俞庆棠，是民众教育的开拓者、先行者。俞庆棠对民众教育的定义是：“民众教育是失学的儿童、青年、成人的基础教育，也是已受基础教育的儿童、青年、成人的继续教育和进修。民众教育的最高理想，是全民众在整个社会生活中，智能道德的前进和向上。”〔1〕她认为：“中国民

〔1〕 俞庆棠. 民众教育[M]. 上海：正中书局，1935：3.

众教育是改革现行教育，完成教育理想，谋求合理的共同生活的一种教育运动。”所以，她积极投身到民众教育中，大力推进民众教育实践工作，在无锡城郊黄巷、丽新路、南门、汉昌路、北夏等地区创设民众教育馆、实验区和民众教育实验学校。俞庆棠还创办并主编了《教育与民众》月刊，该月刊是专门研究民众教育理论的园地。[1]教育专家们在推进民众教育的实践中发现问题，积累经验，纷纷围绕民众教育问题著书立说，探讨民众教育的实质，阐释民众教育的内涵。民众教育在这一研讨碰撞的过程中，得到进一步的发展。

另一位苏南地区民众教育的先驱高阳，在赴美留学考察期间，亲见西方现代文明的先进之处，深感中国的腐朽落后，不仅官场腐败，而且一般民众陷于贫、病、愚、私等弊端不能自拔，遂投身于中国的民众教育改革中。高阳认为，“民众教育当以社会全体之成年人为对象，乃天经地义，不容置疑者也”，“凡成年之男女民众，不论贩夫走卒，显宦豪商，均为民众教育之对象”。[2]1929年，他在《教育与民众》月刊的发刊词中说：“民众教育者，将藉各种教育方法，使人人皆成为社会的能员，且随时世之递进以增进其能力者也。”高阳曾用这样一句话表明自己对民众教育的情怀：“余以为登高自卑，行远自迩，卑与迩为高与远所必经之阶梯。苟能戒浅近，羞浮沉，继续努力，有恒不辍，心得必能更多，且于民众教育有所贡献，愿告勉之！”[3]本着这个信念，他主持江苏省立教育学院的同时，对民众教育的目的、内容、方法、措施都给予了理论上的梳理，写下了大量有关民众教育、乡村教育的论著，形成了自己独树一帜的民众教育思想，并于1934年出版了《民众教育》一书。同时，高阳认为民众教育是新兴事业，必须立足于唤起民众、促进社会、有利民生。正如他创作的《江苏省立教育学院院歌》歌词所唱：“教育、农事，力求专精。手脑并用，坐言起行。习苦耐劳，克俭克勤。”

民众教育家满怀爱国之心和救国之志致力于民众教育实践与研究，为了实现教育理想，他们本着一切从实际出发的科学精神，广泛开展民众教育的实验研究，他们的民众教育思想是我国教育思想史上的一笔宝贵财富，他们为民众办教育的赤诚之心，为办好民众教育孜孜不倦的探索精神感人至深，激励着后人对民众教育进行不懈探索。

4. 新学制下的办学开拓

中华民国成立后，在教育理念上有新的追求，教育制度也历经了新的改

---

〔1〕 马玲亚. 俞庆棠对民国时期民众教育的贡献[J]. 教育评论，2003，(3)：83—85.

〔2〕 高阳. 三年来江苏省民众教育设施的经过[J]. 教育与民众，1931，(6).

〔3〕 高阳. 民众教育论文集序[C]. 中央大学区立民众教育院同学会，1929.

革，并对教育发展产生新的影响。1912 年 7 月 10 日，在蔡元培的主持下，教育部重订学制，即“壬子癸丑学制”。依该学制，全部教育年限为 17 或 18 年，分三级四段：① 初级教育 7 年。初等小学 4 年，为义务教育，高等小学 3 年或乙种实业学校 3 年，毕业后得入中学或师范学校或实业学校学习。② 中等教育 4 年。中学校 4 年、师范学校本科 4 年，预科 1 年或甲种实业学校 3 年，毕业后得入大学或专门学校或高等师范学校学习。③ 高等教育 6 ~ 7 年。大学预科 3 年、本科 3 ~ 4 年，专门学校预科 1 年、本科 3 ~ 4 年，高等师范学校预科 1 年、本科 3 年。

1922 年颁布了“壬戌学制”，受美国影响推行“六三三”制。具体为：① 初等教育 6 年。其中初级小学 4 年(可单设)，高级小学 2 年。② 中等教育 6 年，分初高两级，各为 3 年。初级中学施行普通教育，亦可根据地方需要，兼设各种职业科。高级中学分为普通、农、工、商、师范、家事等科。师范学校修业年限为 6 年。③ 高等教育 3 ~ 6 年，其中大学 4 ~ 6 年，专门学校 3 年以上。大学院为大学毕业及具有同等程度学历者研究之所，年限不定。新学制的革新精神在于其灵活性，课程修习采用学分制，课程由必修科和选修科构成。

在新学制及新的教育理念影响下，这一时期的苏南教育家仍然不断地兴办各类学校，培育具有时代精神的人才。例如，笃信“美育救国”的刘海粟认为，“引国人以高尚纯洁之精神，感其天性之真美，此实为根本解决的问题”，1912 年，他与乌始光、张聿光在上海创办了现代中国第一所美术学校——上海美术院；高阳于 1920 年变卖家产创办了私立无锡中学，“以谋人民生活的改善，社会改造与国家改造”；“不为良相，则为良师”的唐文治于 1920 年开办了无锡国学专修馆，以期达到“正人心、救民命”的教育宗旨；颜文樑和胡粹中、朱士杰三人于 1922 年在沧浪亭创办了苏州美术专科学校，主张引进国外的美术教育，使中国的美术注入西方美术的因素；曾任金坛县民政署教育科长兼县视学的韩大受，胸怀教育救国之志，不仅用自己的积蓄创建了全县第一所女子小学，以打开金坛闭塞的风气，还卖掉了家里所有的田产，并捐出自己的全部薪水，于 1922 年按新学制筹办了县里的第一所中学，即金坛县立初级中学，前后担任校长 10 余年；汪懋祖于 1927 年受命组建了江苏省苏州中学，并担任校长，实施自己“教育源于生活而改造生活”的教育理念……这一时期商业、行业协会、私人办学也在兴起，学校发展形式多样化。

近现代之际的苏南教育家以爱国主义精神办学，集中表现在他们教育救国的信念与理想中。他们企图通过教育，培植新人、开启民智，以拯救国家民族于水深火热之中。在那样的历史条件下，教育救国的理想虽然行不通，但他们的良好愿望，却是他们对教育事业怀有无限忠诚和作出重要贡献的精神支柱。“正是靠着‘教育救国’的这种理想，他们有的节衣缩食，惨淡经营，排除干扰，矢志不渝，于窄缝之中求学校的生存与发展；有的奔波于动荡的社会和连绵的战火之中，克服难以想象的艰难困苦，甚至献出了自己的生命。在那样艰难复杂的历史条件下，他们所取得的办学实绩、办学经验和他们所表现的办学精神乃至人格力量，也就显得更加难能可贵”，这是“他们的‘教育家精神’之所在”。[1]

第三节　近现代苏南教育家的人文情怀

透过近现代苏南教育家的教育家精神，我们看到在苏南文化的濡染下，在近代急剧变革的历史时期，教育家们以天下为公的精神投身于祖国的教育事业，以敢为人先的韬略胆识革故鼎新，以有用之学倡导文化之新风，以博爱之心启民智慧，以不畏权贵的气节保持教育家之风骨……他们以对祖国、对家乡的教育事业的无限热爱和忠诚，奔走在苏南这片沃土上，展现出令世人崇仰的人文情怀。

一、天下为公的终极关怀

“天下为公”，是那种盘结于心中挥之不去的对社会、国家、天下充满的责任感、使命感、奉献精神乃至牺牲精神。“天下为公”是教育鼻祖孔子提出的，抒发的就是根植于孔子内心深处的一种向往，一种“悠悠万事，唯此为大”的终极关怀。

苏南地区的知识分子历来深受儒家积极入世精神的影响，孕育出了崇高的民族精神，从范仲淹的“先天下之忧而忧，后天下之乐而乐”，到东林书院的“家事国事天下事事事关心”，再到顾炎武的“天下兴亡，匹夫有责”，这种以天下为己任的思想，使他们“居庙堂之高则忧其民；处江湖之远则忧其君。是进亦忧，退亦忧”，他们关注民族的发展，国家的强盛，将生命的价值上升到奉献于社会与人类的进步与发展。

近现代苏南教育家继承并发扬了这种“以天下为己任”的精神，时刻挂念国家的利益和前途，他们总是自觉地把教育和社会发展联系在一起，把教育与祖国的命运紧密联系在一起。自 1840 年开始，面对日益严重的社会危机和民族危机，为了救亡图存，苏南一批又一批有识之士奋起大声疾呼，掀起了社会变革、教育变革的运动。

---

〔1〕 周川，黄旭主编. 百年之功——中国近代大学校长的教育家精神［M］. 福州：福建教育出版社，1994.

冯桂芬、王韬、薛福成等首批开眼看世界的爱国有识之士以“中体西用”为指导思想开启了中国近代变革封建传统教育之先端；盛宣怀、张謇等以“实业救国”为教育追求，兴办学校，开启民智；五四时期的教育家们更是渴望通过教育救国达到改造社会之目的，纷纷投身于职业教育、民众教育、实用主义教育探索中。唐文治提出了“正人心、救民命”的教育宗旨；郑辟疆立下“不惜献出个人的一切，把祖国蚕丝业发展起来”的誓言；高阳在《民众教育任务与方法之探讨》中指出：“民众教育之目的无他，救亡图存而已矣。民众教育的目的是民族自救、民族复兴。民众教育便是救国教育”[1]。

在近现代苏南教育家群体中，“读书不忘救国，救国不忘读书”的马相伯堪称典范。马相伯1840年4月17日生于江苏丹徒，1939年11月4日卒于云南谅山，享年百岁。他的一生经历了中西方在军事、外交、政治、经济、文化等各方面产生的冲突。因此，作为中国人的屈辱感始终萦绕着他，他的一生都在探索救国救民的真理，其间有困惑、有迷茫、有失败、有落魄，但是因为心中装着国家，心系人民，总是能在困顿中反思我们的传统，向西方学习，重新找寻突围之路，将自己的一生都献给了他为之奋斗的救亡图存事业。

马相伯年轻时在耶稣会求学，离开耶稣会后，立即投身于以李鸿章为代表的“自强运动”，在此后21年的世俗生涯中，他亲身参与了多种以促进现代化为目的的社会活动，然而救国之梦仍未实现。其后马相伯转道欧洲旅行，在访问了几所欧洲著名学府后，他开始产生一种强烈的愿望——要在中国办教育，并认为救国良策便是“根本改革教育制度”。1900年，马相伯立下捐献家产兴学字据，将祖传遗产——松江、青浦等地的良田三千亩，捐献给天主教耶稣会“江南司教日后所开中西大学堂收管，专为资助英俊子弟斧资所不及”，期待能“托耶稣会团体，以期长久”。[2]

1903年，马相伯目睹许多青年求学无门，毅然以花甲之岁、衰弱多病之体挺身而出，担起了兴学育才以图强国的重担，于该年春创办震旦学院。马相伯将校名定为“震旦”，意为东方光明及前途无量之意。当时远在日本的梁启超盛赞道：“吾今乃始见我国得一完备有条理之私立学校，吾喜欲狂。”[3]1905年，法国天主教会欲把震旦变成法国帝国主义控制下的教会学校。马相伯辞职离校。至此，马相伯想依靠教会的力量办中国新型大学、培养新型人才以强国救国的幻想破灭了。

---

〔1〕 高阳. 民众教育任务与方法之探讨(一)[J]. 江苏教育，1934，(9).

〔2〕《马相伯捐献家产兴学字据》，上海市高教局历史档案第599卷.

〔3〕 梁启超：《祝震旦学院之前途》，《癸卯新民丛报汇编》，第819页.

震旦学院停办,并没有打击马相伯的教育救国热情,他立即召集离校学生商议复校办法,于1905年创办了复旦公学。“复旦”者,隐含恢复震旦之情,又具复兴中华之意,是一个迫不得已又寓意深远的名称。马相伯被公推为第一任校长。

后来,马相伯离开了复旦,但是他从未放弃在中国建立一所理想大学、一块自由探索中西学问的园地的念头。离开复旦不久,他便开始了新的教育尝试。1912年10月,马相伯联合章太炎、严复以及梁启超共同为发起人,倡议仿效法兰西学院设立函夏考文苑,期望建立一所国家最高人文学术研究机构。马相伯甚至还选择了第一批“苑士”,积极寻求经费资助,但因政局动荡不安,这一计划超越了当时知识分子的理解力,超越了当时的社会条件,也超越了中西两方的文化传统差异,马相伯的计划未及正式推行便胎死腹中。

马相伯一生都在为国家崛起和民族振兴而奔走呼号,历经传教、从政未能实现救国之理想,转向“教育救国”后,也是一波三折,然而信念未泯,他创办震旦、复旦,筹划考文苑,协助英敛之先生创建了辅仁学社(即辅仁大学之前身),并曾任北大代校长。他还捐办了启明、静宜、培根等女校。在那个风雨飘摇、政权瞬变的年代,他以对国家和人民永恒不移的至爱情感,将西方大学的文化精神一点一滴融入脚下这片沃土之中,为后世子孙留下了弥足珍贵的财富。

近现代之际的苏南教育家如马相伯一样,寻求着救国救民的真理,对国家命运有一种不以为失而以为得、不以为苦而以为乐的终极关切。

吴江的施肇曾,于1921年与友人在无锡学宫旧址捐款创办了无锡国学专修馆,1923年与胞弟肇基捐资资助创办震泽镇初级中学。抗日战争爆发后,震泽镇初级中学被迫关闭,施肇曾又于1938年在上海出资购买“觉园”创办育英中学和附属育英小学,并聘请震泽镇初级中学大部分失业教职员工来校任教。人们称赞他:“凡乡里兴办教育事业、社会公益等善举,无不乐助”。

化学家顾翼东,留学美国获取博士学位后,婉拒芝加哥大学的留校邀请,毅然回国报效祖国。新中国成立前夕,他坚定地选择留在上海为新中国建设出力。1956年,顾翼东代表顾氏族人将顾氏在苏州的三座老宅数百间房屋献给国家。为了更好地保存祖上留下的珍贵典籍,1958年顾翼东又把自己在动荡年代苦心保存、精心整理的顾沅手辑的《吴郡文编》80册计246卷捐赠给苏州博物馆。

五四运动前夕,物理学家胡刚复“深感循实业科研路线报效祖国之责任”,为报效祖国,他毅然离开哈佛大学,回国投身于开创、发展我国的物理学和科学教育事业。在“一·二八”事变中,胡刚复日夜守在上海高层建筑的楼顶上,用望远镜侦察日本军舰的动向,为驻守在吴淞炮台的第十九路军提供炮击目标的准确位置。抗日战争全面爆发后，在随浙江大学内迁的途中，胡刚复在江西泰和率领师生为当地筑了一条15里长的防洪长堤，从而使大批农田村舍因此免遭水患。当地人民为纪念他的功绩，将防洪长堤命名为“刚堤”。

二、敢为人先的韬略胆识

敢为人先的品质不仅体现在近现代苏南教育家的教育理念中，更表现为勇于创新的人格品质，闪烁于教育家的整个人生历程中，这种胆识与气魄令世人敬仰。

振华女学的创始人王谢长达是敢为天下先的杰出女性。1901年，她听说上海创设天足会，解放小脚，她就在苏州成立放足会，自任总理，走街串巷、挨家挨户地劝女子放脚。她还救过被主子欺负的小丫鬟，训过鸦片鬼，颇有侠义气概。1906年，王谢长达创办了振华女学，她办学不是要培养那种吟风弄月、相夫教子的旧式淑女，而要将中西教育文化熔于一炉，让学生接受真正的现代教育，成为现代新女性，和男性负起同样的使命，在社会上有所作为。

1902年，吴江的倪寿芝在胞弟倪与三的劝勉下，前往上海城东女校求学。翌年，她在胞弟的支持下，以簪珥等首饰捐助，设立“求吾蒙塾”，这是吴江黎里镇第一所私立小学，因男女同校，遭顽固势力非议。倪寿芝不畏人言，坚持招收女生，鼓励女生不裹脚，向学生灌输新思想。

被称为“当代的黄道婆”“中国乡镇企业之母”的费达生，以敢为人先的精神推广蚕种改良试验，办丝厂。她对中国养蚕技术、蚕丝业的改革，具有开创性的意义，推动着苏南传统蚕丝事业的发展。

1924年4月的一天，细雨润湿了桑树枝条上的嫩叶，从日本留学归来不久的费达生乘一只小船，和同事们来到太湖边的一个小村庄开弦弓村，开始了推广改良蚕种的试验。当时江南农村养蚕普遍使用的是一种土种，这种靠近亲繁殖的农村土蚕生命力弱，结茧后产丝量低。费达生想要进行的就是将培育出的高产蚕种加以推广。当时的费达生是一个才21岁的小姑娘，蚕农们宁愿去蚕皇殿拜蚕花娘娘，相信老祖宗几千年传下来的育蚕经验，也不愿尝试这个小姑娘带来的所谓的试验。面对怀疑，费达生毫不畏怯，展开了对传统观念的挑战。费达生和她的同事们苦口婆心地动员了21户农民组成了中国历史上的第一个农民合作社——蚕业改进社，使用先进技术进行试验，结果当年就获得了成功，茧种又大又白，出丝率远远超过了当地的土种，农民的经济收入比上年成倍增长，各地丝厂纷纷上门收购……一时间，费达生的名字从开弦弓村向四周传播开来，她比蚕花娘娘更受追捧，附近的女子甚至争相模仿她白衣黑裙的穿着。

费达生年纪轻轻就有着创造革新的魄力，她亲自负责设计厂房，安装改良丝车,手把手地教会了农民操作技术,帮助当地农村完成了从原始传统的手工作坊式的缫丝到机械制丝的由工场手工业向机器大工业的过渡。这种革新精神一直伴随着这位近现代蚕丝业的先行者一生。新中国成立后,费达生在任苏州丝绸工学院副院长期间,又领导研制成功了我国第一台自行设计的自动缫丝机,使制丝业的劳动生产率得到大幅度提高。一直到80岁后,她还忙碌于田埂上,并在晚年创作出新的杰作——蓖麻蚕丝。

提倡美育救国的刘海粟是一位具有"敢为天下先的勇气和勇做传统的叛徒"的教育家。他在职业选择、婚姻大事、人生理想上都表现出其敢为人先的品质。

刘海粟,1896年3月16日出生于江苏常州的一个古宅中。刘海粟的父亲是个商人,叔父做过一任知县。出生在这样的"官商"家庭,刘海粟却偏偏迷上了艺术。"官本位"思想极浓的叔父坚决反对刘海粟习画。他教训道:"不登大雅之堂才去习绘事。你是个聪明孩子,应当读书做大官,荣宗耀祖!"刘海粟顶撞他,并立下决心:"我非学画不可!"叔父气急败坏而又无可奈何地摇了摇头:"孺子不可教也!"

16岁的刘海粟在婚姻大事上,又一次显示出了"孺子不可教"的特性。父亲为他选中了丹阳的一位富家闺秀,准备定亲,刘海粟却暗暗地爱上了与自己青梅竹马的表妹。因与表妹"八字不合",父亲坚决反对两人相恋。刘海粟以逃婚抗议,只身来到上海,计划东渡日本。父亲赶到上海劝阻,父子最后达成协议:刘海粟不去日本,在上海办一个美术学校,父亲同意每月汇五十块钱作为办校经费。就这样,中国第一所美术学校——上海美术院(上海美术专科学校前身)于1912年11月23日诞生了。

刘海粟主持上海美专时,他的反叛精神、开风气之先的胆识也体现得淋漓尽致。其中"模特儿风波"堪称经典。1917年,美专在张园安垲第举行学生成绩展览会,陈列了几幅人体习作素描。这一举动大大刺激了封建卫道士们的神经,他们大骂刘海粟是"艺术叛徒""教育界的蟊贼"。在封建卫道士的鼓噪煽动之下,官方下令禁止人体模特儿写生,上海美专半数学生在家长的逼迫下退了学。面对压力,刘海粟毫不畏惧,勇敢地迎接挑战。1919年8月,他组织美专青年教师在静安寺路环球学生会举行画展,再次示威性地展出人体油画。随后也发生了几次因人体油画引发的风波,面对封建卫道士的百般阻挠,刘海粟大义凛然地说:"我坚持真理,决不为威武所屈服,我反抗,任何牺牲在所不惜。"通过刘海粟的不断抗争,美专的模特儿写生课程得以继续,美专得以保护。刘海粟得了一个"艺术叛徒"的罪名,但美专的教育事业因此而继续发展,这是最大的胜利。1923年,郭沫若在刘海粟为他画的《九溪十八涧》上题诗,称赞刘海粟道："艺术叛徒胆量大，别开蹊径作奇画。落笔如翻扬子江，兴来往往欺造化。"〔1〕这是对他的绘画艺术的赞美，也更是对他人格的礼赞。

三、不畏权贵的崇高气节

处于动荡之际的近现代教育家们，其求学、教学、办学的过程，不可能一帆风顺。面对外界的各种阻挠，他们具有"富贵不能淫，贫贱不能移，威武不能屈"的品格，坚持"死守善道"，不畏强权，保持自身的独立与傲骨，为后人所敬仰。

徐悲鸿就是这样一位具有傲骨的血性教育家。当徐悲鸿奔波于家乡的三所学校，教授图画课时，富家子弟都瞧不起出身贫寒、没有正规学历的徐悲鸿。面对冷眼，徐悲鸿丝毫没有气馁，而是勇敢地挺直了胸膛。他发誓要做一番事业来给施冷眼的人们一个无情的嘲弄。在这样的傲骨支撑下，他只身去上海跟"命运"一搏高低。

1915年，当徐悲鸿决定离开家乡去上海谋职时，宜兴女子初级师范班的国文教师张祖芬送他一部《韩昌黎全集》，并语重心长地告诫他"人不可有傲气，但不可无傲骨"。这两句话深深地铭刻在徐悲鸿的心上，成了他一生的行为准则。

留法期间，徐悲鸿经常处在贫困之中，因为没有大衣御寒，他患上了严重的胃病。因为贫穷，有时甚至连画布也买不起。一次，他在罗浮宫用旧画布临摹名画《公理与复仇追逐罪恶》，有个老画家见他在这样的脏布上临摹，不屑一顾。徐悲鸿不予理会，依然认真临摹。三天后，当那位老画家再次站到徐悲鸿的背后时，他被徐悲鸿的临摹技巧折服了，立即向徐悲鸿道歉，请徐悲鸿原谅他过去的"傲气"，并表示愿意买下这幅作品。徐悲鸿却颇有"傲骨"地表示，"给多少钱也不卖"。

徐悲鸿也并不仅仅沉醉在艺术的天地里，他也积极参与各种社会活动，国家的兴衰，民族的存亡，他都时刻关注着。1936年，他定居广西，广西当局向全国通电，呼吁国民政府顺应民意一致抗日，徐悲鸿当即响应，并接受广西省府顾问一职。他在报纸上还发表文章，痛斥蒋介石是"媚日军阀，狼子野心"，显示出了他在政治立场上的"傲骨"精神。

1945年，郭沫若前来探望徐悲鸿，共同讨论了《文化界对时局宣言》的草稿。徐悲鸿毫不犹豫地在宣言上签了名。当宣言在重庆《新华日报》上发表后，国民党特务要他登报否认曾在宣言上签名，徐悲鸿断然予以拒绝。

---

〔1〕 周川，黄旭编. 百年之功——中国近代大学校长的教育家精神[M]. 福州：福建教育出版社，1994:62.

1947年10月，北平艺专国画组三教授罢教，并散发《反对徐悲鸿摧残国画》的传单，想挤垮徐悲鸿。此举得到当时的国民党文化委员会领导下的北平市美术协会的煽动和支持。面对围攻和谩骂，徐悲鸿予以坚决的回击，他迅速向各报记者发表书面谈话，严厉驳斥围攻者的谬论，主张吸取古代艺术的精华，剔除糟粕，学习古代画家"师法造化"的创造精神，不应因循古人的陈法。徐悲鸿表示，他只要在美术界待一天，就要同顽固派斗争到底，决不回避和畏惧。他发起组织了北平美术作家协会，由齐白石出任名誉会长，他自任会长。该会团结了广大的美术工作者，并产生了极其重要的影响。

北平解放前夕，国民党教育部急电催促各大专院校南迁，徐悲鸿坚决抵制。随后，国民党政府又电汇"应变费"。徐悲鸿决定将其分发给师生职工购买粮食，而艺专依然"按兵不动"。傅作义将军在"投诚"前夕，曾召开了最后一次大专院校校长、学者、名流联席会议。在会上，徐悲鸿率先发言，提议要保护北平古城文物，希望傅作义将军顾全大局，顺从民意，使北平免于战火的摧残。在北平和平解放的呼声日渐高涨之际，国民党当局两次派飞机进入北平城，想接走徐悲鸿和另外几位名流学者，徐悲鸿婉言谢绝，以"傲骨"满怀信心地迎接新中国的诞生。

像徐悲鸿这种具有"傲骨"品质的教育家，可以说在苏南地区绝非个例。为了救国救民，他们在权贵面前坚定信仰，毫不畏惧，保持了崇高的气节。在日本发起全面侵华后，教育家潘序伦下决心将立信会计专科学校从沦为"孤岛"的上海迁往重庆，在这个过程中与当地的军阀发生冲突，他四处奔走，几经辗转，多次交涉，才得以保存立信大楼。无锡的胡汀鹭，从事美术教育近30年，他一生清贫，坚贞自守。1938年，日军笼络一些人组织"锡美画社"，并背着胡汀鹭在报上宣布他为社长。他见报后十分气愤，立即登报发表申明否认。他坚信中国人民的抗日战争最终会取得胜利，并写下《壶中天》词一阕，其中有"不信狂流沉大陆"，"欲把神州洗阴霾，谁扫碧天，欣看晴霁"的句子，表现出坚定的信念。还有孟宪承、杨荫浏、吴若安、吴粹伦等，屡屡不顾个人安危支持学生反帝、抗日等爱国运动。此处不一一累述。

近现代苏南教育家在教育救国之路上历尽艰辛，即使在极困难时期，他们仍然坚定不移，爱憎分明，一颗心只向着国家、民族教育事业的发展。有着这种不畏强权的高贵气节，坚持真理的探索精神，我们民族才能在厄运中振作，在困难中获得力量，走向前进的道路。

四、"民胞物与"的博爱情怀

春秋时期的墨子提出了"兼爱"，认为人性大同，不应该区别对待。到宋代，教育家张载将博爱情怀概括为"民胞物与"。他认为宇宙万物都是天地所生,天地就像父母,世间的人们生在大自然的天地间,就像兄弟同胞一样,应该互相帮助,团结友爱,以爱己之心爱人,特别是那些孤寡残废、遭遇不幸的人们更应给予特殊关照。这样的见解至今仍闪烁着真、善、美的光辉。

博爱情怀反映在教育主张上就是"有教无类"。"有教无类"就是不分贫富,不分贵贱,不分智愚,不分善恶,不分少长,不分亲疏,所有愿意接受教育的人都可成为教育的对象,都能获得教育的恩泽。

近现代苏南教育家继承和发扬了这种博爱情怀,从事学术研究和开展教育普及工作。他们突破时代的局限,将教育的对象不断扩展,在艰难的环境下,推动着我国贫民教育、妇女教育、难童教育的开展。

著名的民众教育家高阳,在理论和实践中处处体现着他对百姓、对民众的关爱之情。高阳认为:"国家之强弱由于人民之智愚,人民之智愚由于人民之有无教育及其教育程度之高下"[1]。他热切希望教育氛围像空气一样弥漫于全社会,使教育不离民众,民众常受教育,从而造就健全的公民,改造整个社会,并充实个人的生活,"教育之目的,在使受教育者成为社会的能员"。高阳始终把民众教育当做民族自救和治疗社会疾病的良方。他说:"我们尤其应该竭力提倡民众教育,使一般成年男女民众,不论有钱无钱,有知识无知识,有权位无权位,都有继续受教育的机会,因此做人做事都能进步,争权夺利、作奸犯科的事才可以减少,国治与世界大同亦可有希望。"[2]

高阳经常亲自到农村去开展教育活动,他常于晚间手提一盏马灯,作巡回指导。他用无锡方言与当地农民交谈,劝导农民学习文化知识,扫除文盲,让农民备感亲切。他还让学医的大女儿每周三次到乡间和棚户区免费为老百姓治病,也借此让女儿了解民众的疾苦。高阳对民众的教育情怀也体现在他的教学中。他始终对学生严格要求,认为"从事社会教育乡村工作的人的生活,非简单朴素、刻苦耐劳不可"。他鼓励学生积极投入民众教育和农事活动,到农村实习,边学边干,立下为民众献身的志向。高阳培养出来的学生走上社会后,不仅知识面广,一专多能,而且会干各种农活,农民夸他们能说会做。

职业教育家黄炎培对民众具有浓浓的博爱情怀,他提倡职业教育要平民化,他认为"办职业教育,须下决心为大多数平民谋幸福","要解决一切平民问题,定从职业教育入手"[3]。平民化,就是把职业教育推广于大众,使大多数没有机会受到教育的人都受到教育。为了推广平民的职业教育,黄炎培和

[1] 高阳.建议迅速制定实施成年补习教育法律以期促进训政之完成[J].教育与民众,1931,(2).
[2] 高阳.三十五年来中国之民众教育[J].教育与民众,1932,(3).
[3] 中华职业出版社编.黄炎培教育文选[M].上海:上海教育出版社,1985:165.

职教社同志做了很多工作，采取了一些切实的措施。1921 年，他在《〈农村教育〉序言》中大声疾呼，要教育界同志注意农村教育，视社会生活状况设教。1925 年，他提出分区划办乡村职业教育，并和职教社同志一起深入农村，先后在江苏、浙江等地创办农村改进试验区，进行包括推广新式农具、普及文化科学知识等内容的全面乡村改造，增加生产，移风易俗，为农民服务。他办学均以平民的需要为第一要务。如成立中华职业学校时，把校址设在上海西南的平民区；对"寒素子弟"减轻或免收学费；办学形式上，采取晨班、夜班、短训班等多种形式，使平民失学青年能有学习提高的机会。

苏南教育家心系广大贫苦百姓，为使贫寒子女获得受教育的机会而殚精竭虑。著名美术教育家吕凤子先生正是其中一员。面对 20 世纪初广大贫民百姓在三座大山的沉重压迫下读书就业难、女子读书就业更难的状况，吕凤子先生毅然回到家乡丹阳办学，卖掉了祖传的所有田产，创办了中国第一所女子学校——正则女子学校，鲜明地提出了"对教育者要公平，人人都要受教育，女子也有受教育的权利"的平民教育思想。

近现代苏南教育家胸怀四海，情系大众，其中，有推动女子教育的李仁、江漱芳、王谢长达、侯鸿鉴、杨白民等，他们为使女性能够获得与男性一样平等的教育机会而不懈奋斗；推广刺绣教育的李佩黻、蚕丝教育家郑辟疆等，都试图让更多的江南农村妇女掌握一技之长；叶圣陶和夏丏尊为了使那些本无"资格"攀登学府门墙的贫赛青年也能受到学校教育，发起创办了开明函授学校……他们扩大了教育的对象，力图为全体中国人创造平等的教育机会，使每个人都能受到良好的教育，最终达到天下太平的理想目标。苏南教育家对教育对象的爱是对全人类普遍的爱、广泛的爱，是一种全身心的投入，是一种无私的包容，是一种大同思想的表现。

五、循循善诱的育人风格

众所周知，教书育人是教师的天职，教育家他们循循善诱，教化人生，是"学而不厌，诲人不倦"精神的典范。近现代之际的苏南教育家们，以爱国、爱教育之心，在教学中循循善诱，与学生朝夕相处，使之面聆教诲，身受熏陶。

昆山的胡石予在草桥中学任教期间，与学生相处十分融洽，叶圣陶、顾颉刚等学生，都说石予先生同他们在亦师亦友之间。叶圣陶先生在 90 岁高龄时，为石予先生遗著所作的序言中说："清末肄业于苏州公立中学五年，受业于介生夫子者三年，所受学科为国文。而七十余年间自省，受用者乃远越于国文。盖夫子崇德笃行，布衣蔬食，其不言之教，当时门弟子莫不敬而慕之，且以律己。"

语文教育家叶圣陶从当教师的第一天起，就把"我要做学生的朋友，我要学生做我的朋友”看作“准备认真当教师的人的起码条件”。他一再强调“这个朋友绝不是浮泛的称谓”，而是“开诚相与，情同手足”，“论情谊不亚于家人父子”。抗日战争期间，叶圣陶先生在武汉大学（当时已迁往四川）任教，学生经常到他家里去闲谈，“或涉诗文，或评世态”，“引喉而歌，间以笑语”。叶圣陶还认为“怒”是教师的“大忌”，对学生的教育应该以爱进行。这与他重视小学教育有关，他说：“育人如植树，乔木参天，绿荫匝地，大者可为栋梁，小者亦成榱桷。”叶圣陶认为小学教育的责任，就是把树苗植根于地，使其尽发育之能力，有成材的资格。小学生如嫩芽，逢雨露则欣欣向荣，遭霜雪则生机尽矣。为教师者，第一当和蔼可亲，对学生犹如慈母待婴儿。

朱文熊在唐文治主持的太仓中学、南洋公学、无锡国学专修学校任教期间，教学认真负责又循循善诱，课内课外都给予学生细心的指教。国专的学生钱仲联曾回忆说：“我喜欢学诗，朱叔子就对我有所指点。”朱文熊先生对学生总是宽容和蔼，学生听他的教诲，能从中感受到一种“润物细无声”式的感染和熏陶。

苏南教育家平和朴实、诲人不倦的高尚品格，在教育这块园地里开花结果，使得苏南一域人才辈出，文化昌盛，创造了一个又一个的教育奇葩。

六、人文传统的继承弘扬

苏南地区因经济的发达与富足，这里的人们自古即重教崇文，谋求功业。所以，苏南教育家大多从小就深受传统文化的影响。即使是在中西文化相摩相荡、新旧文化交替的时代，人们对传统文化的学习并没有消失，而是在改革中传承与发展。

近代以来，国人一直向西方学习，中西文化、传统与现代相互交织，对传统文化的批判一直持续着，特别是新文化运动的兴起，使很多人对中国传统文化产生怀疑乃至否定，大有灭之而后快之势。此时，一批教育家们保持着文化的警觉，对传统文化给予了充分的肯定。唐文治、钱基博、顾颉刚、胡石予等教育家就是其中的杰出代表。

学富五车、著作等身的唐文治，在儒家积极入世思想的影响下，抱着“教育救国”的理想开始了“不为良相，则为良师”的教育生涯。1907—1920 年，唐文治出任南洋大学（上海交通大学前身）校长 14 年，为创建我国近代工科大学做出了卓越的贡献。在此期间的教育实践中，他不遗余力地宣传与弘扬儒家传统文化。唐文治在担任南洋大学校长时，其办学宗旨是“求实学，务实用”，在办好各科工科的同时，十分注重文科教学。他认同“士先器识而后才艺”，认为国文课是“教品励学”的重要课程。同时，唐文治尤其重视道德教育，认为道德是基础，学问为屋宇墙垣。未筑基础的屋宇墙垣，势必在风雨飘摇中不能久固;而道德准则寓于经学中,经学是区分一切是非的永恒标准,因此他亲自向全校学生讲授经学,十多年从不间断。

当五四运动猛烈地冲击着封建礼教,也冲击着唐文治的道德观和“保存国粹”的思想,当学生高呼“打倒孔家店”,砸烂孔子牌位时,唐文治痛心疾首,以“目疾日深,学风不靖”辞去南洋大学校长一职,转而接受无锡国学专修学校校长一职,开始培养国学人才之路。对于无锡国专的办学宗旨,他认为:“吾国情势,日益危殆,百姓困苦已极。此时为学,必当以‘正人心、救民命’为唯一主旨。务望诸生勉为圣贤豪杰,其次亦当为乡党自好之士,预贮地方自治之才。惟冀有如罗忠节、曾文正、胡文忠其人者,出于其间。他日救吾国,救吾民,是区区平日之志愿也。”〔1〕为此,他提出了十条严格的学规。在“正人心、救民命”的办学宗旨下,无锡国专培养了许多出类拔萃并且精通传统文化的学人。

1926 年,钱基博任光华大学教授,在《国学文选类纂总叙》中系统阐明了他对国学的看法:“国学之一名词,质言其义曰‘国性之自觉’云尔! 国于天地,必有与立。而人心风俗之所系,尤必先立乎其大,深造而自有得,相以维持于不敝”,“是故国学之所为待振于今日,为能发国性之自觉,而俾吾人以毋自暴也!”〔2〕强调国学维系人心、振作国民性的主导作用,进而指出“言国学者,当以人文主义为宜”。正如钱基博在光华大学的一次毕业典礼上发表的演说:“须知我光华的成立,就是教会教学的反叛,而表现一种国性之自觉;要以现代人的心理去了解中华民族的精神,想在中华民族古代文化中,找出精神的新泉,而产生一种现代化的中华民国教育,以图整个民族的团结和统一。”〔3〕“国性之自觉”正是钱基博心目中的“国学”之义,研习国学具有鲜明的拯救危难中的中华民族的现实意义。

在西方文化入侵中国、国人对本民族文化持失望态度之际,苏南教育家保持了特有的文化警觉,他们主张批判地继承传统文化,去其糟粕,取其精华,并且开展了国学教学和研究,力图唤回国民的民族文化自豪感,振奋民族精神,以拯救危难中的民族。

---

〔1〕 周川,黄旭编. 百年之功——中国近代大学校长的教育家精神[M]. 福州:福建教育出版社,1994:21.

〔2〕 伍大福. 钱基博文史教育述论[J]. 江南大学学报,2007,6(2):109.

〔3〕 刘桂秋. 无锡时期的钱基博与钱钟书[M]. 上海:上海社会科学院出版社,2004:116.

下 篇

近现代苏南教育家传略

冯桂芬(1809—1874)

冯桂芬,字林一,自号邓尉山人。江苏苏州府吴县(今苏州)人。

冯桂芬出身于名门望族,他自幼博览群书,通经史,精历算,以才学闻名乡里。道光十二年(1832),冯桂芬参加乡试,考取举人。次年,林则徐任江苏巡抚时,认识了冯桂芬,称他为“百年以来仅见”的人才,并招入抚署读书,收为学生。后参加庚子科礼部试、殿试,获得一甲进士,被授予翰林院编修。历任顺天乡试同考官、广西乡试正考官。

咸丰三年(1853),冯桂芬被派往苏州,协助镇压太平天国运动。苏州被太平军占领后,他又前往上海,辅助李鸿章镇压太平天国运动,并协助李鸿章,以英美兵器经验创建淮军。其间,他完成了政论代表作《校邠庐抗议》四十篇,提出“以中国之伦常名教为原本,辅以诸国富强之术”。在《校邠庐抗议》中,冯桂芬从诸多方面对当时的政治腐败作了深入分析、揭露和批判。冯桂芬的思想和林则徐、魏源的“师夷长技以制夷”的思想是一脉相承的,并由“技”深入到“学”,进入到科学理论的层次。他的思想承前启后,为后来的洋务运动和维新运动提供了思想准备,被资产阶级维新派奉为先导。

冯桂芬不仅是近代著名的思想家,而且是在近代中国教育史上做出开创性贡献的教育家。他一生长期从事书院教育活动。道光二十八年(1848),冯桂芬应两江总督李星沅之聘,主讲金陵惜阴书院(又名惜阴书舍)。他在惜阴书院期间兢兢业业,以通经致用之学教导学生。后应江苏巡抚薛焕之聘,主讲上海敬业书院。同治三年(1864),清政府收复苏州,冯桂芬受李鸿章之聘,出任重建后的正谊书院山长,掌管书院的三年间,冯桂芬“殚力经世之学”,培养了众多人才,如叶昌炽、王颂蔚、柳商贤等。冯桂芬还曾主讲苏州紫阳书院。

冯桂芬所处的时代正是社会剧烈变革的时期,他的教育思想具有鲜明的时代特色,充分反映了近代社会对新学人才的迫切需求,主要有:改革书院制度,将书院、学校合二为一,严格挑选教师和学生,尊重教师,提高教师的待遇;提倡改革科举制度,改变科举的内容,主张广泛的学习西学,建立西式学堂;等等。他的教育改革思想主要体现在《采学西议》《变科举议》《广取士议》等文章中。

冯桂芬在教育方面的改革,对洋务教育的创建和发展,对中国传统教育的近代化产生了重要的影响,开启了我国近代教育的先河。

徐寿(1818—1884)

徐寿,字雪村,号生元,江苏无锡北乡人。我国杰出的科学家、近代化学的先驱,也是我国现代科学教育的开创者。

徐寿出身于无锡市郊外一个没落的地主家庭。5岁时父亲病故,靠母亲抚养长大。在他 17 岁时，母亲又去世。艰难的生活环境使他养成了吃苦耐劳、诚实朴素的品质。徐寿从小接受的是封建传统教育。鸦片战争爆发后，徐寿认识到，经文和八股文不能化解民族危机，唯有学习西方的科学技术，为中国所用，才是救国救民之路。为此，徐寿放弃了“学而优则仕”之路，开始研究西方的自然科学。经过 20 多年潜心学习物理、化学、矿产、汽机、医学等知识，他掌握了广阔深厚的西方科学技术，为以后他在科学技术方面取得成就打下了坚实的基础。

在化学上，徐寿经过深入研究和反复斟酌，发明了化学元素音译命名法。同时，徐寿还系统地翻译了《化学鉴原》等多种西方化学著作，这些书概括了 19 世纪七八十年代化学知识的内容，成为 19 世纪后期我国科学工作者必读的书籍，为西方化学知识在我国的传播及应用，起了很大的作用。

徐寿除在化学方面取得巨大成就外，在物理学、机械制造等方面也取得了巨大的成就。同治元年（1862），他和好友华蘅芳成功制造了一台汽缸直径1.7寸、引擎速度每分钟 240 转的蒸汽机模型。这是我国自己研制成功的第一台蒸汽机模型。

徐寿在化学、机器制造方面的成就在中国具有奠基性的作用，同时在科学教育方面也具有开拓性的影响。他为了传授科学知识，培养科技人才，积极筹集办学经费，亲自设计校舍。在徐寿的努力下，光绪二年（1876）由他亲自创办的格致书院正式开学。格致书院设有学校、学会、同路馆、博物馆等科学机构和场所，开创了我国近代科学教育的先河，造就了一批科技人才，对我国的科学教育产生了广泛而深远的影响。在教学方法上，格致书院突破了以前从书本到书本的传统的教学方法，采用了自学为主、教学为辅的教学方法，同时学校的考试制度摆脱了为科举服务的传统，“凡习熟一学全课或一门专课，考试中式则发给本院纸凭，指明其人已精于此业，是为行用”。这一规定表明，当时，格致书院的考试已打破了经学考试的陈旧格式，建立起了一套严格的考试制度和记分方法。徐寿还非常重视学生的实习和实验教学，注意增强学生分析问题和解决问题的能力。虽然限于经费，徐寿亲自设计的实验室条件非常简陋，但这种对实验教学方法的运用在教育学史上具有开创先河的作用。

徐寿一生共译著化学书籍和工艺书籍 13 部。他放弃自己的仕途生涯，转而研究自然科学，并取得了杰出的成绩，开创了科学教育的先河。曾有人称赞他道：“举世不为之日，精研妙理，昌明绝学，数十年间，津逮所及，遍于各行省，洵为学界之阶梯、士林之模范”。此评价徐寿受之无愧。

俞樾(1821—1907)

俞樾,字荫甫,号曲园,浙江德清县人。道光三十年(1850)进士。咸丰二年(1852)俞樾授编修,举家迁北京南柳巷,咸丰五年(1855)出任河南学政。咸丰八年(1858)春,俞樾罢官南归,客居苏州饮马桥,潜心研习经学,后辗转绍兴、上虞、宁波、上海等地。俞樾曾于同治十三年(1874)得友人资助,在苏州马医科巷购地建宅,题名曲园。此后,他往返于苏杭之间。

俞樾是晚清同光年间最有声望的经学家。他运用乾嘉皖派汉学兴盛时期的代表人物王念孙、王引之父子"因声求义"的法则,校勘、训诂群经、诸子,取得了重要的成就。《春在堂全书》是他的学术成果的总集,近500卷。代表作有《群经平议》《诸子平议》和《古书疑义举例》等。其中,《古书疑义举例》被誉为"训诂学之模范的名著"。俞樾在晚清学术界享有很高的声望,曾国藩、李鸿章等皆礼遇之。因曾国藩有"李鸿章拼命做官,俞荫甫拼命著书"之说,后世倡导"国粹"的一些学者在评价俞樾的文化地位时,遂将他与李鸿章在近代的政治、军事地位相提并论。当时,俞樾在日本、韩国也有着重要影响,一些日本学者称他是中国经学家"殿后之巨镇",新旧过渡之"大步头"。

俞樾罢官后在致力于群经、诸子研究的同时,终身从事经学教育。同治四年(1865),经两江总督李鸿章推荐,俞樾任苏州紫阳书院主讲。其弟子有近400人,不少弟子深受他的影响,后来在学术上颇有成就,如吴大澂、张佩伦、陆润庠、江标等。

从同治七年(1868)至光绪二十四年(1898),俞樾断断续续主持杭州诂经精舍达30年之久,是诂经精舍的象征性人物。俞樾主诂经精舍讲席,继承并发扬阮元尊经崇汉的治经思想。其教学虽守汉学家法,但对诸生的学术个性和学术倾向则不加约束。其弟子章太炎在《黄先生传》中比较俞樾和黄以周的教学风格时说:"余少时从本师德清俞君游,亦数谒先生。先师任自然,而先生严。"所谓"任自然",就是尊重学生的学术见解和学术选择。诂经精舍也因此涌现出大批人才。其间,他还主持过德清清溪书院、归安龙湖书院、上海求志书院等,培养了大批经学人才。俞樾的门生均成为各个领域有影响的人物,他们在音韵、训诂方面从俞樾那里所受的教育,无疑对他们各自的人格及学术研究产生了终身的影响。其弟子遍布江、浙、沪各地,俞樾亦因此"蔚然为东南大师"。

王韬(1828—1897)

王韬,字兰瀛,中国近代著名思想家、教育家,中国近代早期维新派的代表人物,道光八年(1828)11月出生于江苏苏州府甫里村(今角直镇)。

王韬于道光二十九年(1849)应英国传教士麦都士之邀,到上海墨海书馆工作。同治六年(1867)冬至次年春漫游法、英等国,对西方现代文明有了深刻的了解。光绪五年(1879),王韬应日本文人邀请,前往日本进行为期4个月的考察,写成《扶桑游记》。光绪十年(1884),王韬回到阔别20多年的上海,次年任上海格致书院山长,直至去世。

王韬具有朴素的辩证法思想。他根据《易经》中"穷则变,变则通"的道理,断定"天下事未有久而不变者",而"中国何尝不变"。王韬对中国的前途充满信心,"吾知中国不及百年,必且尽用泰西之法而驾乎其上"。王韬主张以欧洲强国为榜样革新中国。具体办法有:第一,改革科举取士法;第二,改革练兵法;第三,改革教育;第四,废除繁文。王韬坚信教育救国。他认为教育关系到兴学育才,关系到开启民智,关系到富国强民。中国只要教育发达,多才智之民,则民富国强指日可待。他竭力抨击封建传统教育,认为传统教育不合人性和事理,因而呼吁废除整个封建主义的教育制度,建立一个资本主义性质的全新的教育制度。他把改革旧教育、建立新教育的步骤分为三个步骤:第一步,暂不停止科举考试;第二步,废除时文考试;第三步,建立全新的西方式近代学校。王韬为中国教育的改革设计了一个完整的方案。在提倡兴办近代教育的过程中,王韬还注意到传统教育对妇女教育的轻视。他认为中国也应模仿西方,给予妇女广泛接受教育的权利和机会。

光绪十一年(1885),王韬应聘担任上海格致书院山长一职,开始了他的教育改革的实际尝试。格致书院是近代中国第一所专门研习和传播西方自然科学的新型学校,其开办宗旨是宣传西方的科学技术和知识,推动中国知识分子和一般民众学习西学。这一办学宗旨与王韬本人对构建中国新型教育的设想灵犀相通。事实上,王韬所主持的格致书院既是"中国近代新教育的滥觞",也是"近代科学教育的先驱",更是"近代新思潮的温床",极大地影响了以后中国科学教育事业和思想文化的发展。戊戌变法时期,许多出自格致书院的青年知识分子都活跃在政治改革和思想解放运动的第一线,推动了中国社会、中国教育的近代化。

华蘅芳(1833—1902)

华蘅芳,字畹香,号若汀,无锡荡口人,是我国近代杰出的数学家和数学教育家。

华蘅芳出身于一个数学之家,由于受对数学感兴趣的父亲的影响,他从小便酷爱数学,10岁起开始阅读中国古典数学书籍。七八岁时,华蘅芳已阅读了宋代数学家秦九韶、元代数学家李文治和朱世杰等人的著作,如《九章算术》

《孙子算经》《海岛算经》《测圆海镜》等。同时，他在外国传教士开办的墨海书馆购得了一批西方的数学专著，他细心研读，比较中西数学，成为当时中国真正能理解和应用西方数学的少数人之一。

华蘅芳对数学的钟爱，以及他在数学方面扎实的知识基础，使他后来在数学研究、著译及教学上取得了一系列令人瞩目的成就。在1859年到1902年的40余年中，他先后撰著了《抛物线说》《开方别术》《开方古义》《算法须知》《数根术解》《积较术》《算学琐语》《测量法》等数学普作。这些富有创见的数学著作合成23卷的《行素轩算稿》，成为我国数学历史上具有很大影响的著作。特别是《开方别术》，被近代著名数学家李善兰推为“空前绝后之作”。

华蘅芳在从事他的数学事业研究的同时，还热衷于教育事业。他和徐寿一起在上海创办格致书院，他主讲数学。光绪十八年(1892)，华蘅芳主讲湖北武昌两湖书院和自强学堂。光绪二十二年(1896)，任常州龙城书院院长兼江阴南菁书院院长。光绪二十三年(1897)，无锡杨模等人创办竢实学堂，华蘅芳受聘主讲数学，并被公推为总教习。他在讲授数学时非常注意教学方法，讲课生动活泼，深入浅出，循循善诱。

在治学与教学上，华蘅芳反对历来算家“炫其所长而匿其所短”、只讲算法而“秘匿”算理的风气；他注重数学教育，曾说“吾果如春蚕，死而足愿矣”，把发展数学的希望寄托于后人并辛勤培育。在数学评论中，华蘅芳阐明了他的数学教学思想，像“观书者不可反为书所役”等精辟见解，表明他的方法论中已具有辩证法的思想。

华蘅芳的一生，放弃走读经科举仕途之路，“以布衣终”。他潜心数学，精通中西方的数学研究，在理论和实践上取得了骄人的成绩，为我国的数学科学研究事业及我国数学人才的培养做出了巨大的贡献。

马相伯(1840—1939)

马相伯，著名教育家，复旦大学创始人，爱国人士，耶稣会神学博士。

马相伯5岁入塾读书，12岁时只身到上海进入法国天主教会兴办的圣依纳爵公学(今徐汇中学)学习神学和西方科学，毕业后留校教国文，31岁时得神学博士学位并任职神甫，次年调任徐汇公学校长兼教务。同治十二年(1873)起，马相伯投身洋务，曾任东京中国使馆参赞、神户中国领事，并赴朝鲜襄助新政。光绪十二年(1886)，马相伯奉李鸿章之命游历英、法、德、美、意诸国，考察商务和教育，这为他后半生献身教育提供了契机。

在马相伯早期的人生经历中，传教和从政都没能使他实现救国的理想。洋务变法的失败以及后来游历欧美的经历，使马相伯深刻地感到救国的方策是“根本变革教育制度”。因此，为了实现救国的理想，兴学育才的念头一直萦绕着他。光绪二十九年(1903)春，马相伯创办了震旦大学院，自任院长。在马相伯的努力下，震旦学院的名声日增。光绪三十一年(1905)，教会企图夺取震旦学院的领导权，改变学校的性质。马相伯在学校师生和张謇、严复等名流的支持下，另行筹建复旦公学。辛亥革命后，复旦由公立改为私立，复旦公学改为复旦学院。马相伯除创办震旦、复旦外，还协助英敛之先生共同筹划并创建了辅仁学社。

马相伯的办学指导思想是：读书不忘救国，救国不忘读书。他站在维护祖国利益的立场上，明确地提出：办学、读书，是为了救国，而救国又必须办学、读书，传播和学习科学知识。学习内容方面，马相伯强调要使学生获得“真的知识”和“活的学问”，他反对把“读经”作为学校的主要课程，主张改革中国封建教育制度，学习西方文明，但不赞成盲目地学习西方的文化。马相伯提出求得“真的知识”和“活的学问”，并不是笼统地指学习西方文明，而是指学习对振兴科学、救国救民有用的知识。凡是符合这种要求的知识，不论是西方的还是中国的，都要学习，都要“求得”。在教学方法上，马相伯反对中国传统教育中的不求甚解、形而上学的经学教育，提倡严谨、探求的治学态度，格物穷理的治学方法，无论是在震旦还是复旦，他都特别注重启发式教学，指导学生找到科学研究的方法和门径。

马相伯一生追求进步，痛恨封建教育体制，向往民主共和。在办学过程中，他反对“奴隶之学”“为人之学”，主张“自主之学”。他的自主之学，表现在他主张教育的独立性，即不受教会和封建专制政权的控制；倡导学术自由，实行学生自治的管理方式。

1939年，在马相伯百岁庆典时，中国共产党中央委员会特致贺电，表彰他为我国近代教育的革新、发展所做的贡献，誉其为“国家之光，人类之瑞”。

缪荃孙(1844—1919)

缪荃孙，字炎之，晚号艺风老人，道光二十四年(1844)生于江阴申港镇缪家村，是我国著名学者、教育家、目录学家、方志学家、史学家，中国近代图书馆事业的奠基人，中国近代教育事业的奠基人。在清末民初，他与王壬秋、张謇、赵尔巽齐名，合称四大才子。

缪荃孙生活在一个官宦之家，自幼好学，11岁修毕五经，17岁于淮安丽正书院肄业，学习文字学、训诂学和音韵学。24岁中举人，33岁考中进士，授翰林院编修。光绪十四年(1888)缪荃孙应江苏学政之聘，任江阴南菁书院山长；光绪十七年(1891)掌管上海乐源书院；1896年，任南京钟山书院山长，讲授词章、伦理，其间，缪荃孙还兼任常州龙城书院主讲。光绪二十八年(1902)，钟山书院改为江南高等学堂，缪荃孙任学堂监督，“领高等、中、小三堂事，甚形忙碌”。缪荃孙在教育事业上兢兢业业，培养了大批优秀人才。

光绪二十八年(1902)，缪荃孙负责筹建江南最高学府——三江师范学堂，学堂模仿日本东京大学，在南京国子监旧址建造学校，后更名为两江优级师范学堂。从三江到两江学堂的筹建、设计，缪荃孙都起到了不可替代的作用。他将“中学为体，西学为用”的思想贯彻到办学上来。学堂设置了理化科、农学博物科、历史舆地科、手工图画科。在缪荃孙的主持下，两江师范学堂教学成绩卓越，为江南各高等学校之冠。其后两江师范学堂不断调整、发展，今天的南京大学、东南大学、南京师范大学、南京农业大学、南京林业大学、河海大学、南京工业大学等都与之有着不可分割的历史渊源。

缪荃孙一生著书200卷，编校、刻书甚多。他不仅在学术上享誉天下，在教育上也堪称一代大师，为教育事业做出了巨大的贡献。

盛宣怀(1844—1916)

盛宣怀，光绪二十四年(1844)出生于江苏常州府武进县龙溪。盛宣怀出身官僚家庭，其父亲盛康是清朝的官员，与李鸿章有私交。同治九年(1870)盛宣怀被李鸿章招入幕府。此后，盛宣怀在李鸿章的提携之下，一路高升。经过30年的苦心经营，到19世纪年代中后期，盛宣怀控制了一批关系到国计民生的轮船、电报、铁厂、银行等大型企业。

甲午战争以后，一批有识之士认为，中国衰弱的根本原因在于教育落后，救国之道应从改良教育入手。盛宣怀作为身处洋务运动第一线的清廷重臣，适应清末社会发展的需要，在其洋务实践活动中形成了独具特色的教育思想，并开始了创建中国近代大学的办学实践。他认为，教育是救国强国之本，从而提出“自强首在储才，储才必先兴学”的教育救国的主张。他的教育思想来源于社会实践，尤其在洋务事业的经营活动中，他深深体会到新式人才的重要性。在如何培养人才的问题上，盛宣怀认为，新式人才必须立足于自己培养，聘用洋人只能是暂时的、短期的。基于对新式教育和培养新式人才重要性的认识，他提出了在天津创建北洋大学，培养高层次实用人才的主张。光绪二十一年(1895)秋，在直隶总督的支持下，盛宣怀创办了中国第一所大学——北洋大学堂。两年后，盛宣怀又在上海创办了南洋公学。

盛宣怀的办学思想具体体现在北洋大学堂的办学实践中。盛宣怀规划的《拟设天津中西学堂章程禀》，是我国高等教育史上第一个规划性文件。他在章程中突出强调了新式大学师资与生源的重要性，主张要严格选聘教师，严格挑选学生，确保北洋大学堂的教育质量。北洋大学堂从创办起，在科目设置、教学内容、教学方法等方面均引进了西方教育模式。当时，北洋大学堂毕业生可以全部免试进入美国著名大学的研究院深造。

盛宣怀为了培养高级专门人才，在办学过程中不惜重资派遣了一批又一批学生出国留学深造。他认为，留学生在那些科学技术发达的先进国家中，“躬验目治，专门肄习，乃能窥西学之精，用其所长，补我之短”。

盛宣怀是清末洋务派中的实力人物，是中国封建官僚中积极向西方先进科技学习的代表。由于时代的局限性，他的教育主张与实践一方面顺应了中国历史的发展趋势，另一方面又为封建的教育思想所束缚。他主张引进西学，但要维护封建统治阶级的根本利益；既要学生掌握近代科学知识，又摆脱不了封建专制的桎梏。

1912 年秋，盛宣怀受孙中山之邀回到上海，在上海租界继续主持轮船招商局等工作。1916 年 4 月 27 日，盛宣怀病逝于上海。

胡静芳（1844—1937）

胡静芳，女，常熟人。清末，在维新思想的影响下，女学风气渐开，胡静芳为女子劝学会会长。光绪三十四年（1908）胡静芳在家中创设淑琴女塾，后改为两等女子学堂，并办女子师范，将两等学堂设为师范附小。1912 年改称淑琴女子师范学校。学校创办时，她慷慨捐款，独立承担全部经费。胡静芳自任校长，并令自己的两个儿子负责具体事务。在她的努力下，淑琴女子师范学校规模日渐扩大，培养了许多优秀的人才，享有极好的社会声誉。就胡静芳个人的贡献来看，在当时的社会背景下，她兴办女学，捐款之丰、招收女子数量规模之大、造就的女性人才之多，实为空前。因此，1915 年，经江苏省报教育部，胡静芳被授予一等嘉祥奖章，总统黎元洪亲书“教思无穷”匾额。

张焕纶（1846—1904）

张焕纶，字经甫，号经堂。出身于上海梅溪弄的一个书香门第。

张焕纶幼时跟随父亲识字读书，青年时期就读于上海龙门书院，师从著名学者刘熙载，成为上海名儒。他深刻地认识到“国家盛衰系乎风俗人才，而风俗人才尤急于蒙养”；教育是强国之根本，而合乎社会需要的教育方式又是教育之根本。因此，他不拘于迂腐空疏的义理考据，而是关心与国计民生有关的经世之学。他对地理学、军事学都有深入研究，在龙门书院就读期间，就在新建的求志书院主讲舆地学，开始其从教生涯。

光绪四年（1878），张焕纶邀集同窗好友沈成浩、徐葵德等人，筹资兴办书院，将自己住宅的部分厅堂拨作校舍，招收学生 40 余人，分班组进行教授。因为就学的都是刚开蒙的儿童，学校定名为“正蒙书院”。学校的办学体制、课程设置、教学内容以及组织管理都参照西方学校，设有外语、国文、舆地、经史、时事、格致、数学等科目。所以它虽仍以“书院”命名，但实际上是一所西式学校。

光绪八年(1882)，邵友谦任上海道，走访了正蒙书院，鉴于正蒙书院办校成绩优异，拨款扩建校址，改善师生条件，重订教务制度，张焕纶也主动将该校改为官办，并因正蒙书院位于梅溪故址而正式改称“梅溪书院”(1909 年又改称“官立梅溪学堂”，即今天的梅溪小学)。为适应时代要求，梅溪书院增设英文、法文课，注重体育和军事训练，社会声誉良好。黄炎培曾说：“吾国教育，上海发达最早，而上海小学，梅溪实开其先。”

张焕纶不仅是近代小学教育的创始人，他还在光绪二十三年(1897)应盛宣怀之聘任南洋公学首任总教习，主持学校教务。由于缺乏资金，张焕纶决定先办师范班，招生 40 人，培训后留校作为教师。这一举措，开了中国师范教育的先河。

光绪二十四年(1898)，张焕纶因病辞去南洋公学总教习职务，仍主持梅溪书院事务。光绪二十八年(1902)张焕纶担任敬业书院总教习，两年后去世。张焕纶一生为中国近代教育做出了卓越的贡献。

王谢长达(1848—1934)

王谢长达，女，原姓谢，字铭才，婚后从夫姓。祖籍安徽，迁居苏州。早年曾随夫(内阁侍读学士王芾卿)在京居住多年。其夫去世后，王谢长达即南归苏州。

光绪三十一年(1905)，王谢长达与友人陈星昭、蒋振懦等人捐募千余元在苏州创办女子学堂，以“振兴中华”为办学目的，定校名为“振华女校”，王谢长达任校长。翌年，增设简易师范科，培养小学师资。1912 年，简易师范科并入省立第二女子师范，另增设幼儿园一所。1917 年，王谢长达因年事已高，将校长一职交由刚从美国学成归来的三女王季玉担任。1918 年，王谢长达七十寿辰，她将亲友所赠寿礼悉数捐作学校基金。

王谢长达除办学外，还积极从事社会活动。光绪二十七年(1901 年)，她在苏州发起成立放足会(亦称天足会)，自任总理，亲订章程，带头引导妇女放足，并研究放足方法，印成“说帖”，到四乡及邻近省县广为宣传。武昌起义后，沪、苏等地组织女子北伐队，她出任队长，亲自率领女学生百余人参加筹募工作。1915 年，她与杨达权、卫更新、李师德等人发起成立女子公益团，出任德行部长。此时的王谢长达虽年迈多病，但对公益事业仍不辞辛劳，热心相助。

1934年12月25日晚，王谢长达因脑出血逝世，终年87岁。次年1月19日，由张一麐等人发起，在振华女校举行追悼会，遵照王谢长达遗愿，所送礼金悉数充作“长达清寒奖学金”基金。

杨模(1852—1915)

杨模，字范甫，号蛰庵，咸丰二年(1852)生于无锡。其父杨春池，曾任海宁知州。

杨模早年就读于江阴南菁书院。光绪十一年(1885)被选为拔贡，次年应直隶总督李鸿章之招，赴天津武备学堂，任汉文教习；后入两湖总督张之洞幕府，协办自强学堂，任教习，编译海外书籍。光绪二十年(1894)应本省乡试，中举人。光绪二十二年(1896)，任山西武备学堂监督兼总教习。甲午中日战争之后，他主张进行维新变法，倡导兴办新学，培养新型人才。

光绪二十三年(1897)，杨模与秦谦培、高汝琳、王镜藻等共同筹募经费，购买了无锡城中连元街寿禅院的数间房屋，修缮后作为校舍，取名为“竢实学堂”，杨模任校长，聘华蘅芳(教数学)、秦鼎臣(教国文历史)、丁福保(教算术)、许士熊(教英文)、杨荫恒(教体操)为教习，并公推华蘅芳为总教习。竢实学堂为无锡的第一所新式学堂，在杨模等的艰苦努力和领导下获得了蓬勃的发展。学堂分为经馆和蒙馆，设国文、算学、英文和体育四个科目，首批学员只招收男性。后来杨模到山西武备学堂任职，虽然离开了无锡，但是他仍关心竢实学堂的发展。

光绪二十六年(1900)杨模再次回到了无锡，领导竢实学堂的发展，教学成绩显著。科举取消以后，竢实学堂相当多的学生考取了北京、南京、苏州、上海等地的大学堂，除此之外还有自费出国留学，继续深造的。

光绪二十九年(1903)，竢实学堂的一名学员因为宣传新思想，受到清政府的追查，杨模因此受到牵连，避往日本，随后又回到了竢实学堂主持学务。由于在教育经费分配方面，触动了保守势力的利益，引发了“毁学风潮”，矛头直接指向杨模。杨模在辞去了其在竢实学堂的职务之后，先后任职于湖北学务处、汉黄德道师范学堂及女子高等师范学堂。后又去北京任学部总务司科员，负责编纂各种课文，并兼任大学堂文法两科讲习。

杨模一生为教育事业兢兢业业，倾尽毕生的精力兴学育人，积劳成疾，于1915年病逝。遗著有《蛰庵文存》4卷。

华世芳(1854—1904)

华世芳，字若溪，无锡荡口人，华蘅芳的弟弟。由于受父兄的影响，华世芳对数学也有浓厚的兴趣，是一位颇有盛名的数学家和数学教育家。华世芳从小阅读有关数学的书籍，打下了坚实的数学基础，25 岁时，即为华蘅芳与英人傅兰雅合译的《代数难题解》一书作校核。光绪十年(1884)，他撰写了《近代畴人著述记》，又出版了《恒河沙馆算草》。华世芳曾任职于上海求志书院，主讲数学；光绪二十年(1894)任湖北武昌自强学堂数学教习；光绪二十二年(1896)主讲常州龙城书院、江阴南菁书院和靖江马州书院。光绪二十九年(1903)，清廷开经济特科，华世芳应选入京，光绪三十一年(1905)任上海南洋公学(交通大学前身)总教习，旋即又赴京任商部高等实业学堂数学教务，编译讲义教材。

华世芳倾尽毕生心血投身于数学研究工作，积劳成疾，于光绪三十年(1904)病逝于学舍，年仅 50 岁。

王同愈(1855—1941)

王同愈，字文若，号胜之，又号栩缘，江苏苏州元和县(今苏州)人，晚清民国年间著名学者、教育家、藏书家、书画家、文物鉴赏家。

同治十三年(1874)王同愈入上海舆地局，开始学习天文、算术、格致之学。光绪十五年(1889)进士，授翰林院编修，两度出任顺天乡试同考官，后任驻日公使参赞。归国后出任国史馆纂修、文渊阁校理。光绪二十三年(1897)，调任湖北学政兼两湖大学堂监督，不久返回故里。

光绪二十九年(1903)，王同愈辞去两湖大学堂监督一职，任江宁学务处参议。光绪三十一年(1905)，他与尤先甲等众多乡绅筹组苏州商务总会，亲自订立章程，为商会名誉会员。同年，江苏学务总会(后改称江苏教育会)成立，王同愈任议长。期间，王同愈热心地方教育，兴办新学，先后创立高等小学堂、第一中学堂、师范传习所、初等商业小学堂、半日学堂等。其中，公立长元吴第一高等小学堂，即现在的草桥小学，以“宣礼、尚德、发悟、肃志”为校训，在当地产生了重要的影响。

辛亥革命后，王同愈退隐嘉定，泛览群书，书画撰述，不复过问政事。著有《栩缘日记》《栩缘随笔》《栩缘诗文集》。

李佩黻(1861—1911)

李佩黻，女，字芸清，咸丰十一年(1861)出生于无锡的一个官宦之家。祖父李福培曾任广东从化知县，父李镇衡曾任湖北竹路等县的知县。李佩黻毕生从事刺绣工艺研究、创作和教学，是我国最早的妇女职业教育家之一。

李佩黻自幼喜爱刺绣，与出身名门望族、人称“艺三先生”的华文川结婚。

华文川启发她将绘画的道理应用于刺绣。经过努力，李佩黻的刺绣技艺越来越精湛，达到了“技能之精微，盖入于神矣”的境界。

光绪三十三年(1907)，在华文汇、华文川兄弟的倡议和支持下，李佩黻创办了锡山绣工传习会，这是继清政府农商部官办绣工科之后成立的我国第一个民办刺绣教育机构，也是我国最早的妇女职业教育单位之一。

李佩黻的办学宗旨非常明确，即保存、改进传统技艺，同时鼓励妇女冲破“三从四德”的封建礼教束缚，追求女性的自强、自立，力求改变“女子无才便是德”的落后思想。在当时的历史背景下，有这种先进的维护女权意识、倡导妇女解放的思想，实属可贵。

锡山绣工传习会在招收学生及办学形式上，从实际出发，相当灵活。根据记载，当时，李佩黻主办的锡山绣工传习会与华文川之兄华文汇创办的补习女校密切协作、互相支持：在补习女校读书又愿意学习刺绣，或在绣工传习会学刺绣又愿意在女校作旁听的学生，李佩黻都同意她们兼学。

在教学方法上，李佩黻采用理论讲授与作品讲评相结合的教学方法。李佩黻所讲授的刺绣技艺都是她多年创作实践的总结，在讲课中她把自学的绘画理论和刺绣工艺相结合，向学员传授实际的操作经验，并让学员在理论的指导下动手刺绣，做到了理论和实践的结合。

李佩黻除了传授刺绣的技艺以外，还注重对学生进行品德教育，她特地编写了十讲“修身”讲稿，分装饰、品行、局量、志趣、交际、运动、服从、职业、恒德、专修十个方面。在一定意义上，李佩黻对学员进行了全面发展的教育。

在李佩黻的辛勤努力下，锡山绣工传习会培养了一大批刺绣人才，创作出了一批优秀作品，取得了令人瞩目的出色成绩。宣统元年(1909)，传习会团体获得比利时布鲁塞尔万国博览会一等金牌奖；同年，传习会团体还获得意大利都灵万国博览会一等金牌奖。在李佩黻及锡山绣工传习会师生的齐心努力下，锡绣形成了雅致、大方、生动、秀丽、宛然如画的独特的艺术风格，一度与蜀绣、湘绣、苏绣、粤绣齐名，畅销国内外。

李佩黻为自己喜爱的刺绣行业奉献了毕生的力量，50岁时病逝。

汪家玉(1861—1935)

汪家玉，字鼎丞，苏州人。1913年起，历任吴县县立第一中学、江苏省立第二中学(今苏州一中)校长前后达14年之久。

江苏省立第二中学是在晚清新学制影响下成立的苏州第一所新式学校，1912年后，该校由原民办公立体制改为政府公办体制。在此背景下，汪家玉肩负新教育改革使命，立志于培植人才，为学校走向现代体制呕心沥血，先后推进了确立办学方向、健全规章制度、设置现代课程、强化师资建设、致力校舍建设等一系列重大改革和措施。如,规定入学必须以高等小学毕业为标准,且必须进行入学考查;有严格的升留级制度,对违纪学生进行退学处理,等等。这些举措在当时旧学与新学、公办与私立交错并存的时代背景下,为苏州诸学校提供了办好现代学校的范例。

汪家玉任职期间,为江苏省立第二中学改善办学条件做出了重大贡献。该校创办之初,因经费有限,其校舍大多为民舍样式平房。随着办学声誉的日盛,师生人数增多而校舍不敷使用,汪家玉便利用学校由省立改为公办的机遇,向当时的省政府积极要求拨款,添建自修教室 12 间,并建理化实验室、成绩展示室、手工实习场、军乐室、校医室,开辟雨中操场等。1926 年,汪家玉又筹建学校图书馆。图书馆建成后,他撰写《江苏省立第二中学图书馆记》,表述建馆之初衷:"图书馆灌施知识之源,搜集典故,津逮后学,固当事者之职志也"。为纪念汪家玉,后人将馆名定为"鼎丞图书馆"。由于他的努力,江苏省立第二中学成为苏州城设施先进、制度齐全、质量优良的一流名校。

蒋炳章(1864—1930)

蒋炳章,字季和,别号留庵,苏州吴县人,先祖为苏州望族。蒋炳章自幼秉承家学,博闻强记,博览经史子集。

光绪七年(1881)蒋炳章入府庠,补博士弟子员,光绪十九年(1893)中举人,光绪二十四年(1898)中进士。其后三年间,蒋炳章曾为松江府、苏州府知府幕僚。光绪三十三年(1907)授翰林院编修。尽管蒋炳章参加科举考试,但他一生却淡于仕途,而始终以兴学育才为己任。光绪二十七年(1901)蒋炳章主讲荆宜书院,光绪二十九年(1903)执教于安徽高等学堂,宣统元年(1909)任江苏省教育会副会长,翌年任江南高等学堂监督。光绪三十二年(1906),他与王同愈等创办了闻名中外的苏州草桥学舍,致力于新式人才的培养。辛亥革命后,蒋炳章历任江苏咨议局副议长、江苏教育会驻会总干事等,积极推进当时新学的兴盛。

蒋炳章还热心地方事业,曾任南洋劝业协赞会协理、吴县修志局总纂、苏州商团公会会董、苏州市公益事务所总董、苏州工巡捐局董事长等。宣统元年(1909)蒋炳章任江苏咨议局副议长,在任职期间,主张减轻江苏省赋额,减少人民困苦。任苏州市公益事务所总董期间,他创办苏州电气厂,建筑南新桥,开辟金门、平门两城门。1924 年江浙军阀混战,蒋炳章以 61 岁之躯,多方奔走呼吁,冀望战祸免于蔓延苏州城。1930 年 5 月 22 日,蒋炳章病逝于苏州菉葭巷寓所,终年 67 岁。

倪寿芝(1864—1943)

倪寿芝,女,吴江黎里镇人,18 岁时嫁给王燮卿,又称王倪寿芝。光绪二十八年(1902),倪寿芝在胞弟的勉励下,前往上海城东女校求学,学成后返回故里。翌年,她又在胞弟的支持下,自捐首饰设立“求吾蒙塾”,自任学监,从事儿童教育。求吾蒙塾是黎里镇第一所私立小学。该校男女生兼收,设国文、算术、自然等课程。因男女同校,遭顽固势力非议,倪寿芝不畏人言,坚持招收女生,向学生灌输新思想。光绪三十年(1904),该校更名为民立小学校,由于办学有方,学校声誉日起,求学人数日增。为此,光绪三十三年(1907)春,设民立小学分部,次年因经费拮据,停办男学。1914 年,民立小学与黎里镇明懿女校合并,成立第四区女子学校,倪寿芝仍任校长。1924 年秋,她因病辞去校长职务,但仍捐田 70 余亩充作学校经费,拆去家中花园假山作为学校操场。该校至 20 世纪 30 年代复又男女生兼招。现为黎里镇中心小学。

沈恩孚(1864—1949)

沈恩孚,字信卿,江苏吴县人,中国近现代教育家。同济大学第四任校长。沈恩孚 4 岁能识文,6 岁时就常常代母亲教同龄的孩子读书,15 岁补博士弟子员。之后,沈恩孚就读于上海龙门书院。光绪三十年(1904),他与袁希涛等倡议改上海龙门书院为师范学校。同年,沈恩孚东渡日本考察教育,回国后任龙门师范学堂监督。他推崇新式教育,主张变法维新。次年,龙门初级师范学校成立,沈恩孚为首任监督。

武昌起义后,沈恩孚入江苏都督府,任副民政长,后任江苏省公署秘书长。1913 年,沈恩孚主持江苏教育,参与创办江苏学务总会,当选会长,倡议施行小学单级教授法。1917 年,他与黄炎培等发起中华职业教育社,筹创南京河海工程专门学校,创办鸿英图书馆,又任上海市议会议长。1917—1923 年任同济大学校长。抗战期间,沈恩孚寓居上海闭门读书,1949 年 4 月病逝于上海。

施肇曾(1867—1945)

施肇曾,字鹿珊,号省之,吴江震泽镇人。施肇曾早年就读于上海圣约翰书院。光绪十七年(1891)六月,施肇曾赴美留学,回国后先后任湖北汉阳铁厂提调、沪宁铁路总办兼任招商轮船总局董事、沪杭甬铁路总办兼任沪宁铁路议员等。1912 年,任陇海铁路局局长,兼任国内公债局董事、漕运局总办。由于他当时在金融界颇负声望,继任交通银行董事长、中国银行董事,又创办北京新亨银行和上海永亨银行;1919 年在故乡震泽镇创办江丰农工银行,扶持了家乡蚕丝业的发展。

施肇曾中年信佛，开始热心慈善事业。1921 年，施肇曾与陆勤之等在无锡学宫旧址捐款创办了无锡国学专修馆，聘请前南洋大学（上海交通大学前身）校长唐文治任馆长。无锡国学专修馆是一所继承中国文化、力图保持国粹的高等学府。该校在人才培养上，倡导治学严肃，博采众长，反对人云亦云，提倡勇于创新。1931 年，国际联合会教育科派唐克尔·培根来中国考察该校后，对该校赞佩不止。1949 年院系调整后，该校改名为中国文学院，后并入苏南文教学院。

1923 年，施肇曾与胞弟施肇基捐资创办震泽镇初级中学，施肇曾任董事长，施肇基任名誉董事长。抗日战争爆发后，该校被迫关闭。随后，施肇曾于 1938 年在上海出资购买"觉园"创办育英中学和附属育英小学，并吸收原震泽镇初级中学大部分失业教职员工至该校工作。

施肇曾一生热心教育等社会公益事业，在施肇曾半个多世纪的生涯中，劝募赈灾、铁路交通、创办金融、兴办教育、维护佛教和外交等各项事业，无不留下他的光辉足迹。由于他的业绩，1913 年获二等嘉禾勋章；1916 年获二等文虎勋章；1918 年获二等宝光嘉禾勋章；1919 年获一等大绥嘉禾勋章。

施肇曾在上海觉园住宅度过晚年，1945 年 10 月 24 日病故，终年 81 岁。

吴敬恒（1891—1953）

吴敬恒，原名朓，字稚晖，江苏武进人，政治家、教育家、篆书名家。为联合国教科文组织认定的 20 世纪"世界 100 个文化名人"之一。曾任天津北洋学堂教习、商务印书馆编辑、故宫博物院参事、国民政府中央研究院院士、国民革命军总政治部主任、总统府资政等职。

吴家历代以种田为生，家境贫困。吴敬恒 6 岁时，母亲病故，外祖母把他带到无锡抚养。吴敬恒 7 岁进私塾接受启蒙教育，他天资颖特，学习刻苦。光绪十五年（1889），他进入江阴南菁书院读书，转读苏州紫阳书院肄业，光绪十七年（1891）中辛卯科举人。受中日甲午战争失败及维新思想的影响，吴敬恒认识到中国要学习西方才能抵抗敌人，所谓"兴学之不容缓"。后来，他到天津北洋学堂教书。光绪二十三年（1897）冬学校放年假，他去北京南海会馆拜访了康有为，大家谈到最重要的问题乃八股、小脚、鸦片三害。吴敬恒认为除此三害，要从自己做起，他说："八股，我们可以自动不赴考；小脚，可以不缠；鸦片，可以相戒不染。"

光绪二十四年（1898）六月，吴敬恒到上海南洋公学任教，这时，光绪帝颁布变法诏令，他闻讯后就在无锡崇安寺创办三等学堂响应变法，推行新教育，又改名"敬恒"以自警，即唯"敬"与"恒"方可肩天下之重任。

光绪二十七年(1901)三月,吴敬恒离开南洋公学,东渡日本,进入东京高等师范学校读书。不久,国内清政府开始实施"新政",其中的一项重要内容就是办新学堂,他便于这年12月从东京回到广东。吴敬恒在广东招生办学的过程中接触到不少官场内幕,深觉自己与其格格不入。于是,次年他就带了26名少年再赴日本学习,自己仍入高等师范就读。光绪三十一年(1905)冬加入中国同盟会。

民国建立后,吴敬恒就中国传统教育的弊端以及今后的教育目的、方针、作用和学校教育、社会教育等问题,发表了一系列文章。他还发起俭学会,设立北京留法预备学校,倡导组织青少年赴法勤工俭学,将其新教育思想付诸实践。1917年初他在《中华新报》辟"客座谈话"专栏,介绍留学欧洲应具备的知识和外国风俗见闻;1919年初与李石曾等发起组织留法勤工俭学会;1920—1922年间筹建了中法里昂大学并出任校长;1925年又创办了海外补习学校,该校是为国民党要人子弟出国留学做准备的教育机构。

吴敬恒是中国近现代史上一位颇具特色且有较大影响的人物。他学贯中西,爱国坚定,生活淡泊,臻力教育,赢得了人们的崇敬。1953年10月30日,吴敬恒病逝于台北,终年88岁。

唐文治(1865—1954)

唐文治,字颖侯,号蔚芝,晚年号茹经,原籍江苏太仓,1912年定居无锡。父亲唐若钦为清贡生,以收徒教书为业。唐文治自幼从父攻读经书,14岁读完五经;16岁入州学,师从太仓理学家王紫翔,潜心研读性理之学及古文辞;18岁中举人;21岁进江阴南菁书院,受业于东南经学大师黄元同和王先谦,从事训诂之学。

光绪二十一年(1895),康有为等发动"公车上书",唐文治撰写了《呈都察院请代奏拒签辱国条约》的奏章,支持康有为的爱国行动。光绪二十七年(1901)九月十三日,唐文治随户部侍郎出使日本。是年冬调任外务部,管理通商、关税等事务。光绪二十八年(1902)四月,他以参赞身份随清廷专使载振前往英国参加国王加冕典礼,途中又随同到法国、比利时、美国、日本四国考察国情,回国后为载振撰写了《英轺日记》12卷。光绪二十九年(1903),唐文治改任商部右丞,不久升任左丞、左侍郎。光绪三十二年(1904),商部改为农工商部,唐文治任农工商部左侍郎署理尚书。不久,唐文治因母亲去世返回原籍。从此,他脱离仕途,致力于教育事业。

光绪三十三年(1907)八月,唐文治就任邮传部上海高等实业学堂(后改为交通部上海工业专门学校,今上海交通大学和西安交通大学前身)监督(校长）。唐文治在该校任职14年，精心擘划，成绩卓著。学校50周年校庆时，校友和师生募捐修建大礼堂，命名为“文治堂”，以资纪念。

1920年，唐文治因目疾加深，辞去上海工业专门学校校长职务，回无锡前西溪寓所休养。这年夏，应学生高阳之请，担任私立无锡中学校长；年底，又应聘任无锡国学专修馆（后改为无锡国学专修学校）馆长。这时他已双目失明，但仍亲自授课，朗诵古文，抑扬顿挫，时称“唐调”。在教学上，他提出“厚植基础，博览专精”的原则，主张教古籍原书，使学生能掌握古典文献的基本知识。

1935年12月，为庆贺唐文治70寿辰，交大校友和国专同学集资在无锡五里湖畔建筑了“茹经先生纪念堂”。

1937年11月日军侵占无锡前夕，唐文治率领全校师生内迁，辗转到达桂林。后因患病，唐文治回到上海租界休养；1939年春，在租界创办国专分校。1939年，上海租界为日伪占领，国专分校改为国学专修馆，以避免向日伪登记。抗日战争胜利后，内迁桂林的无锡国专迁回无锡复校；上海分校继续开办，均由唐文治主持校务。新中国成立以后，无锡国专改名为中国文学院，仍由唐文治任院长。

唐文治经历了甲午战争和八国联军两次帝国主义侵略，为清政府的暗弱无能痛心疾首，他认为战事的惨败，在于官吏“因循玩贪”，因此多次奏请清廷整饬政纪。他还曾两次出国，到日、英、法、美等国访问考察，吸收先进思想。退出仕途后，他决心从事教育事业，期望能办成像牛津大学那样的高等学府，培养出色人才，以发展实业，振兴中国。唐文治的办学思想是“尚实”。在就职于上海高等实业学堂期间，唐文治邀请在全国各地视察的孙中山先生到学校演说，使全校师生员工了解孙中山先生的振兴实业、富强国家的宏伟计划，以鼓舞和激发师生们工作和学习的热情。为了使学生免受“学而优则仕”的旧教育思想影响，他常常勉励学生，要以“求实学、务实业为鹄的”，“造就学成致用，振兴中国实业”的专门人才。同时，重视体育也是他办学思想的重要组成部分。他重视国文教学，针对当时教育界有些人强调“西学”而轻视国文的偏向，增设国文科，并成立了国文研究会。他也深知，学习西方科技，必须掌握外语，“方能窥其精奥”，于是设立西文科，让学生学习英、德、法和拉丁文。他尤其重视道德教育，认为道德是基础，学问为屋宇墙垣；未筑基础的屋宇墙垣，势必在风雨飘摇中不能久固。他认为道德准则寓于经学中，亲自向全校学生讲授经学，十多年从不间断。他编的课本有《曾子大义》《国文阴阳刚柔大义》《大学大义》《中庸大义》《论语大义》《孟子大义》等；并编了《人格》一书，作为道德教育的范本。

1954年4月9日，唐文治病逝于上海，终年89岁。著有《茹经堂文集》

《茹经堂奏书》《茹经先生自订年谱》等。

袁希涛(1866—1930)

袁希涛,字观澜,又名鹤龄,江苏宝山(今属上海市)人。清光绪举人。清末民初教育家,同济大学第五任校长。

袁希涛于光绪二十三年(1897)任上海广方言馆教习,从此接触新学并注重教育。光绪二十七年(1901),他和同乡潘鸿鼎一起创办县学堂、蒙学堂。光绪二十九年(1903)创宝山县学堂,次年倡改上海龙门师范学堂,并赴日考察。光绪三十年(1904),又在吴淞、彭浦等地兴办学堂。在他担任宝山县学务公所总理的三年间,增设四乡小学20多所。光绪三十一年(1905)苏松太道官立龙门师范学堂创立,袁希涛任校长,并筹设复旦公学、太仓州中学,历任以上各校教员、监督,兼江苏学务处议绅。光绪三十五年(1909),袁希涛应直隶提学使蔡儒楷之聘,任学署总务科长兼图书科长。辛亥革命后,袁希涛与黄炎培一起参与江苏省教育设施事宜。1912年,应教育总长蔡元培之邀约,赴北京任教育部普通教育司司长,主张高等师范学校国立,并赴各省视察。1914年,任北京政府教育部次长,1917年以次长代理教育部事务,1919年代理教育总长,不久辞职。

袁希涛主持教育部前后7年,亲自整理和制订教育制度、法令课程,又草订了全国义务教育计划。第一次世界大战结束后,袁希涛组织"欧美教育参观团",出洋考察。在美国参观了20多个州,又转赴欧洲,考察了10多个国家,尤其关注国外的义务教育。这次欧美考察历时一年,回国后袁希涛整理出数十万字的著述,内容十分丰富。1923年,袁希涛被选为江苏省教育会会长。袁希涛倾心于办义务教育,在江苏组织"义务教育期成会",并出任会长。他奔走各地演讲,大声疾呼提倡义务教育,联合各省共同探讨、推广义务教育,积极创办中小学堂,并倡设乡村师范作为推行义务教育的基础。他在兼任江苏省学务处议绅时,创立了宝山绘丈学堂。他还倾家荡产,辅助马相伯先生在吴淞筹办复旦公学(今复旦大学),担任复旦公学第一任教务长。后又筹资将德国人创办的同济医工学堂(今同济大学)收回自办,迁校于吴淞。袁希涛对宝山的交通、农业的发展以及修理海塘、编纂《宝山县再续志》等事宜都热心参与,竭尽全力。

著有《义务教育商榷》《新学制与各国学制比较》《欧美各国教育考察记》等。逝世后,宝山人民为纪念他,在城西辟地建观澜墓,立纪念碑,并铸铜像置于宝山淞阳小学内。

胡雨人(1867—1928)

胡雨人,原名尔霖,近代著名的教育家。同治六年(1867)出生在无锡县堰侨村的一个书香门第。父亲胡和梅,曾任江苏省桃源县教谕。胡雨人与其兄胡壹修自小受父亲教诲,熟读儒家经典。虽然他接触的是传统教育,但是他却倾向于科学维新。

光绪二十四年(1898)胡雨人在维新思想影响下,考入南洋公学师范院,继又东渡日本进入东京高等师范学校学习。

光绪二十八年(1902),胡雨人在父亲的支持下,与哥哥在无锡共同创办了胡氏公立蒙学堂(后改为胡氏公学),并附设女学。同时又设立师范传习所,以培养师资。

在教学方法上,胡雨人独创了单级独教的复式教学方法,提倡每个村都要创建一个单级的学校,学校的设备以及经费由胡氏支付,学生缴纳的学费则用作教师的薪金。在胡雨人的努力下,辛亥革命前夕,锡北天上村纷纷创建了新式学堂。胡雨人又在天上村通过自己捐献及倡导亲友捐赠创建了天上图书馆,这是当时无锡首屈一指的现代规模的图书馆。

光绪三十五年(1909),北京女子师范学堂(今北京师范大学前身)聘请胡雨人做教务长。1912 年,胡雨人受聘任江阴南菁学校校长,在任职一年期间,对南菁学校作了精心的规划。1913 年,他又应聘出任北京女子师范学校校长。一年后,他又南下回江阴再次担任南菁学校校长。1918 年,受著名的民族实业家荣德生先生的邀请,回无锡创办公益工商中学,担任该校第一任校长。

1924 年,胡雨人出任宜兴中学校长,虽然年事已高,但他仍然以饱满的激情投身于教育事业。胡雨人在宜兴中学任职 3 年多,致力于培养学业、品德、身体等方面全面发展的人才。1928 年 1 月,胡雨人逝世。

江漱芳(1867—1928)

江漱芳,女,字兰陵。苏州吴县人,出身书香门第。她自幼饱读诗书,7 岁即从母舅读书,15 岁研究诗文、习作,19 岁嫁给肖石。

光绪二十四年(1898),江漱芳在“强国强种”及改变陋习的思想指引下,带头放足,以为表率;并联合王谢长达、蒋振懦等人,举行放足大会,劝导女子放足,转变社会风气。

江漱芳作为一位女性,虽然家务缠身,资财短绌,但是她还是决意兴办女学。光绪二十三年(1897),她在苏州城内因果巷创办兰陵女学堂。学堂初办之始,经费无所筹措,江漱芳不得已典当自己的首饰。她借其大伯家房屋为教室,倾其家产,艰苦办学,深受人们敬佩。江漱芳以“主持家政、改良母教”为兰陵女学的办学宗旨，为鼓励女子入学，冲破轻视妇女的封建旧习，她特设奖品，招女童会考。经过数年的努力，兰陵女学的学生增加到了80多人。学校开设了国文、历史、英文、音乐、图画等课。光绪三十三年(1907)冬开始有第一期高小毕业生，两年后又有第二期毕业生，培养了不少女界精英人才。在兰陵女校的影响下，苏州女学风气日盛，女子入学读书者日益增多。

江溆芳在苏州坚守兴办女学12年，虽遇经费困难但她从不求助于官府，而是奉献家资，艰苦支撑，学校各方面日益发展。后来，因家事繁重，江溆芳迁居上海，兰陵女学也因此停办。之后，江溆芳又在上海开办复兰女学12年。由于长期的艰苦办学，江溆芳积劳成疾，后随夫移居嘉兴。1928年12月4日，江溆芳病逝。

朱文熊(1867—1934)

朱文熊，字叔子，太仓人，清朝光绪年间的副贡生，后赴上海就读于师范学校，毕业后任教于无锡国学专修学校、南洋公学(今上海交通大学)。

朱文熊和唐文治都是太仓人，少年时都曾受教于理学名师王祖畬，王祖畬曾称赞朱文熊为“吾门长才，且安贫乐道、能砥砺名节者”。朱文熊先后在唐文治所主持的学校任教，在教学上有自己独到的方法。他讲授古文，是按文章的体裁，有选择地从用字造句上分析讲解，并结合文体、命题让学生练习文言文。朱文熊先后讲授了史学、理学、《诗经》、古文辞及诗词等多门课程，深受学生欢迎。在教学中，朱文熊秉承了自己一贯认真负责的态度，朗读古文时“满面通红，声音喷薄而出”；给学生评改作文，手不停批；有时即使是多达百余卷，也是当夜改好，隔天就呈给学生。此外，他还特别耐心于学生的课外请教与辅导。国专的学生钱仲联曾回忆说：“我喜欢学诗，朱叔子就对我有所指点”。朱文熊先生对学生总是宽容和蔼，学生听他的教诲，能从中感受到一种“润物细无声”式的感染和熏陶。

朱文熊的一生，几乎都追随着唐文治的足迹。唐文治先后执掌私立无锡中学、南洋公学(今上海交通大学)和无锡国国学专修馆，都邀请朱文熊来校担任教职。在两人的共同努力下，南洋公学成为一所具有扎实文科基础的现代大学之雏形的高等学府。

李仁(1868—1922)

李仁，女，字静姗，号息尘，常州人，光绪三十二年(1906)任常州私立粹化女子学校刺绣科教师，1913年任武进县女子职业学校校长，1919年创办女子刺绣专业学校。

民国成立后，有感于妇女社会地位的低下，李仁克服种种困难，发起组织了女子职业团并自任总理，该团开设工艺、机缝两个班，教授中年家庭妇女国文、英文、图画、刺绣、编织、缝纫等科目，学制1年，使一些闲居在家的妇女得以走出深闺，学习技艺，自食其力。之后，她出任武进县女子职业学校校长，增设职业本科，招收年轻女子半工半读；同时还设立女子职业补习班，教年长失学的妇女学习谋生技能。她还创设了附属小学，让女工的子女免费读书。随着职业教育的发展，她又增设女子职业师范科，教授管理方法和家事，吸引外省的妇女来常州学习。李仁在1919年所创办的女子刺绣专业学校，在当地首开先例。该校生产的各种绣品、服装在巴拿马、费城等地举行的万国博览会上获得金牌奖章。江苏省教育会、中华职业教育社出版专刊，向全国通报表彰李仁办学的功绩，誉其为“兴办职业教育社之先声”。李仁去世后，学校在校园内立塔纪念，黄炎培为其亲手书写碑铭。

胡石予(1868—1938)

胡石予，昆山蓬阆(蓬朗)人，字介生，号石予。光绪十年(1884)，胡石予的父亲去世，家道越发贫寒，年仅17岁的石予就在蓬阆镇上开馆授徒，当起了私塾先生。年轻的胡石予一边教书，一边刻苦自学，并爱好诗文。18岁应考秀才，县试、府试及院试均名列前茅，成为县学生员。19岁时，胡石予赴江宁参加科举不第，从此不再应试，专心授徒。他教学之余以诗书自娱，常常与友人结伴作诗唱和，带动了蓬阆一带的读书风气，家家书声琅琅。后来，胡石予汇集众友人诗作，编辑了《蓬溪诗存》，至今仍传为一段佳话。

蔡俊镛在苏州成立草桥中学后，胡石予被请至草桥中学任教。从此以校为家，教书、读书、买书、藏书、著书，伴随他的生活。在草桥中学的宿舍里，住到第13个年头时，他积累的书籍已达五千卷之多，有胡石予自己的诗句为证——“四壁纵横五千卷，一楼坐卧十三年”。

胡石予教书尽心尽力，身教重于言教。他常常毫无保留地把自己的读书心得告诉学生，与学生共同探讨。由于他身体力行，教人以德，所以受业弟子很多，著名的有叶圣陶、顾颉刚、余天遂、王伯祥、吴湖帆、范烟桥、蒋吟秋、江红蕉、郑逸梅、顾廷龙等。胡石予与学生相处十分融洽，叶圣陶、顾颉刚等学生都在不同场合表示石予先生对待他们是亦师亦友。郑逸梅曾不止一次说起老师“言教身教，兼施并举，影响是很大的”(《胡石予先生小传及其他》)。叶圣陶先生在90高龄时，在为胡老师遗著所作的序言中说：“清末肄业于苏州公立中学五年，受业于介生夫子者三年，所受学科为国文。而七十馀年间自省，受用者乃远越于国文。盖夫子崇德笃行，布衣蔬食，其不言之教，当时门弟子莫不敬而慕之,且以律己。”

胡石予先生于1912年进入柳亚子等人创办的南社,他学识渊博,术业精深,能诗擅文,绘画、篆刻、书法件件皆精通。南社人尊他为诗翁。著名国学家金松岑评论说:“并吾世负文学资性,足推崇者,大江以南得三人焉。曰武进钱名山、昆山胡石予、金山高吹万。”故世有“江南三大儒”之称。胡石予怀有兼济天下的雄心,但由于种种条件的制约,他自感未能展宏图之志,而以教书育人服务于家乡,为家乡培养了大批人才。

胡石予晚年仍笔耕不辍,61岁时回蓬阆,潜心著述,著有《炙砚诗话》《半兰旧庐诗话》《画梅赘语》和《胡氏家训》等。抗战开始,他避难至安徽铜陵章村,1938年8月28日,在当地病故。

章太炎(1869—1936)

章太炎,名炳麟,号太炎,早年又号“膏兰室主人”等。同治八年(1869)1月12日出生于浙江杭州府余杭县,清末民初民主革命家、思想家、中国近代著名国学大师。章太炎一生著述甚丰,计约400余万字。研究范围涉及文学、教育、历史、哲学、政治等,尤其在文学、历史学、语言学等方面有卓越成就。

章太炎出身书香门第,幼年受祖父及外祖父的民族主义熏陶,通过阅读《东华录》《扬州十日记》等书,不满于清政府的异族统治,奠定了贯穿其一生的华夷观念,这一思想后来又与《春秋》的夷狄观以及西方的现代民族主义观点相结合,形成其具有个人特色的民族主义观。光绪十七年(1891)章太炎入杭州诂经精舍就读,师从俞樾、谭献等名家。早年关注经、子之学,著有《膏兰室札记》《春秋左传读》等。

光绪二十三年(1897),章太炎任《时务报》撰述,因参加维新运动被通缉,流亡日本。光绪二十七年(1901年),章太炎应聘至苏州东吴大学任教,宣扬民族民主革命。执教期间,清朝江苏巡抚衙门认为他“言论恣肆”,乱党也伺机作乱要逮捕章太炎,章太炎被迫再次东渡日本,寓居梁启超的《新民丛报》馆,并与孙中山结交,同时接触到西方哲学、社会学、文字学等领域。当年夏,章太炎回国,参加上海爱国学社。光绪二十九年(1903),发表《驳康有为论革命书》,又为邹容《革命军》作序鼓吹,遂发生震惊中外之“苏报案”,入狱3年。其后赴日本参加同盟会,继任《民报》主编。章太炎主张“以国粹激励种性”,“以宗教发起热情”,主张“革命之道德”。光绪三十一年(1905)起,章太炎在《国粹学报》上发表了一系列文章,并在东京开设国学讲习班。辛亥革命爆发,章太炎回到中国上海,积极投身革命。袁世凯镇压二次革命,章太炎不满袁世凯的所作所为,便于1913年8月进京,欲与袁世凯理论,反遭囚禁。1916年6

月袁世凯死后，章太炎恢复自由，前往上海，继续投身革命活动。

20 世纪 30 年代后，章太炎的活动限于上海、苏州一带，以讲学为主。1932 年秋，应金松岑邀请至苏州讲学，先后在大公园附近的县立图书馆、青年会、沧浪亭等处讲学。李印泉、张仲仁等建议在苏州创立讲学的组织，扩大讲学范围，使各地研究国学者得到听讲学术的机会，为此，1933 年，章太炎以垂暮之年，在苏州成立“章氏讲学会”。1935 年，章太炎在苏州锦帆路开设章氏国学讲习会，招收最后一批学生，并出版学刊《制言》。章太炎晚年的学术研究重点由汉学转向宋学及王阳明之心学，而其经学成就亦更注重魏晋经学，撰有《汉学论》。又曾撰《救学弊论》批评现代教育体制，主张回归民间办学和开展书院教育。

1936 年 6 月 14 日因病卒于苏州锦帆路寓所。

顾倬(1872—1938)

顾倬，字述之，无锡人。顾倬自幼就受到母亲严格的教育，也因此养成了谨严自律、实事求是、刻苦自励的作风。顾倬 5 岁入私塾，9 岁受业于同邑名师龚叔度。14 岁起就因家贫课徒自给。21 岁时，科举考试中秀才。后又肄业于东林书院、南菁书院。光绪二十八年(1902)，东林书院派顾倬、侯鸿鉴等以地方公费留学日本弘文学院师范科。次年归国后任东林学堂(后为东林小学)校长，历时 3 年。受国外先进文化的影响，顾倬在办学中施教新学，在课程上增加了历史、地理、数学、体操、图画、唱歌、手工等科目，重视国民教育和科学知识教育。后历任上海中国图书公司编辑、直隶提学使掾属。光绪三十一年(1905)，又与友人华实甫、蔡松如于城中锦树里合办女子职业学校。

宣统三年(1911 年)2 月，江苏提学使樊文宗委任顾倬为监督，创办官立江苏第三师范学堂。当时虽议定开办经费，但校舍尚无着落。顾倬捐出自己创办四年多的新民小学房舍为基础，积极筹备建校，而将新民小学并入东林小学。是年 9 月 17 日，官立江苏第三师范学堂正式开学，辛亥革命后，易名为“江苏省立第三师范学校”(简称“三师”)。

顾倬受教育救国思想的影响，坚持“以办好教育，教好国民，移风易俗，挽救危亡为目标”的办学宗旨。他认为培养师资是立国之根本，师范生乃“第二代国民之母”，“小学教师的天职是改良社会”，于是，他以“弘毅”二字为师范校训，并申述其义为：“身体力行、谨小慎微、刻苦诚笃、黜华崇实。”他制定的品德教育大纲是“淡荣利、耐劳苦、守纪律”，其教育原则为“以身作则”，“其言者必为其所能行者，其能行者始以此教学生”，要求教职员做到言行一致，成为学生的表率。

顾倬以日本东京师范为蓝本建设三师，从校舍的结构设计到学校的体制管理，大都仿效。顾倬还注重发展实业和职业教育，逐步添设附属小学、附属工科、商科、小工厂、小农场等，配合劳作课程，锻炼学生手脑并用。他在主持三师的十年间，在校舍的筹建、教学设备及图书的购置、教师的选聘、学生的教育管理及校风的建树等方面都作了较重大的贡献，为这所初创的学校奠立了发展的宏基。

1913年，顾倬又以日本东京师范附属小学为蓝本创办三师附属小学。1913年9月4日，江苏省立第三师范学校附属小学正式开学。顾倬先生在建校初就题"诚勇"校训，并明确附小办学的三大使命：进行小学教育的试验，成为地方小学教育研究的中心；指导师范生实习，养成师范生；同一般小学一样，负责儿童教育。

五四运动以后，学潮起伏，遍及全国，顾倬认为学校风气大变，学生不能专心治学，遂于1922年春辞职。顾倬离开三师后，写成《学潮研究》数万言问世（由中华书局出版）。随后，主编江苏义务教育期成会主办的《小学教育月刊》，从事农村小学教育之研究，并赴南通考察农村小学教育，发表有关农村教育的文章。顾倬之子顾衡参加中国共产党，在南京进行地下活动，1934年12月4日被秘密杀害于南京。此事件使顾倬思想受到震动，觉察到不问政治仅谈教育救国不是良策，也无胆识。1935年，他在《哀华北》诗中写道："政权国柄操人手，犹唱中山奋斗声"，"英雄屈辱本无妨，尝胆卧薪自有方，恸哭九幽难振拔，不堪朝野尽淫荒"。抗日战争爆发后，顾倬避难于长沙，联合志同道合者筹办商业专科学校，后染疾病不治，于1938年7月7日在长沙逝世。

侯鸿鉴（1872—1961）

侯鸿鉴，字葆三，同治十一年（1872）10月19日生于无锡，是开无锡新学之先声的近代著名教育家。

侯鸿鉴5岁入塾，14岁读毕四书五经，16岁时因家贫在家中设帐授课。侯鸿鉴学富五车，但是从18岁开始参加科举考试，年年名落孙山，直到光绪二十四年（1898）才中秀才。多次科考落榜，使他对科举日渐失望，愤而转向新学，组织算学研究会，编辑《积志学会月报》等研究刊物，协助出版《无锡白话报》，积极参加社会活动，立志匡时救国。后入上海南洋公学师范院任职，边教授中文，边自学科学知识和法文。光绪二十七年（1901），侯鸿鉴应聘到无锡竢实学堂讲新学。

光绪二十九年（1903），侯鸿鉴赴日本弘文学院师范科学习，悉心研究教育，次年回锡，担任竢实学堂教员，同年10月侯鸿鉴担任校长。他还积极提倡兴建女学，光绪三十一年（1905）正月，侯鸿鉴“倾两编译与教授之薪资八百八十金”并出售家藏古物所得，及夫人典卖首饰相资助，在无锡租赁校舍，创办私立竞志女学，自任校长。这是全国最早成立的女子学校之一。在侯鸿鉴的努力下，学校规模不断扩大。侯鸿鉴为竞志女学制定了严格的规定。宣统二年（1910）10月，学校制订了“勤、肃、朴、洁”四字校训和“真、实、劳、苦”四字教义；次年又设置了“未尝辍业”“造诣过人”“敦行不怠”三种名誉证书，以奖励学生。

在无锡创办竞志女学的同时，侯鸿鉴还参与各种教育活动。他组织了理化研究所和女子理科研究会；为适应培养师资的迫切需要，又在西横街创办了西城速成师范学校；与顾倬等人在城北创办了半日制商业补习学校；发起组织了锡金教育会；等等。为了筹集办学资金，同时宣传教育理论，侯鸿鉴还编译了大批教材和讲义，编辑《教育丛书》出版发售。

辛亥革命爆发后，侯鸿鉴被推选为江苏省议会联合会会长，但他依然投身于教育事业。1912年，他向教育总长蔡元培进呈《民国教育制度》，建议改革教育。至1927年，他先后担任江苏、江西、河南、福建等省教育厅视学，又以教育部视察名义，奉派赴东北三省和河南、陕西、甘肃等地视察教育，还先后担任过位于苏州浒墅关蚕业学校、厦门集美师范中学、泉州明新师范等校校长，又以学者身份赴北京、天津、福建、安徽、浙江等地讲学。1928年秋，侯鸿鉴出任福建省教育厅秘书，1930年1月起代理教育厅厅长职务，同年9月返回无锡，出任江苏省教育厅秘书，1932年1月改任教育厅第四科科长，一直到1937年抗日战争爆发。抗战期间，竞志女学校舍被日机炸毁。1939年4月，在侯鸿鉴的主持下，竞志女学在上海租界复学，1941年12月被迫停办。

抗日战争胜利后，竞志女学即回无锡复校开课，此时，侯鸿鉴已73岁高龄，但他仍为地方教育事业辛勤操劳。无锡解放后，侯鸿鉴继续担任竞志女中校长。

1961年6月19日，侯鸿鉴因病逝世，享年89岁。

杨保恒（1873—1916）

杨保恒，字月如，松江府川沙县（今属上海）人。光绪二十八年（1902）初，在维新运动的影响下，倡导变法，并鼓励新学，他遂东渡日本，进东京弘文书院师范科读书。同年7月回国，积极投身教育。他与贾季英等创办廿二铺小学堂，将龙门书院改为师范学校，历任龙门师范监学兼心理学教员、龙门师范附小主事等职。他还筹资兴办上海速成师范讲习所，推行实验教学法。杨先生先进的办学理念与新颖的教学方法，吸引了众多的求学者。杨保恒还曾任上海城市自治公所学务专员、上海县学务课长。在他的努力下，川沙一带各学校纷纷成立。

1912年1月之后，杨保恒辞去上海一切职务，应江苏省公署之聘，任省立第一师范学校（今苏州中学前身）首任校长，并任省立第一师范学校附属小学（今苏州市实验小学）校长。他多方筹划，精心办学，在许多方面都做出了显著的贡献，被教育界推为楷模。1915年，应教育部之聘，杨保恒任教育部教科书审查，负责编纂教材。他往来北京、江苏之间，倾心教育，殚精竭虑，不辞烦劳。1916年，杨保恒在北京协和医院去世，年仅44岁。

吴馨(1873—1919)

吴馨，号畹九，晚年自改别号为“怀疚”（怀久）。祖籍安徽歙县，清初迁居上海。早年就读于龙门书院。光绪二十三年（1897）南洋公学师范院开办，吴馨即弃科举而学师范，潜心研习教育理论。毕业后，他立志振兴女学。光绪二十八年（1902）10月，吴馨将自家私塾迁至上海小南门内，扩大规模，改名务本女塾。女塾首次招生时，招生对象为满族贵族少女，首批学生仅7人。年内学生即由7人增至40余人，新生中多为中年妇女。这是上海第一所由国人自办的女子学校。吴馨认为“女子为国民之母，欲陶冶健全国民，根本须提倡女权”，故“取塾名为务本”。吴馨厘定章程，着重向学生传输爱国自立思想，培养学生从事家政的能力。吴馨先生在创校后，与南洋中学校长王培荪专程赴日本，先后考察了弘文学院、日本大学高等师范科、东京高师附小等学校，了解其教育制度、教育内容等。考察回国后，吴馨即对务本女塾的学制进行改革。吴馨先生还邀请日本女教师河原操子参与务本女塾的筹建工作，河原根据日本小学校的制式规定了务本女塾的教学方针、科目和教授方法，并亲自教授日语、算术、唱歌和图画等课程。这使得务本女塾迅速在众多旧有女子私塾中脱颖而出，要求入学的人数猛增。女塾初设寻常、高等两科，后又增设专门招收14岁以上女生的特科，后改特科为师范科，并设中学。尔后，吴馨又在乔家浜创设幼稚园，作为师范科实习之用，这是国人在上海所办的第二所幼儿园。吴馨先生除处理女塾日常事务外，还兼任教学，他禁止学生崇尚奢华，提倡学生放足，努力改革妇女中的陋习。光绪三十二年（1906）吴馨筹资扩建校舍，包括教室、办公室、宿舍等一应俱备。1913年，吴馨将务本女塾捐归县有，改为上海县立第一女子高等小学校，任校长；1916年在中学部和讲习所基础上改为上海县立务本女子中学。

吴馨曾于宣统二年（1910）被选为上海县视学兼办学所总董，推动办学，女子学校也在此期纷纷设立。辛亥革命后吴馨被推为县民政长，后改称知事。

其间,对县建设擘划多有建树。他还带头捐巨资在西门外大吉路、方斜路、大林路交接处创建公共体育场(今沪南体育场),这是上海最早由国人自办的公共体育场。

蒋维乔(1873—1958)

蒋维乔,字竹庄,同治十二年(1873)生于江苏武进县(今常州市)。7岁入私塾,20岁中秀才,进入常州府学。光绪二十一年(1895)考入江阴南菁书院,次年又考入常州致用精舍。他自23岁至29岁,同时攻读两个学堂的课程,因此他在古文与新学两方面都有深厚的基础。后来他接触到革命思潮,决心致力教育改革。光绪二十八年(1902)到上海,参加了蔡元培等组织的中国教育会,后来又在武进与何海樵等组织"以变法兴学为宗旨"的常州藏书阅报所,以及"以提倡尚武精神为宗旨"的体育传习所。光绪二十九年(1903)春,他应蔡元培之约,携家眷到上海,在蔡元培创办的爱国学社任教,并为《苏报》撰稿自给。他认为"救国之根本在于教育",以此理想,进入商务印书馆编译所,从事小学教科书的编辑工作。这份工作,他做了十年之久。光绪三十一年(1905),他曾发起并主持由商务印书馆开办的小学师范讲习所,培养了三届师范生。此后又主持过商务印书馆主办的尚公小学、商业补习学校、工人夜校等。光绪三十三年(1907),他接任爱国女学校长。1912年,南京临时政府成立,蔡元培出任教育总长,蒋维乔任教育部秘书长。1922年7月,任江苏省教育厅厅长,1925年接任国立东南大学校长一职,曾开讲《佛学入门》及《百法明门论》,这是南方高等学府首开佛学课程的先声。1929年,蒋维乔应上海光华大学之聘,任该校哲学教授,后又历任中文系教授、系主任、教务长兼文学院院长等职,前后执教二十余年。任教期间,还先后兼任过上海正风文学院院长、上海鸿英图书馆馆长、上海人文月刊社社长等职,他的许多佛学和哲学著作,都完成于这段时间。1949年,蒋维乔以特邀代表身份出席苏南人民代表大会,被选为主席团主席及常任副主席。1958年3月逝于上海,享年86岁。

蒋维乔在早期将自己全部的身心致力于近代中国的教育改革,在上海商务印书馆编辑新教科书的十余年里,他认真总结旧教育体制的经验教训,积极参与教育实践活动,研究国外先进的教育思想和教育方法,并将其贯彻于新教科书和民国新教育制度之中,为中国教育制度的近代化做出了重要贡献。同时,蒋维乔在中国哲学史研究及佛学领域也做出重要的贡献,是一位在教育、哲学、佛学等领域都具有突出成就的历史人物。他与吕思勉被并称"常州二先生"。其著作有《学校管理法》《中国近三百年哲学史》《吕氏春秋汇要》《中国佛教史》《佛学概论》《佛学纲要》等。

徐念慈(1874—1908)

徐念慈,原名蒸乂,字念慈,常熟人。徐念慈出身书香门第,家境富裕,幼时聪颖过人,博览群书。青年时代就精通英、日两国外语,且擅长数学与写作,在家乡颇负声誉。他考取过秀才,取得过廪生的资格,可是他却鄙视这种科举制度,不愿进入仕途。光绪二十三年(1897),他与张鸿、丁祖荫在常熟创办中西学社,任教数年。后来他自行筹款,营建高等小学,先后担任校长6年,并创办了速成算学社与竞化女学,首开地方女子教育之风。

光绪三十一年(1905)曾朴在上海创设小说林社,聘请徐念慈担任编辑主任。他广征人才翻译外国小说,自己翻译的就有《海外天》《黑行星》《美人妆》《新舞台》等多种。他翻译小说参半用白话文和浅近文言,并且力求保持原著的面貌,开拓了翻译的新途径,对后来翻译界的影响很大。他在《小说林》上发表的《余之小说观》,提出小说离不开人生、小说反映人生的见解,在当时具有重要的进步意义。由于小说林社经营惨淡,徐念慈先后在上海竞存公学、爱国女学、尚公小学兼课,以维持生计。因积劳成疾,在小说林社倒闭的前一年,即光绪三十四年(1908)去世,年仅34岁。

杨白民(1874—1924)

杨白民,初名士照,近代艺术教育家,松江枫泾镇人(今属上海)。其父经商,家境富裕。杨白民很早就对教育事业情有独钟,他认为中国近代之所以衰败,就是因为教育落后。20岁时出任上海圣约翰书院教务,并胸怀教育救国的目标与理想,遂于光绪二十七年(1901)毅然自费赴日本考察教育,尤其注意考察日本的女子教育。两年后回国,在上海南市竹行弄的家里辟出一部分房屋充作学校,自任校长。这所学校,就是后来颇有名气的城东女学(初名女子苦学社)。杨白民酷爱绘画,在学校特开设国画专修科,聘名师分门授课。

杨白民主持城东女学期间,向女学生提出“莫耻以倚人以生”,“惟学然后能自立”,提倡男女平等,鼓励女子走上社会。其女杨雪瑶就在他的鼓励下,走上当时只有男性登台的演说竞争会。他亲自为女儿撰写演说文稿并作辅导,女儿演说获第三名,引起上海各界的轰动。

杨先生除了以实际行动开办女学、实现教育救国的理想外,还支持当时的革命党人开展推翻帝制的斗争,与不少革命志士和知名人士交往密切,有不少仁人志士在城东女学任教,如李叔同、黄炎培等。宣统元年(1911),李叔同从东京美术学校毕业后回国,一边在《太平洋报》做编辑,一边应杨白民之请在城东女学任教国文。李叔同经常在《太平洋报》上报道城东女学的消息,其中报纸出版第一天的“文艺消息”里就有一篇《城东女学制作品》:“南市竹弄城东女学，杨白民先生竭力创办。其学科成绩卓著，占上海女学第一位置。即所作各种美术品，亦精妙古雅，冠绝侪辈。如刺绣之琴联、屏条等，尤为学界同人所称许。”可见杨先生办学的志向与成就。光绪二十九年(1903)江北水灾，杨先生曾鼓励其女杨雪瑶、杨雪玖在上海大世界作画义卖，所得款项全部救济灾区。

杨先生三十年如一日，积极探索研究中国的女子教育之路，为中国的女子教育做出了重要的贡献，在中国近现代教育史上有着重要的地位。

金松岑(1873—1947)

金松岑，原名懋基，苏州吴江同里镇人。青年时期的金松岑曾热心于宣传资产阶级民主革命，后致力于教育、诗文创作和学术研究，是清末的爱国志士，著名的国学大师、诗人和教育家，与陈去病、柳亚子并称为清末民初“吴江三杰”。

金松岑出身于世代书香之家，年幼时即从名师学诗文，打下了扎实的文史基础。他喜欢读名人述作、边疆史地、军事韬略等方面的书籍，立志将来为国家、民族的兴盛而有所作为，并以顾炎武“天下兴亡，匹夫有责”的名句自勉。光绪二十一年(1895)《马关条约》签订，使金松岑痛感清政府的腐败，于光绪二十四年(1898)和同乡陈去病等在同里组织了雪耻学会，以响应康有为、梁启超的维新变法。

光绪二十九年(1903)，应蔡元培的邀请到上海参加革命团体中国教育会，与蔡元培、章太炎、邹容结成密友，并介绍同乡柳亚子等到上海爱国学社读书。同年，又参加了孙中山先生创建的兴中会，并在家乡发起成立了中国教育会同里支部。此后，金松岑即全身心地投入到反清革命的宣传活动。光绪二十九年(1903)至光绪三十年(1904)间，金松岑连续著译出版了多部宣传革命的著作，分别为《三十三年落花难》《女界钟》《自由血》。宣统元年(1911 年)秋，迁居苏州，把主要精力集中于著述和讲学。

金松岑为发展家乡教育建立了卓著的功绩，他是吴江新式教育事业的奠基人和开拓者。早在光绪二十八年(1902)，他就开风气之先，在同里创办同川学校和自治学社，柳亚子先生当年就是同里自治学社的学生，后同川学校改名为同川两等小学。他还创办了明华女学，这是吴江县办新式学校的开端。“《苏报》案”发生后定居同里，埋头于教育事业。他对学校管理极严，追求高质量的教育。1912 年同川建校十周年时，蔡元培、章太炎分别为“吴江同川小学校十周年纪念之碑”撰文，高度评价了金松岑致力家乡教育事业的热情和功绩。

1947 年 1 月，在苏州濂溪坊寓所病逝，终年 74 岁。他桃李满天下，潘光旦、费孝通、王佩铮、范烟桥等都是他的学生。他著述极丰，有《天放楼诗集》三集、《天放集文言》三集、《鹤舫中年政论》《孤根集》《皖志列传》及《词林撷隽》等。

荣德生（1875—1952）

荣德生，又名宗铨，江苏无锡开源乡荣巷人，早年经营钱庄，后在无锡、上海、汉口等地创办企业。至 1922 年，他已拥有 12 家面粉厂和 4 家纱厂，是中国最大的民族资本家之一。荣德生曾任全国政协委员、华东军政委员会委员等。

荣德生的立身治家之道，就是孔子儒家的“己欲立而立人，己欲达而达人”。他不仅经营企业有方，而且热心兴学育人。光绪三十二年（1906），荣德生与其兄荣宗敬在家乡创办了公益第一小学，贫寒子弟可免费入学，两年后又办了竞化女子小学，至 1915 年，他们共创办了 8 所小学。荣家兄弟的办学业绩受到社会的肯定，曾获得教育部一等金质奖章。1919 年，他们在无锡创办公益工商中学，荣德生手书“和平耐劳”四个字作为校训，勉励学生“求实学、为实用”。为了给学生提供实习场所，他们又开办了相关的工厂、商店和银行。科学家钱伟长、经济学家孙冶方等都是公益工商中学的学生。荣德生说，自己不是科学家、文学家，但长期的经商阅历告诉他：为人常识不可不充足，文字不可不通畅。因此致力于兴学育人。1927 年，荣德生与其兄仿旧时书院在梅园创办“豁然洞读书处”，分甲、乙两班，学制各两年，分别相当于初中和高中，前后毕业的学生近百名。“豁然洞读书处”注重人格训练与陶冶，课程设置以国文为主，另有英文、算术、修身等，都请名师执教，毕业生多精研学理、品德优良。抗战中，他们在上海先后创办了中国纺织印染工程补习学校和中国纺织印染工业专科学校。

荣德生一直有自办一所综合性大学的心愿。1947 年 10 月 27 日，荣家创办的私立江南大学开学了，这是无锡第一所具有现代意义的大学，它分文学、理工、农学三个学院。为办好江南大学，荣德生重金聘请钱穆、唐君毅、金善宝、牟宗三等名教授。江南大学的办学特色是“实”，荣德生希望同学们学以致用，不好高骛远、好大喜功，而要脚踏实地、从头做起。学校提倡学生勤工助学并开展各种社团活动，歌咏团、球队、读书会、诗社等十分活跃。办大学耗费资金甚巨，荣德生虽也不无担忧地说过“惟费用过大，不易维持”，但即使在最艰难的情况下，他仍表示“江南大学理工、文、农三院照开”。荣德生兄弟不尚空谈，以实业家办教育，深受世人称赞，人们常将其与南通张謇相媲美。

蔡俊镛(1876—1957)

蔡俊镛,苏州人,祖籍浙江德清。父亲蔡廷恩读过私塾,但是没有中科举,于是把读书中举的希望寄托在儿子身上,非常注重对蔡俊镛的教育,先后聘请多名塾师来教育他。

光绪十九年(1893),蔡俊镛以元和县(今苏州)民籍考入苏州府学,成为一名秀才。翌年去南京参加江南乡试,又得中第124名举人。光绪二十四年(1898),蔡俊镛肄业于南菁书院,结识了许多饱学之士,树立了教育救国的信念。亲眼目睹甲午战争的失败与戊戌变法的夭折之后,蔡俊镛投身于“兴学强国”的各类教育事业中。同年,他与好友俞武功等联名呈请江苏巡抚:“拟设经世小学堂,并设农务学堂一所,专门考究农学植物学,招股购买外国机器,开垦九邑荒田。”

光绪二十七年(1901),蔡俊镛在上海蒋智由办的珠树园译书处从事编译工作,次年珠树园译书处停办,他改任上海华童公学中文总教习。后去安徽广德州中学堂任校长。光绪三十一年(1905),清廷下诏废止科举制度,蔡俊镛等绅士深感创办新式学堂的紧迫,于是立即呈请当局在苏州设立学务公所,将地方上原先用于科举教育的经费,如紫阳、正谊两书院的常年款项与长元吴三县的“宾兴款”集中起来,用于创办新学堂。年底,长元吴学务公所正式成立,蔡俊镛与王同愈、沈恩孚、祝秉纲、高人俊等30人当选为议董,同时他加入新成立的江苏学务总会,成为该会最早一批会员之一。

次年秋,蔡俊镛被苏州公会推举为公立中学校长。为办好这所新型学堂,他亲赴日本考察中学教育。光绪三十三年(1907)2月,苏州公立第一中学堂正式开学,首批录取24名新生,其中有叶圣陶、赵善昌、章君畴等人。因校舍位于草桥南堍,故又称草桥中学。身为维新派人物的蔡俊镛,以适应时代潮流的精神来经营这所中学,他参照日本的经验,在教育制度和课程设置方面进行了改革。开设的课程包括国文、经学、修身、英文、经济、数学、体操、化学、物理、历史、图画、唱歌等,另外还开设了选修课如球类、国术、军乐、金石、丝竹、音韵学、度曲、尺牍、剥制(制作标本)。同时,蔡俊镛认为,办好一所学校,除了必要的规章制度、新型的课程设置以外,最主要的是聘请到德高望重、学识渊博的教师。基于此,该校聘请的教师中有经学家程仰苏,国文造诣精深的胡石予、孙伯南,武备学堂出身的魏旭东等先生。

任苏州公立第一中学校长期间,蔡俊镛常年住在学校里,一身长衫,两袖清风,不但亲自教授修身课,十分注重学生品德的塑造与培养,还特别重视学生的躬行实践。一年后,该校的各项教学逐渐步入正轨。后因校园风波得罪权贵而被迫辞职。

蔡俊镛离开学校后，去北京参加举人考试，考取一等，以知县身份发河南省试用。1912年返回苏州。他不但擅文章、诗词、书法等，还精于历史文献的考证。晚年的蔡俊镛，以诗词酬唱为乐。于1957年2月24日去世。

刘勋麟（1879—1941）

刘勋麟，字北禾，常州人。光绪三十年（1904）公费留学日本，先后毕业于日本弘文学院、京都高等工艺学校机织科。归国后，刘勋麟先后任职于学部、南洋劝业会、江苏学务公所实业科等。

1912年，江苏省第二工业学校成立，刘勋麟任校长。1923年该校改名为苏州工业专门学校。

刘勋麟在苏州工业专门学校主持校政13年，扩建校舍，添置设备，先后设置土木、纺织、机织等专业，并于1923年设置建筑科，使该校成为中国最早设置该学科的学校。他广泛聘请有真才实学的教师，在教学中注重基础理论与生产实践相结合，先后于1914年、1916年、1920年改建印染、化学、木工、机械等工场，作为教学试验场所。其间，他曾于1917年、1919年两次赴南洋诸国和美、英、法、德等国考察实业教育，并根据国内实际情况提出多项改革建议，实施后取得很好的成效。

刘勋麟一生从事教育工作，苦心孤诣，矢志不渝，做出了巨大的贡献。1941年病逝于上海寓所。

黄炎培（1878—1965）

黄炎培，字任之，松江府川沙（今属上海）人，我国近现代著名民主革命家、教育家。

光绪二十七年（1901）秋，黄炎培入上海南洋公学特别班，选学外交科，受特班总教习蔡元培影响甚大。不久，学校发生风潮，南洋公学解散，黄炎培遵照蔡元培的教诲，回到家乡川沙，于光绪二十九年（1903）创办了川沙小学堂及开群女学。该年6月18日，黄炎培等应邀到南汇县新场镇演说，由于被诬告毁谤皇太后、皇上，南汇县知事将黄炎培等4人逮捕。在上海基督教堂牧师的营救下，黄炎培离开上海，逃亡到日本。次年回国，先在上海城东女学和丽泽小学任教，后应爱国实业家杨锦春（斯盛）之聘，主持创办了广明小学和广明师范讲习所。光绪三十一年（1905年），又与张謇等人组织江苏学务会（后为江苏省教育会），担任常务调查干事。同年秋，经蔡元培的介绍加入了中国同盟会。次年，在杨斯盛的协助下，在浦东六里桥创办了浦东中学和浦东小学。宣统三年（1911）任江苏都督府民政司总务科长兼教育科长。1912年冬任江苏省教育司司长，1914 年辞职到了上海，任《申报》记者。自 1914 年 2 月起，以《申报》记者身份在安徽、江西、浙江、山东、北京、天津等地考察了 5 个月，后又随农商部“游美实业团”在美国考察了 25 个城市的 52 座学校，重点考察了美国的职业教育。此外，他还曾到日本、菲律宾、南洋各地考察，并先后结集出版《黄炎培教育考察日记(1—4 集)》。在此期间，他还曾于 1916 年 9 月在江苏省教育会内设立了职业教育研究会，并得到工商界巨子及南洋华侨领袖陈嘉庚的资助，于 1917 年 5 月 6 日在上海发起成立了中国近代史上第一个研究、试验、推行职业教育的全国性团体——中华职业教育社。1917 年 10 月 25 日，黄炎培主持创办了《教育与职业》杂志，并于 1918 年 8 月 20 日在上海陆家浜创立了中华职业学校。在黄炎培的主持下，中华职业教育社从成立到新中国成立前的 32 年间，先后创办了上海中华职业学校、重庆中华职业学校、上海和重庆中华工商专科学校、南京女子职业传习所、镇江女子职业学校、四川灌县都江实用职业学校等，为中国的职业教育事业做出了重要的贡献。

1927 年 5 月 19 日，黄炎培以“学阀”罪名被通缉而避居大连，后经蔡元培、邵力子等人向蒋介石说情，才被准予返回上海。1928 年 6 月，黄炎培被迫辞去职教社办事部主任职务，但他仍热心职业教育。1932 年淞沪抗战期间，同上海工商金融界人士一起成立了以史量才为会长的上海市民地方维持会(后改名为“上海地方协会”)，并任秘书长兼总务主任，负责支援十九路军和稳定地方秩序。日军进攻上海后，黄炎培任上海市抗敌后援会主席团主席，并被国民政府聘为国防参议会参议。在此期间，他不顾个人安危，致力于组织运输、支援前线、救护伤员、内迁工厂等事宜。1939 年 11 月 23 日，黄炎培与梁漱溟、章伯钧、沈钧儒、邹韬奋、章乃器、张澜等 10 多人在重庆集会，正式成立了统一建国同志会。经多方努力，黄炎培等人又于 1941 年 3 月 19 日在重庆秘密成立了中国民主政团同盟，黄炎培被推选为中央常委会主席。

在抗战期间，黄炎培把主要精力用在了坚持抗战、维护国共两党合作和争取民主的实践中。抗日战争胜利后，黄炎培又积极投入了反内战、争民主的活动。新中国成立后，先后当选为中华人民共和国中央人民政府委员、政协全国委员会委员、政务院副总理兼轻工业部部长等。

1965 年 12 月 21 日病逝于北京。

费伯埙(1879—1925)

费伯埙，名揽澄，字安定，号伯埙，吴江松陵镇人。光绪三十年(1904)，他与好友王震之在松陵镇西门积谷仓内创办爱德女校。光绪三十四年(1908)，费伯埙师范毕业，回乡任教，捐银 500 两赠予爱德女校。随后，他在县城文昌阁故址改建成第一初等小学(吴江市实验小学前身),又在城南空地建立第二初等小学(现吴江市松陵镇中心小学前身)。1912 年,他与薛凤昌创办江震高等学堂(后为吴江县立中学),费伯埙任校长,并兼任国文教员。他在任期间,各科均选聘具真才实学的优秀教师任教,如数学教员金国宝(中国近代统计学奠基人之一)、美术教师颜文樑等。在教学创新方面主张理论联系实际、洋为中用,除国文、史地等课程,如数理化、生物等均采用英文原版书籍教学,当时在全国都是罕见的。费伯埙亲自所授的国文课更是内容丰富,讲课生动,在教育界和学生中威望极高。此外,他还制定教育纲要,编辑教材;制订课外研究规划,培养学生自学能力;组织学生自治会,锻炼学生自治能力。后因劳累以致身体虚弱而不再教学,改任吴江县劝学所所长。

费伯埙长年兢兢业业辛勤办学、治学,又在教学授课期间将数年来兼职所得的薪酬捐赠予学校,曾获当时北京中央政府颁发的捐资兴学嘉禾银质奖章、奖杯和奖状。且北京政府曾几次邀他去北京任教育职务,费伯埙都婉言谢绝,立誓要为家乡的教育事业奋斗终生、死而后已。

1915 年 4 月,费伯埙患胃病逝世。吴江城区各界为他举行了规模盛大的追悼大会,其中收到各界人士的挽联五百余幅,大家都以崇敬的心情缅怀他为家乡教育事业作出的功绩。其中柳亚子撰挽联云:"为一乡教育物望所归奈何早逝,于全国痛哭元勋之际又悼先生"(注:元勋是指孙中山)。为示哀悼,吴江中学校园内建"费伯埙先生纪念碑"。

杨达权(1879—1966)

杨达权,女,原名陈嵩如,婚后从夫姓易名,泰州人。光绪三十二年(1906)考入上海务本女子中学,毕业后留校任教。1912 年任江苏省立第二女子师范学校校长,为苏州教育史上第一位中等学校女校长。

杨达权在掌校的 15 年中,以"诚朴"为校训,志在培养学生淳厚忠诚、艰苦朴素的品德。她还编写了《新教育教科书国语读本》。为了进一步争取妇女的社会和政治权益,1915 年与王谢长达等人发起组织了"江苏女子公益团",呼吁女子齐心协力、团结起来,使妇女问题得到真正的解决。该组织甫一成立,参加者就有 70 多人,其中一部分是寓居苏州的外侨妇女,在苏州有一定的影响。

郑辟疆(1880—1969)

郑辟疆,字紫卿,江苏吴江盛泽人。幼年家境贫寒,母亲靠养蚕织绸,挣钱养家。他的家乡吴江有"无不桑之地,无不蚕之家"的声誉。也许是受家庭环境和家乡环境的影响，郑辟疆对养蚕缫丝产生了特殊的、浓厚的感情。由于学习刻苦、成绩优秀，他以享受减免学膳费的资格进入杭州蚕学馆学习，并于毕业后留校任教。光绪二十九年（1903）被派往日本学习，郑辟疆考察了日本发达的蚕丝业后，立下誓言："不惜献出个人的一切，把祖国的蚕丝业发展起来。"两年后回国，先后在山东青州蚕桑学堂、山东省立农业专科学校任教。

1918 年 1 月起，郑辟疆主持江苏省立女子蚕业学校（简称"女蚕校"）的事务。怀着"实业救国"的理想，郑辟疆全身心地投入到学校的建设中。他对学生寄予厚望，鼓励学生能够学以致用，为祖国的蚕业做出应有的贡献。为了激发师生的事业心，振奋师生的精神，培养优良的学风，郑辟疆颁发了"诚、谨、勤、朴"四个字的校训。他还派学生到日本学习先进的蚕丝理论和技术，并聘请日本的蚕丝专家来校任教。1921 年，女蚕校设立蚕种部，改良蚕种；1930 年，郑辟疆在学校增设了高级制丝科（中专）；1933 年 8 月，在校内建成实习丝厂；1934 年利用女蚕校原有设备与师资，兼办高级制丝专修科（大专），并建立了实习工厂。郑辟疆鼓励妇女奋发学习，自尊、自强、自立，冲破封建束缚，跻身社会，与男子共享平等权利。

郑辟疆在长期的蚕丝教育实践中，坚持教育与生产实际结合，明确提出了"理论与实际结合"的教育主张。郑辟疆还致力于教学内容的研究与翻译工作，并将自己所学的理论结合我国的国情，编制了新的教材，改变了以往的教材不适应实践发展状况的局面。

新中国成立后，历任苏州蚕桑专科学校校长、苏州丝绸工学院院长等职。日本蚕丝专家曾赞誉郑辟疆为"蚕业界圣人"，他对我国蚕丝事业的革新和发展做出了重要贡献，无愧于这个崇高的称号。

唐昌炎（1881—1963）

唐昌炎，字退庵，号润生，吴江人。早年在苏州紫阳书院求学，后毕业于两江优级师范，先后在上海浦东中学、无锡竞志女校、湖州湖郡女校等校任教。1913 年 8 月，他前往日本考察师范教育。考察回国后，任江苏省立第三师范附属小学主事，并模仿英国的童子军组织，在第三师范附小创建童子军团，是江苏省童子军的创始人。1922 年，唐昌炎调任江苏省立第一师范教务主任，同年该校在吴江筹建农村分校，唐昌炎任主任。1932 年，该校改为省立吴江乡村师范学校，唐昌炎任校长。他以校为家，尽心尽力，每每操持校务到深夜。他提倡学生全面发展，爱护全校师生，保护进步学生。唐先生也因此被迫辞职，时年 51 岁。此后，他又先后在苏州图书馆等处供职。抗日战争胜利后，回到吴江师范学校任教，于 1963 年去世。

周维城(1882—1918)

周维城,字介藩,江苏太仓人。光绪二十七年(1905)正月考入通州民立师范学校。周维城就学期间,勤奋好学,受到学校总理张謇、监理江谦的器重。宣统元年(1909)2月至5月,周维城受江苏省教育总会委派,与上海龙门师范教员杨月如、浦东中学校教员俞子夷一起东渡日本考察单级教授。回国后,周维城与杨月如、俞子夷一同在江苏教育总会创办单级教授传习所,一边教学、一边撰写教材,先后编印《单级教授法实用》《管理法讲义实用》《各种教授法讲义》《教授法要诀》等教材。宣统二年(1910)7月,通州教育会开办单级教授练习所,周维城应邀担任主任,并在通州师范学校附属小学初等单级部进行演示教学。其后,又先后应聘至北京女子师范学校、清华学校执教。在教授之余,周维城专心研究教育,著有《儿童心理学》《青年教育》《特殊教育》《实用教育学》等著作。1912年,周维城应江苏省立第一师范学校校长杨月如之邀,回苏州担任该校附属小学主事,致力于教育理论研究与教学实践的探索。周维城积极探索新的教学方法,推行"演示教学",常邀同事轮流开课,互相研讨。1913年,周维城又应北京女子师范学堂校长胡雨人之聘,至该校任教。1915年,受北京高等师范学校校长邀请,任该校学监。同年,教育部重新编订教科书,周维城调教育部任编审员。当时有名上海书商闻讯至北京,登门贿赂,想谋取出版新课本之利,周维城愤而南归,随后致电请求辞职。1916年,周维城受国立南京高等师范学校校长江谦邀请创建该校附属小学并任主事,在该校继续致力于教育改革,试行"人格化教育"。1917年,周维城参与《实用教育丛书》编译工作,与秦之衔合作编译《欧美职业教育》,与黄炎培合作编辑《美利坚之中学》。1918年,周维城受江苏省教育厅厅长符鼎升的邀请,出任江苏省视学,奔波于各县巡视督导,以致旧病复发、医治无效,于1918年12月23日逝世,年仅36岁。

陈警(1883—1920)

陈警,女,字觉孺,常州市人。早年曾在上海宗盛女学、常州粹化女学、浙江女子师范学堂深造,学习成绩优异。回到常州后,她与丈夫共同创设涤氛蒙养院并附设初等小学,是中国幼儿教育的先驱,夫妇俩在学校尽瘁其事8年。粹化女学改为武进县立师范学校后,她兼任其附属小学职务。她曾与丈夫设共和宣讲会,宣讲国民常识。她的办学成绩为社会所称赞,却因积劳致疾,病逝时年仅37岁。

吴粹伦(1883—1941)

吴粹伦,名友孝,以字行,昆山人。宣统二年(1910)毕业于江苏两级师范学堂，成绩名列第一；后历任昆山樾阁学堂、江苏省立第一师范学校、省立第二中学教师，昆山中学首任校长，上海澄衷中学教务长、校长等职。

1923 年，由方还等人倡议建立昆山县立初级中学（今昆山市第一中学前身），特聘吴粹伦为首任校长。他为办学殚精竭虑，不仅肩负营建校舍的繁重任务，还亲临教学第一线，兼任理化教师。他为师循循善诱，诲人不倦，在学生中威信极高。为了培植优良的校风，他亲笔题写了“诚笃朴实”的校训并身体力行。在他的辛苦操持下，校内设施一应俱全，建成了包括风雨操场以及为全县中小学生建立的公共理科试验室等设施。抗战期间，面对物价的不断上涨，他给教师们提高工资，自己却甘居末位，还捐款作为自然科学奖励基金，嘉奖学习优秀的学生。他投身教育 40 余年，办学成绩斐然，1939 年教育部特发电报予以褒奖。

吴粹伦热爱祖国，每年的“五一”国际劳动节、“五三”济南惨案纪念日、“五四”新文化运动纪念日、“五九”国耻纪念日、“五卅”南京路惨案纪念日等，他必定亲自主持集会，发表讲话，强烈谴责帝国主义列强妄图瓜分中国，谴责一切卖国的罪恶行径，号召学生们以顾炎武的名言“天下兴亡，匹夫有责”自勉。他关心、爱护参加革命的学生，不畏艰险，不辞劳苦，多次奔走于苏州与昆山之间，为保护进步学生不遗余力。

吴粹伦博学多能，精理科，通日语，长于古文诗词，尤其喜爱昆曲。他在教学工作之余，热心倡导昆曲。早在 1921 年，吴粹伦就成为苏州道和曲社的首批社员。不久，又积极资助苏州昆剧传习所的创建，被推举为该所 12 名董事之一。在昆山中学任职时，他用昆曲曲调谱写了该校第一首校歌，并在学生会文艺部中创设昆曲组，有师生数十人参加。吴粹伦亲自动手刻印昆曲曲谱教材，一字一句教唱。吴粹伦颇具长者风度，对友人、同事、学生皆诚恳正直，情深意笃，且严于律己，处处以身作则，深受时人尊重。“八一三”事变爆发，日军飞机轰炸昆山县城，将吴粹伦倾半生积蓄筑成的新居炸毁。吴粹伦悲愤交加，于 1941 年 11 月在沪病逝。

顾颉刚（1893—1980）

顾颉刚，原名诵坤，字铭坚，现代古史辨学派的创始人，也是中国历史地理学和民俗学的开创者。光绪十九年（1893 年）5 月 8 日，顾颉刚出生于江苏省苏州市。顾家是苏州有名的书香世家，康熙皇帝下江南时，曾题写“江南第一读书人家”赠之。

顾颉刚 4 岁入私塾，13 岁入当地一所公立高等小学，两年后转入苏州第一中学堂，1912 年秋入上海神州大学，醉心于文学。1913 年入北京大学预科，沉迷于戏剧。1915 年，顾颉刚因病回家，完成《清代著述考》20 册，对清代学术有较深领会。1916 年，顾颉刚转北大本科，读哲学。1920 年毕业后，顾颉刚留北大图书馆任助教，做编目工作。在工作期间，草拟出《重编中文书目的办法》，提出了拆散丛书编“书名目录”“学派书目”和“分类目录”的见解，这些建议对改进图书馆工作起了一定的作用。之后，顾颉刚历任厦门大学、中山大学、燕京大学、北京大学、云南大学、中央大学等校教授，中山大学历史语言研究所主任，中央研究院院士。新中国成立后，任复旦大学教授、中国科学院历史研究所研究员、中国民间文艺研究会副主席、全国政协委员、民主促进会中央委员等职。

顾颉刚作为一个史学家，享誉中外学术界，影响深远。顾颉刚的私淑弟子黄现璠曾说，以前，“日本学者，特别是名牌大学如东京、京都、帝大教授，都看不起中国学者，惟对于顾颉刚先生和陈垣先生，则推崇备至”。受胡适在新文化运动中倡导的“整理国故”思想的影响，20 世纪 20 年代起，顾颉刚即从事中国历史和古代文献典籍的研究和辨伪工作。他主张用历史演进的观念和大胆疑古的精神，吸收近代西方社会学、考古学等方法，研究中国古代的历史和典籍。他与钱玄同等发起并主持了古史辨伪的大讨论，又广集当时的研究成果编成《古史辨》8 册，形成了“古史辨学派”。

顾颉刚还将史学上的创见运用到民间文学、民俗学领域，为之贯注新血液。1918 年，因《北大日刊》的影响，顾颉刚利用休学在家的机会开始搜集“怡情适性”的歌谣。他的搜集工作开展了 8 个月，连带搜集了谚语、方言方音，后来发表于《晨报》，得到“研究歌谣专家”的称号。1924 年，顾颉刚在《歌谣》周刊上连载《吴歌甲集》，历时 3 个月，获得学术界好评。

在民俗方面，顾颉刚作过很多考察研究，包括对妙峰山的考察、对土地神的探究以及对苏州婚丧礼节的论述等，并不断写成文章发表。在风气未开的当时，影响颇大。顾颉刚的孟姜女故事研究，对传说故事进行精细和系统的考证，在我国首开先例。在古史研究中，顾颉刚对尧、舜、禹等远古神话传说均有研究。

顾颉刚为中国民间文艺理论的建设做出了很大贡献。他那种对民间文艺作动态考察的眼光和对古籍资料搜求鉴别的真知灼见，曾给我国民间文艺研究以巨大影响。

吴梅(1884—1939)

吴梅，字瞿安，号霜厓。光绪十年(1884)出生于江苏长洲(今苏州)，近代戏曲理论家和教育家，诗词曲作家。

吴梅出身于破落仕宦之家，18 岁以第一名的成绩补长州县学生员，后两次参加乡试均落第。光绪二十九年(1903)，吴梅赴上海东文学社学日文，光绪三十一年(1905)秋至东吴大学堂任教。光绪三十三年(1907)，应柳亚子之约，加入文学团体神交社，1912 年加入南社。1917 年至 1937 年间，先后在北京大学、东南大学、中央大学、中山大学、光华大学、金陵大学执教，并致力于词曲研究，著名词曲家任中敏、钱南扬、唐圭璋、王季思等皆出其门下。

吴梅早年曾受教于江南昆曲大师俞粟庐，诗人陈三立，词家朱祖谋、郑文焯，诗、词、歌、赋等均造诣精深。他一生从事词曲教学和研究，为搜集整理、校订、出版中国词曲戏曲遗产做了大量工作，对中国戏剧发展的历史和戏剧理论进行深入的研究，创作剧本 17 部和众多词曲，撰写学术著作甚多，成为影响深远的一代曲学大师。光绪二十七年(1901)，吴梅完成《风洞山》传奇的创作，这是他最早的历史题材剧作；光绪三十一年(1905)，吴梅为戊戌政变死难六君子作《血花飞传奇》(后称《苌宏血传奇》)；之后，又写了以秋瑾烈士事迹为题材的《轩亭秋杂剧》。

吴梅先生不仅重视戏曲理论的研究，更注重戏曲的传播与实践。他在苏州、上海、南京、北京期间，先后组织各种曲社。20 世纪 20 年代，苏州成立昆曲传习所，吴梅先生是积极倡导者，常常去传习所拜访老艺人，磋商曲谱和唱法，并为传艺讲课，亲自示范。吴梅先生在北京期间，著名表演艺术家梅兰芳和韩世昌、白云生等，都得到他的指点。他不仅将词学、曲学、戏曲理论推上高等学府的讲堂，还指导学生填词、谱曲、度曲、排演昆曲。为整理词曲和戏曲遗产，他节衣缩食、觅求前代珍本戏曲图书，多年所获达 4 万余部；1928 年又在苏州双林巷住所“百嘉室”藏唐宋以来至清嘉庆的善本和珍本戏曲图书 600 余种。

吴梅是在高等学府教授戏曲的第一人，他精通昆曲，培养出来的学生中有一大批一流学者。他的弟子中既有名教授和大作家，如朱自清、田汉、郑振铎、齐燕铭，又有梨园界的大师，如著名京剧表演艺术大师梅兰芳、俞振飞等，可谓桃李满天下。目前台湾地区的昆曲名家，都是吴梅的第二代弟子。

1939 年 3 月，吴梅病卒于云南大姚。其著述甚丰，有《霜厓文录》《霜厓诗录》《霜厓词录》《霜厓曲录》《霜厓三剧》《曲学通论》《词学通论》《南北词简谱》《中国戏曲史》《中国戏曲概论》《元剧研究 ABC》等。

胡汀鹭(1884—1943)

胡汀鹭，名振，字汀鹭，光绪十年(1884)10 月 16 日生，江苏无锡南门外薛家弄人。其父虽是商人，却喜爱书画。在父亲的影响下，胡汀鹭自小好读诗书，爱好书画。经过长期刻苦的努力，不仅学习了经、史、子、集和古代诗文，而且在绘画上逐渐形成了自己的风格，崭露头角。20 岁时，父亲病故，家道中落，他外出寻找工作以为生计。经人介绍，到无锡县羊尖小学当美术教员。辛亥革命后，先后在无锡县立女子师范学校、常州女子师范学校、江苏省立第三师范学校、南京美术专科学校、江苏省立第四师范学校（今南京师范大学）教授美术。1924 年，在无锡与诸健秋、贺天健创办美术专科学校，并任教务主任。1926 年，与贺天健等在无锡组织锡山书画社。后执教于上海昌明艺专。1934 年，在无锡创办振南国画学堂，次年又担任由邑人发起组织的云林书画社社长。

胡汀鹭从事美术教育近 30 年，为我国培养了一大批美术人才。他教导学生要学古而不拘泥于古，更不能一味仿古，应多观察自然，得其神韵。他作画常不择纸笔，对客挥毫，随意点染，不事雕琢。他重视写生，时常站着作画，做到布局章法了然于胸，挥洒自如，一气呵成。他笔下的花卉秀丽雅逸，生机勃勃；鸟兽则神态各异，栩栩如生；所画八哥、柳燕为同辈所莫及。他的山水画多取材于太湖风景和江南山水，笔墨坚苍，雄健高旷。他还擅长指画，并配以指画长题。擅诗词，主张“诗要浑朴，词要尖峭”，贵在自然，同时兼研书法，刚劲飘逸。当时有“画、诗、书三绝”之誉。

他一生清贫，坚贞自守。日伪统治期间，他常借酒浇愁。曾写有一首愤世诗：“众人愿醒我愿醉，如此乾坤不醉何？满眼狂流无限感，恼人常觉醒时多。”他坚信中国人民的抗日战争最终会取得胜利。1943 年 9 月 26 日病逝于无锡，终年 59 岁。胡汀鹭主要作品有《梁溪八景》等，并收入 1929 年影印的《汀鹭画册》中。

杨荫榆（1884—1938）

杨荫榆，女，光绪十年（1884）出生于江苏无锡一个书香门第。她一生坎坷，18 岁时因无法容忍父母包办的与门当户对的蒋姓低能儿成婚，愤然退婚，此后终生不再嫁，致力于学术。20 世纪初，教会学校纷纷设立。杨荫榆依靠兄长的帮助，进入由美国监理会主办的苏州景海女学堂学习，两年后转学到上海务本女中。光绪三十一年（1907）5 月毕业，后赴江苏省参加官费留学考试并通过，7 月启程去往日本。她先入青山女子学院，后在东京高等师范学校理化博物科学习。1913 年，杨荫榆从日本毕业归国。

回国后，杨荫榆开始了她的教师生涯。1913 年，她被聘为江苏省立第二女子师范学校（新苏师范学校前身）教务主任，教生物学。1914 年，她到北京任国立女子高等师范学校（简称“女高师”）的学监兼讲习科主任。1918 年，教育部首次选派教授赴欧美留学，她应选赴美，入哥伦比亚大学攻读教育专业。

1922 年,杨荫榆取得哥伦比亚大学教育专业硕士学位,回国继续任教。1924 年 2 月,她受教育部委任,接替许寿裳任女高师的校长。同年,女高师改名为“国立女子师范大学”,杨荫榆成为中国近代教育史上第一位大学女性校长。

杨荫榆在国外受过西方先进文化的熏陶,她欲把学来的教育理念、教育理论运用到其治校办学的教育实践中,但在当时还难以行得通。

作为大学校长的杨荫榆,强调秩序、学风,认为学校犹如家庭,需要一个稳定的局面。她要求学生只管读书,不要过问政治活动。1924 年秋,女师大开学之际,由于南方发大水以及受江浙战争的影响,部分学生没能按时到校报到。杨荫榆决定整顿校风,将逾期返校的学生开除。此事引起了女校学生和教职工的严重不满,由此爆发了女师大“驱杨风潮”。迫于压力,杨荫榆不得不辞去校长一职,于 1925 年冬回到苏州。

此后杨荫榆先后在苏州女子师范学校、东吴大学等校任教。并于 1935 年在娄门自创二乐女子学术社,自任社长。

1937 年,日军侵占苏州。杨荫榆严词拒绝日军要她出任伪职,并几次到日军司令部抗议日军烧杀抢掠的暴行。1938 年元旦被日军杀害于盘门外吴门桥。

顾树森(1886—1967)

顾树森,又名顾荫亭,光绪十二年(1886)出生于江苏嘉定县(今上海市嘉定区)。19 岁考入上海龙门师范学校三年制本科。毕业后先后在嘉定县普通小学、上海徐家汇邮传部高等实业学堂(即南洋公学)附属高等小学担任过国文、算术、理化、图画、手工等科目的教员。1912 年任上海中华书局编辑员,编辑小学算术及理科教科书。1914 年任教育部编辑员,编辑小学修身国文教科书。1915 年,为了表达对袁世凯称帝的不满,顾树森毅然辞去教育部编辑职务,离京南返。后入中华书局,担任《中华教育界》杂志的主任编辑。

顾树森是中国近现代教育史上优秀的教育家,也是 20 世纪初中国职业教育的先行者。在当时中国社会动荡多舛的局势下,他与其他爱国知识分子一样,怀揣着“教育救国”的理想之梦,为推行职业教育进行了一系列的改革和实践。1917 年,顾树森和黄炎培等人在上海发起创办了中华职业教育社运动。次年 6 月,中华职业教育社创办了一所专门的职业教育机构——中华职业学校,顾树森出任该校的第一任校长。在他的领导下,到 1922 年为止,中华职业学校已经发展为国内首屈一指的民办职业学校。在学校的培养目标方面,顾树森认为,职业教育要考虑个人的职业、生存等问题,但不能急功近利。他提出职业教育的培养目标在于“培养青年身体、意志、情感、智力各方面,使他平均发达,将来适宜于职业界而能自谋生活,同时并养成他有服务社会精神,谋共同生活的幸福”。为此,中华职业学校明确了自己的培养目标:第一,将来能成为各种工厂的职工或技师;第二,将来能以一技之长自谋生活;第三,将来成为善良之公民。在课程方面,顾树森探索具有现实针对性的职业教育课程,在学校成立之初,便开设了铁工、木工两个主要科目。同时,附设铁工、木工工厂,供本校学生边学习书本理论知识、边进行实际操作练习。中华职业学校密切关注着社会的实际需要的变化,并依此来调整学科的设置。在办学路径方面,顾树森勇于探索民间办学资助的新路径,开创了利用社会力量发展教育的新途径。

作为中国早期职业教育的研究者和实施者,顾树森为中国早期职业教育的兴起与发展做出了巨大贡献。1941 年,教育部将普通教育司分为中等教育司与国民教育司,顾树森任国民教育司司长。1952 年 2 月,顾树森从苏州华东革命大学政治研究院学习结业。7 月,由华东教育部分配至江苏师范学院担任教育学教授。顾树森晚年还积极参加了许多社会活动,连续当选为苏州市、江苏省政协委员等。

1967 年 3 月 21 日病逝于苏州。著有《中国古代教育家》《中国古代教育家语录类编》《中国历代教育制度》等。

王季玉(1885—1967)

王季玉,王谢长达之女。光绪十一年(1885)生于苏州,早年毕业于苏州景海女子师范学校,之后去日本补习英语及数理,赴美国麻省蒙特豪里尤克学院专修文学。毕业后,考入伊利诺大学,改攻生物学,获理科生物学硕士。

归国后,为继承母志,王季玉婉言拒绝各大学之聘,致力于办女子学校。当时其母王谢长达所办的女子学堂,仅有小学,且师资匮乏。为此,王季玉各方奔走,筹集经费,聘请教师,为创办振华女子中学竭尽全力。当年社会风气未开,初始仅有 5 名学生,但她办学意志毫不松懈。除奔走劝学外,还聘请社会名流蔡元培、费璞庵、胡敦复、张一麐及名师俞庆棠、竺可桢、贝时璋等为校董,学生人数逐年增加。由于教学质量提高,毕业生中去欧美留学者不乏其人,且因校风淳朴,负笈而来的女学生,络绎不绝。费璞庵之子费孝通,虽为男生,亦要求入振华女中,被破格录取,学校声誉日益远扬。1926 年 10 月,王季玉出席太平洋国际会议,并赴美为振华女中募款,作为今后学校扩建的费用。

振华校址原设于十全街,后因学生日多,学校规模渐大,季玉先生率校迁至严衙前,后又迁至带城桥下(即今十中校址),并以高酬聘请名师教学。诸名师亦慕名而来，不计报酬。季玉本人每月大部分工资存放学校，作为学校扩建及资助教职员工的生活困难之用，挚友戏称她“叫花子校长”。她还担任生物、英语的教学，教学上也兢兢业业。她办学方式活泼多样，早在20世纪30年代，就组织学生课外兴趣小组，如雕刻、绘画、国乐、文艺、家政等。还组织演讲会、辩论会等学生社团，举办作文竞赛，并聘请名师指导各类兴趣小组。因而振华学生得以全面发展。

1937年苏州沦陷后，振华女中为拒绝敌伪接收停办。王季玉将图书80余箱运至东山，藏于农家。自己也避居东山，易姓改名。后来，振华女中迁往上海赫德路借振萃小学复校，由振华女中的毕业生、后留学英国的杨季康先生任校长，王季玉也经常到上海指导。抗日战争胜利后，为筹备振华女中在苏州复校，奔走募款，得以修缮校舍，并扩建科学馆。

1949年，王季玉去美国参加母校校庆，领取名誉奖学金，同时在哥伦比亚大学进修教育学。当年4月，苏州解放，王季玉立即启程归国，旅途中历尽艰难，返回苏州。

新中国成立后，历任苏州市教育工会委员、市妇联副主任，市第三、第六届人民代表等。1958年，因年事过高，难于照顾校务，先后在南京中国科学院植物研究所及杭州药物试验所工作，并担任江苏师范学院附中（即原振华女中）名誉校长。

1967年3月14日，病逝于杭州。王季玉终身未嫁，全心献身于教育事业。

俞子夷（1885—1970）

俞子夷，又名旨一，字遒秉，江苏吴县人，后迁居浙江。早年肄业于上海南洋公学、爱国学社。

辛亥革命前，俞子夷先后在上海爱国女校、广明学堂、芜湖安徽公学等校任教。光绪三十年（1904），清政府学部仿效日本教育，在全国范围内推广单级教授法。宣统元年（1909），为解决推广复式教学的师资问题，江苏教育总会筹办单级教授练习所，首次选派办学成绩卓著的俞子夷、杨保恒、周维城等人，前往日本考查单级、单级复式与二部制教学，俞子夷任团长。同年5月归国，7月即在沪开办单级教授法练习所，并以两所单级小学为基地，作示范教学和组织实习。

1912年，俞子夷在江苏省立第一师范附属小学（今苏州实验小学）任教，后任该校校长。次年，俞子夷又受江苏省教育司之命赴欧美国考察师范教育和小学教育，他详细研究美国各派教学理论和实验，着重研究了杜威的实验主义教学实验，并对哥伦比亚两所著名的实验小学进行了全面的考察。考察回国后，俞子夷积极开展“设计教学”实验研究，在附小进行名为“联络教材”的改革实验。1918年，俞子夷根据桑代克书法量表的编制程序，编制了《小学国文毛笔书法量表》，最早将西方测验引入中国，开我国教育测量编制之先河。1918年至1926年，俞子夷在南京高等师范学校任教，并主持附属小学，进行各种新教学法的实验研究。后任浙江杭州省立女中师范部，并指导附属小学工作。1927年8月任浙江国立第三中山大学初等教育处处长。1933年起在浙江大学教育系任教授。

抗日战争时期，俞子夷曾在杭州师范学校、湘湖师范学校执教。1943年春，浙江省教育厅在南溪乡创办国民教育实验区，俞子夷任主任，1944年9月停办。1947年后俞子夷兼任浙江国民教育实验区主任。1951年后，俞子夷任浙江省教育厅厅长。

俞子夷是中国民主促进会在浙江省发展的首批成员之一，民进省筹委会和杭州市委会的第一任主委、民进中央委员。俞子夷毕生从事小学教育的实验和研究，重视小学算术教材教法的探索，是20世纪以来中国最早研究小学数学教育的学者。

过探先（1886—1929）

过探先，光绪十二年（1886）生于江苏省无锡县八士桥镇，早年丧父，由母亲抚养长大。过探先年少时就异常聪慧，又勤奋刻苦，9岁学完五经，13岁就能作文成章。当时虽然科举未废，但过探先不沉溺于章句之学，而对科技方面的书籍尤感兴趣。22岁时入上海中等商业学校，后改入苏州英文专修馆，专攻英文，约两年后转入南洋公学。宣统二年（1910），25岁的过探先考取庚子赔款留学生，首入美国威斯康星大学，后转入康奈尔大学，专修农学，29岁时获学士学位后，又以研究育种学的突出成绩获硕士学位。1915年学成回国。

过探先回国后，被江苏省当局任命为江苏省立第一农业学校校长。在校5年，致力于校务的整顿改革，使农校获得良好的社会声誉。1915年冬，发起创设江苏省教育团公有林，为全省教育之基产，中国近代大规模造林也自此肇始。1917年初，发起成立中华农学会，并将中国科学社由海外迁回南京，在三牌楼过探先寓所设临时办事处。1919年，应华商纱厂联合会之聘，主持棉花育种事宜，并辞去江苏第一农校校长之职，于南京洪武门外开辟植棉总场，改良栽培，推动我国植棉事业的发展。1921年，东南大学农科成立，过探先被聘为该校教授，并任系主任等职。1925年，改任金陵大学农林科主任，全力投身金陵大学农林科的建设与发展。过探先还身兼多种社会职务，积极从事社会活动。

过探先一生为振兴我国农业和农业教育而超负荷地工作，终因积劳成疾，于1929年3月23日遽然逝世，享年只有43岁。

吕凤子(1886—1959)

吕凤子，原名吕濬，江苏丹阳人。吕凤子幼时极为聪颖，15岁就中秀才，有“江南才子”之誉，18岁在苏州武备学堂习武，20岁开始学习绘画，就读于李瑞清所开办的南京两江优级师范图工科，颇受李瑞清的器重。吕凤子在两江优级师范所接受的教育是“中西合璧式”的，这为吕凤子走向绘画创作和美术教育之路提供了条件。他在这条路上也逐渐成长为近现代史上卓有成就的美术教育家和著名的中国画画家。

宣统元年(1909)吕凤子从南京两江优级师范图工科毕业，曾任两江师范附属中学教师、北京女子高等师范教授兼专科主任。在辛亥革命影响下，他冲破封建习惯势力阻拦，捐献家产，在家乡创办了丹阳唯一的女子职业学校——正则女子职业学校，先后开设了绘绣、缝纫、蚕桑、师范等科，扶植和培育乱针刺绣艺术。1919年起，吕凤子先后任上海美术专科学校教授兼教务主任，江苏省立第六中学校长，南京国立中央大学艺术系国画组主任、教授兼大学研究院研究员。

1935年，任其创办的丹阳正则女子职业学校校长。日军侵占丹阳后，吕凤子率部分教师内迁四川，创办私立正则艺术专科学校。

1946年秋，在丹阳重建正则学校，设有正则小学、正则中学、正则职校、正则艺专。1951年将正则学校全部转交人民政府公办。

1953年任江苏师范学院图画制图系主任，兼中央美术学院民族美术研究所研究员。1957年参与江苏国画院的筹建工作。他根据自己多年的创作经验积累和研究成果，花费两年多的时间撰写并出版了《中国画研究》一书。该书将数千年中国画的基本原理、特征、方法等进行了系统的梳理、剖析，是一部带有个人创作和研究经验总结性质的美术理论著作，为新时期“江苏画派”的形成和发展做出了卓越的贡献。1958年任江苏省国画院筹备委员会主任，曾当选为苏南文联委员、中国美术家协会江苏分会副主席、江苏省人大代表。

吕凤子从事教育工作前后长达50年，为中国的美术教育事业奋斗了一生，他在绘画、绘画理论、书法、篆刻与诗词等方面均有造诣，所创作的人物、山水、花鸟画，都有鲜明的艺术个性。1931年创作的《庐山云》，获得法国巴黎世界博览会中国画一等奖；同年创作的《四阿罗汉》，被评为全国美展一等奖。他的作品朴实无华，古拙劲健，气势夺人。他继承和发扬了文人画的优良传统，诗、书、画、印相结合，笔力和感情交融，具有独特的意境美和力度美。同时，由于他怀有强烈的爱国情怀和社会责任感，他的作品也因此具有浓郁的时代气息。

吕凤子一生的绘画创作，主要是为了办学和教学的需要而进行的，他的绝大多数作品都用于馈赠和出售，以便向社会争取办学的费用。吕凤子先生是一位伟大的教育家和艺术家，他一生在艺术教育这块园地里辛勤培育，桃李芬芳，鞠躬尽瘁，为我国的艺术教育事业做出了巨大的贡献，永远值得人们怀念。

邓邦逖(1886—1962)

邓邦逖，字著先，生于江苏江宁，祖籍苏州吴县，是协助林则徐查禁鸦片、抗击英军的民族英雄邓廷桢的后裔。

邓邦逖幼时念私塾，后就读于宜昌华美书院，光绪三十一年(1905)由堂兄保送至江宁原籍应官费留学考试，录取后赴英国曼彻斯特大学纺织系就读。曾参加欧洲学生会考，获第三名，毕业后转入英国里兹大学研究班深造。他前后留英7年，钻研纺织设计。学成归国后，立志于实业救国，不愿参加政治活动。1913年，任江苏省立第二工业学校纺织科主任，还担任织物组织、织物分解、织工场等课程的教学工作。1925年，接任该校校长。1927年，邓邦逖随校并入南京国立第四中山大学工学院，任教授，同时在苏州工业专门学校的原校址创设中山大学附设苏州职业学校，兼任校长。1932年，苏州职业学校改为江苏省立苏州工业专科学校，邓邦逖竭尽全力，多方奔走，重建校园，先后增建清花间、纺织间、纺纱实习工场及研究室，修建染整、机械纺织等工场，学校规模始臻完善。

抗日战争爆发后，邓邦逖带领部分员工及学生转徙常州、上海等地。抗日战争胜利后，邓邦逖积极恢复江苏省立苏州工业专科学校，先后设置纺织、土木、机械、建筑等科。

新中国成立后，学校由苏南行政公署接管，并委任邓邦逖为校长(1951年改名为苏南工业专科学校)。邓邦逖看到党和政府对苏工专的关心和支持，更坚定了办好学校的决心。在他的积极带领下，学校规模不断扩大，校舍、设备和仪器不断扩充和完善，每年有一批又一批毕业生奔赴祖国各地的建设岗位，为新中国培养人才做出了积极的贡献。此后，邓邦逖任江苏省人民委员会委员、江苏省纺织工业厅副厅长等职，并被选为省人民代表。

邓邦逖从事教育事业40余年，积极传播英国振兴纺织工业的经验，实行开门办学，主张学校与社会密切联系，为工厂定向培养人才。他倡导“忠诚、严谨、刻苦、求实”的治学态度和校风，并身体力行；他主张学校应与社会密切联系，学生要走出校门到实践中学习和掌握知识。为此，他总是设法争取社会大小工厂、私人营建单位的支持,坚持多层次办学的思想。他曾向各纺织厂、丝绸厂建议,由工厂向附近各县农民发放低息贷款,鼓励农民多种棉花,扩展桑园养蚕,并在苏工专增设纺织原料等课程,组织学生去产棉区实地考察棉花生产情况。他还担任过江苏省第二模范丝织工场暨丝织传习所兼职场长,为当时江苏60个县进行人才培训,为各县培养了一批批实用人才,促进了当地经济的发展。

吴研因(1886—1975)

吴研因,中国近现代教育家,原名韦赢,江阴要塞贯庄人。吴研因幼年就读于私塾,光绪二十九年(1903)入上海半淞园师范讲习所学习,3年后回江阴任立本小学教员、单级部主任。1911年吴研因和刘半农等编辑《江阴杂志》,1912年参与创办《江阴报》,1916年任上海中华书局编辑、上海商务印书馆国文教材编辑主任,兼任尚公小学校长,后任江苏省立第一师范学校教员兼附属小学主任,1918年任附小校长。其间,他和俞子夷等一起首创用白话文编写全套小学教材,深受教育界重视。他编的《新学制小学国语教科书》和《小学历史自习书》风行全国。1928年,就任教育部国民教育司第一科科长,反对小学读经,为推行白话文教材据理力争。1929年吴研因任教育部教育方案编制委员会党义教育组委员,1931年参加由蔡元培、朱经农等主编的《最近三十五年之中国教育》一书的编写工作,1935年任全国义务教育委员会委员,同年9月与叶圣陶、王志瑞等发起编写《小朋友文库》,旨在为小学生提供合适的课外读物。1941年11月,吴研因以华侨教育专员的名义被派至菲律宾考察,后任菲律宾华侨中学教员兼教导主任。抗战胜利后返南京,任教育部国民教育司司长。

新中国成立后,吴研因历任教育部初等教育司司长、中学教育司司长、中国民主促进会中央委员、中国人民政治协商会议全国委员会常务委员。吴研因热爱新中国教育事业,曾主持我国小学体制改革,领导制定了《小学工作条例四十条》《小学生守则》等,为推进我国的教育事业做出了重要贡献。

吴研因一生致力研究小学教育及小学教科书的编写。主要著作有《新法教科书》《新学制教科书》《小学国语新读本》《基本教育》及教育论文多篇。

钱基博(1887—1957)

钱基博,字子泉,别号潜庐,江苏无锡人,钱钟书先生的父亲,民国时期著名的古文学家、文史专家和教育家。

钱基博出身于无锡书香门第,自幼在长辈的教诲下苦读经书,通四书、五经、《资治通鉴》和《经世文编》以及诸子百家。16 岁作了一篇长达 4 万字的有关中国地理的《中国舆地大势论》，发表于《新民丛报》；撰《说文》一篇，发表在《国粹学报》上。

光绪三十一年(1905)，钱基博受当时“中学为体，西学为用”的思想影响，一心向往学习西学，与同乡吴锦如等 80 余人组织理科研究会，聘请教师讲授物理、化学、博物、生理卫生和日语等课程。后来，钱基博又独办一所理科学堂，自任讲师。

1913 年，钱基博任无锡县立第一小学文史地教员；1918 年 6 月任无锡县图书馆馆长；1920 年 12 月以后，历任吴江丽则女子中学国文教员、江苏省立第三师范学校国文与经学教员及教务长、圣约翰大学国文教授、国立清华大学国文教授、国立第四中山大学中国语文学系主任、私立无锡国学专修学校校务主任、光华大学中国文学系主任及文学院院长等职。

1925 年，钱基博任教于外国教会开办的上海圣约翰大学。“五卅惨案”发生时，他一身正气，痛斥洋校长无理压制中国学生爱国活动的暴行，并发起组织在校华籍师生离校，在上海另建光华大学，为光华大学的创建人之一。

1927 年 9 月，锡沪交通受阻，钱基博难赴上海光华大学，无锡国学专修学校校长唐文治特聘其为教授兼校务主任。锡沪交通恢复后，钱基博便兼任两校课务。1937 年，钱基博在浙江大学中文系任教授。抗日战争开始后随校迁至江西泰和，与浙大同仁创办《国命旬刊》，并亲自撰写《发刊辞》，宣传抗战。1938 年，钱基博到湖南安化县蓝田镇，任蓝田国立师范学院国文系主任。

抗日战争胜利后，钱基博来到武汉，在私立华中大学工作。1951 年全国高校调整，华中大学合并到华中师范学院，钱基博无偿地把自己一辈子精心搜集的 230 件文物捐献给华师，并亲自筹建了学校博物馆。

1957 年 11 月 30 日，钱基博因患胃癌去世，终年 70 岁。主要著作有《经学通志》《现代中国文学史》《韩愈文读》《古籍举要》《国学必读》《读庄子天下篇疏记》《名家五种校读记》《文心雕龙校读记》《版本通义》《骈文通义》《明代文学》《四书解题及其读法》《文史通义解题及其读法》《周易解题及其读法》《老子解题及其读法》《孙子章句训义》等。

潘慎明(1887—1971)

潘慎明，又名润民。光绪十三年(1887)生于吴县，出身名门望族。早年在家中读儒学经典。光绪三十三年(1907)入武昌文华书院附中补习英文，后入金陵大学附中，毕业后入金陵大学。宣统三年(1911)转入东吴大学，1914 年获文学士学位，1915 年获理学士学位，并留校任化学系助教、教授、系主任。

1924 年 6 月，潘慎明获得洛氏奖学金，远渡重洋，前往美国芝加哥大学研究院深造，一年后获理科硕士学位。1925 年回东吴大学任教，并担任教务长。1927 年国民革命军北伐至江苏，东吴美籍教师全部离校，校董会推选潘慎明为代理校长。1931 年潘慎明再度赴美国研究生物化学，此时正值"一·二八"事变爆发，潘慎明组织留学生在芝加哥集会，宣传抗日。

1932 年潘慎明回国，继续在东吴大学任教授、理学院院长。1937 年抗日战争爆发，与沈青来等教授组织师生分批撤离上海，经江西、福建至广东曲江复课，后又辗转至重庆等地。抗战胜利后，1946 年东吴大学迁回苏州，潘慎明回东吴大学化学系任教。几十年间，他在有机化学、生物化学的教学中，培育出许多英才。

新中国成立后，潘慎明任东吴大学副校长。1952 年院系调整后任江苏师范学院副院长，同年当选为苏州市各界人民代表会议协商委员会副主席。后任苏州市政协副主席等职。1955 年起任苏州市副市长。1971 年 5 月，潘慎明辞世，享年 84 岁。

宗秀松（1888—1928）

宗秀松，女，常熟人。宗秀松出身于书香门第，自幼便擅写诗文，曾先后就读于常熟竞化女学和苏州大同女校。1914 年 7 月，宗秀松出资兴办海虞市立女子初等小学，并担任校长一职。学校兴建之初缺少办学经费，没有校舍，只租借两间民房做校舍，宗秀松便拿出私人积蓄用于修建新校舍。1915 年 8 月，学校更名为海虞市立女子国民学校，宗秀松再次捐款扩大学校规模，在她的倾心投入下，学校从办学之初的 2 个班级、64 名学生，发展到宗秀松离任时的 14 个班级、650 名学生，规模列全县之首。

在教学上，宗秀松倡导"整理旧观念"，提出"智能足以与社会竞争"的办学思想，学生课程多达 13 门，包括修身、家政、国文、算术、历史、地理、理科、英文、手工、缝纫、图画、体操、乡土等，她的办学理念和各项措施都开当时教学界先河，在她主持办学的 14 年里，学校共获得省级嘉奖 15 次，成绩斐然，在全省教育界都颇有声望。1927 年夏，学校又与海虞市立第三初等小学合并，始称学前小学。

1928 年宗秀松因病去世，享年 40 岁。

王謇（1888—1968）

王謇，原名蹇，字佩诤，江苏苏州吴县人。王謇年轻时从章太炎、金天翮等大师学习，打下了扎实的国学功底。1915 年，王謇从东吴大学文科毕业后，即从事教育工作,任苏州振华女校教务长。1918 年,王季玉女士自美国留学归来,接替其母王谢长达任振华女中校长,即聘王謇为副校长,兼授国语课。王謇上课时,引经据典,深入浅出,妙趣横生。当时的振华女中,师资力量堪称"聚吴门一时之盛",而王季玉、王謇这两位正副校长,更以"二王"治学严谨著称。上课之余,王謇还力邀名流大师为学生讲学。1934 年,章太炎在锦帆路成立"章氏国学讲习会",邀请王謇讲授《荀子》。王謇家族中,先后有四代共九人在振华读书,王謇和振华结下了永恒的不解之缘。

抗战爆发后,移居上海的王謇又在震旦大学、大同大学、东吴大学法学院等多所院校任教授开课。授课时,他采用其独特的"佩诤授课法":脱离教案,根据课本内容旁征博引。王謇教学多年,桃李满天下。全国政协原副主席费孝通、中国艺术研究院原副院长冯其庸等,都是王謇的高足。

王謇还对昆曲情有独钟,在课堂上大胆引进这一国粹。他对学生说:"不懂昆曲艺术,就不是真正的读书人。"为此,王謇身体力行,经常带领学生在振华校园内排练昆曲。王謇在教书、觅书和藏书之余,潜心苏州史志文献的考订研究。著名历史学家顾颉刚在《苏州史志笔记》中称王謇:"其搜罗近人整理古籍之著作及论文丰富之甚。"王謇的著作,已成稿的(校注本)有《山海经》《韩诗外传》《穆天子传》《说苑》《新序》《焦氏易林》《齐民要术》等 20 余种。另外,《宋平江城坊考》《盐铁论札记》已刊印问世。

韩大受(1889—1971)

韩大受,字可吾,出身于江苏金坛一个贫苦的读书人家。8 岁时,韩大受被送入私塾读书,14 岁到上海,就读于健行公学,这是他第一次走上西学之路,可惜不久因家里经济困难而辍学。由于阅读了《革命军》《黄帝魂》等书籍,深受其影响,韩大受曾以"汉魂"为笔名,撰写反清文章,发表在日本东京出版的章炳麟主编的《复报》上。15 岁时,入南京两江优级师范学堂,专攻农博科。

在辛亥革命及五四新思潮的影响下,有识之士竞相办学。此时的韩大受任金坛县民政署教育科长兼县视学。他怀着"教育救国"之志,用自己的积蓄,创建了全县第一所女子小学,以打开金坛闭塞的风气,成为金坛县教育事业的奠基人。1922 年,他又卖掉了家里所有的田产,并捐出自己的全部薪水,按新学制筹办了县里的第一所中学,即金坛县立初级中学,前后担任校长十余年。他求贤若渴,聘请博学人士为教员。他主张"学校要质与量并重,注意吸收新东西,尤应重视教师的素养";"培养学生要能说能做,脚踏实地,应多从艰苦锻炼上着眼"。他不仅要求学生读好书,更注意培养学生的品德。他还强调教育学生爱劳动,勤俭节约。他亲自为金坛县中撰写了校歌歌词:"茅峰西峙兮,佳气葱葱。洮湖潋滟和风送，吾坛灵秀钟。名贤辈出，步武继踵，我校使命何隆崇！愿各同学发愤为雄，甄陶今古。发扬文化，进步永无穷。”韩大受本人的言行就对学生起着楷模的作用。在韩大受办学思想的指导下，金坛县中成了名校，培养出不少优秀人才。华罗庚曾写道：“金坛中学的创立者是我敬爱的韩大受老师，他把毕生精力、所有财产都贡献给了这个学校。”

抗战爆发，县中校舍被后方医院借用，韩大受将学校迁至城西郊上课，并将学生分为募捐、慰劳、宣传、歌咏、看护五个组，以支持抗日工作。上海沦陷后，韩大受移居上海租界，任上海私立致用大学国文教授。1944 年，就任教育部特设苏浙皖大学先修班教导主任，并在由上海迁至安徽屯溪的上海法学院兼课，直至抗战胜利。1946 年初，韩大受回上海，仍在上海法学院任教授并兼训导主任。内战全面爆发后，辞去训导主任职。1949 年以后，韩大受一直在南京供职，1971 年去世。

吴若安(1890—1990)

吴若安，原名杏宝，女，江苏金山(今上海)人。幼年家贫，13 岁时获得三叔吴公之的资助，入上海务本女塾小学部读书。她入学前已粗通文字，加上勤奋努力，成绩优秀，连跳两级。小学毕业后，升读原校中学科，靠奖学金资助继续学业。1911 年，吴若安中学毕业，学习成绩名列第一。因仰慕法国女革命家若安之名，改名若安，藉以自勉。

中学毕业后吴若安曾执教于母校，后因对校长不满愤而辞职，入苏州景海女学专修英国文学、修辞、历史等课，又因不满校长的恶行，辍学离校。1912 年 6 月 17 日，南洋女子师范学校(简称“南洋女师”)创校于上海，由凌铭之任校长，吴若安的三叔吴公之任教务主任，吴若安任英语、地理教员。开办之初，仅设文、理科各 1 班，师范本科、预科各 1 班，学生不过数十人，一年后增至 200 余人，因校舍不足而迁校。迁校后南洋女师附设小学部，吴若安在小学部兼课。五四运动爆发，吴若安在上海积极支持学生的爱国行动。1927 年后，南洋女子师范学校改为南洋女子中学(简称“南洋女中”，后改名向东中学)，并附设南洋小学，仍由凌铭之任校长(校董有杨杏佛等人)。吴若安在南洋女中担任英语课，又兼同济大学英语教师。

1937 年 8 月，南洋女中校长凌铭之病逝，吴若安继任校长。恰值“八一三”抗日战争爆发，吴若安积极投入抗日救亡运动，组织学生和教师为慰问前线抗日将士、救济难民进行募捐活动。日军侵占上海后，吴若安为培养学生的爱国心，加强了学校的语文教学，大讲文天祥的《正气歌》，以激励学生敢于与敌伪作斗争。抗战期间，在恶劣环境下吴若安仍坚持办学，以爱国气节教导学生。

抗日战争胜利后，吴若安积极投身爱国民主运动，参加示威游行和反饥饿、反内战、反迫害的斗争，并多次掩护中共地下党员和学生免遭国民党政府的迫害。1946年，吴若安参加由中共地下党领导的上海中等教育研究会和小学教师联合会，并担任理事。1949年春，为了迎接上海解放，中共上海地下组织发出护厂护校的号召，吴若安任“校长互助会”主席，发动师生做好护校工作。

新中国成立后，吴若安任上海市教育局副局长、中国民主促进会上海市委员会主任委员；历任第一至第六届全国人民代表大会代表、上海市人民委员会委员等。

汪懋祖(1891—1949)

汪懋祖，字典存，苏州吴县人。13岁中秀才，15岁入苏州府中学堂，不久转入上海广方言馆，后毕业于江南高等学堂。1912年在天津北洋高等学校工矿科学习。1916年赴美国，就读于哥伦比亚大学学士教育院，受教于杜威，获硕士学位，后被哈佛大学聘为研究员。1920年回国，历任国立北京师范大学教务长兼代理校长、国立北京女子师范大学哲学系主任兼教授、国立东南大学教育系主任兼教授、江苏省督学等职。先后加入中国科学社、中华教育改进社、教育学会、儿童教育会、乡村教育社、职业教育社等学术团体。

1927年7月，汪懋祖辞去大学教授及督学等职，返家乡组建苏州中学，为首任校长。主持校政期间，在《苏中校刊》上连续发表文章，阐述他的办学思想。他在办学中提出了“教育源于生活，而又改变生活”的哲学观点和教育理论，并且在他的办学实践中加以贯彻。作为杜威的学生，他对老师的学说既有继承，又有扬弃、改造，变杜威的“教育即生活”为“教育源于生活”，使杜威的教育思想更易为国人所理解。他明确要求苏州中学学生：“必使各个学生毕业出校以后，有转移环境之能力，而不为不良环境所屈服，始终表现苏中之精神。”按照“苏中之精神”，他对教师和学生提出了高标准和严要求。当时，他多方聘请优秀教师，陈去病、钱穆、吕思勉、吴梅、吕叔湘等国内知名学者都曾来校任教。他设想把苏中办成一所学术化、生产化、社会化的学校；还主张适应学生个别差异，选拔优秀生；尝试改进教学，开设选修课。选修课分为升学必需、职业陶冶、艺术训练、公民常识四类。实践证明，汪先生主持苏中校务的四年间，成绩斐然，四方学生负笈来此，甚至远自陕、滇。师生之间，情趣欢跃，尽心教学，研讨倍勤。

1930年汪懋祖被全国教育学会聘为专家会员。抗日战争期间，为开拓边疆民族教育事业，在云南大理创办了大理师范学校。1942 年底至 1945 年任西南联大师范学院教授。他一生致力于祖国教育文化事业，鞠躬尽瘁，成绩卓著。他不仅是个善于科学管理学校、勇于变理想为实际的实干家，而且是一位学术造诣颇深、事业精神很强的爱国教育家。

贺天健(1891—1977)

贺天健，字健叟，原名贺骏，又名贺炳南，无锡市人。他父亲喜好书画，祖母擅长诗赋，这使他自小对学习诗赋书画广有兴趣。光绪三十三年(1907)贺天健考入苏州单级教员养习所，宣统二年(1910)去南京求学，后转至上海，进中华书局任编辑员。翌年考入南洋中学，并在民国第一图画局筹备处从事绘画。1914 年贺天健任无锡积馀小学国文教员兼美术教员，翌年寄寓上海，专事画艺创作和研究。1920 年贺天健在无锡创办锡山书画会，1921 年和友人创办无锡美术专科学校，曾任南京美专、上海美专、无锡美专国画教授，中国画会主任委员。新中国成立后，贺天健曾任中国民族美术研究所研究员、上海文史馆馆员、西泠印社社员、中国美术家协会理事、中国美协上海分会副主席、上海中国画院副院长、丹麦康纳画会会员、上海中国书法篆刻研究会会员。1962 年，贺天健在丹麦举办个人画展，被丹麦美术界誉为“水墨画大师”。

贺天健曾主编《画学月刊》《国画月刊》。他的山水画功力深厚，法度严谨，出入传统画法，颇得“宋人格律，元人笔意”，而能自创新境；也偶画人物和花卉，画风崇尚清代吴渔山、梅瞿山，并演变而自成一格。他十分重视师法自然，遍历名山大川。他的国画糅合了西洋油画技法，风格豪放跌宕，富有时代气息。

贺天健的作品《东风吹到好江山》曾获世界美术博览会一等奖，出版画册有《贺天健画集》《贺天健山水册》等，著有《学山水画过程自述》。

高阳(1892—1943)

高阳，江苏无锡人，1914 年毕业于东吴大学，后去美国康奈尔大学研读经济。在美留学时，通过深入考察美国社会、对中西社会作深刻的分析对比，他深切地感受到：改变中国的面貌，首先要提高广大民众的素质。为此，高阳先生决心投身于民众教育事业。1920 年高阳先生毁家兴办私立无锡中学。1928 年受俞庆棠之邀，担任国立中央大学区民众教育学院院长，该校后改称江苏省立教育学院，仍任院长。1931 年为推动社会教育事业的发展，高阳与俞庆棠等人发起成立中国社会教育社。抗战爆发后，高阳为教育学院的复校积极奔走，并以“唤起民众”为目标，实施了一系列新的办学方法和改革举措。他认为，教育不仅应施于学校的围墙之内,而且应施之于整个社会;教育不能仅以青年为对象,而应普及于广大成年民众。

高阳不仅是一位教育实践家,也是一位伟大的教育理论家,著有《民众教育》一书及有关民众教育的论文76篇,其中《三十五年来之中国民众教育》一文曾被译为英文,在美国成人教育协会出版的《成人教育》季刊发表。

高阳先生一生致力于民众教育事业,对近代的中国教育特别是民众教育做出了卓越的贡献。高阳先生与提倡生活教育的陶行知、提倡平民教育的晏阳初、提倡乡村教育的梁漱溟齐名,被后人誉为"毁家兴学的社会教育家"。

胡刚复(1892—1966)

胡刚复,又名光复,江苏省无锡人,光绪十八年(1892)3月24日出生于江苏省桃源县(今泗阳县)。其祖父胡和梅任桃源教谕,其父胡壹修和伯父胡雨人等均热心兴学。胡刚复自幼养成了刚直严正的性格。光绪二十七年(1901)入上海南洋公学附小,因学业成绩优异而跳班,10岁便进入南洋公学(中学)。他以优异成绩从中学毕业后,曾参加无锡理化研究会并入上海震旦大学预科学习。

宣统元年(1909),胡刚复被录取为首批庚款留美学生。胡刚复出于科学救国、实业救国的抱负,认为物理学不但是严正科学的典范,而且与工程、实业关系最为密切,因此决心学习物理,遂入美国哈佛大学物理系深造。1913年大学毕业,获奖学金入哈佛研究院,在W. 杜安(William Duane)教授指导下从事镭提纯工作,并在亨廷顿癌症医院(Huntington Cancer Hospital)从事癌症放射性临床治疗。胡刚复以此工作来实践他的"科学最终应为人类幸福服务"的信念。1914年获硕士学位后,胡刚复转入当时的物理前沿X射线领域进行实验研究,并取得重要的学术成果。1918年胡刚复博士论文工作结束后,杜安曾一再表示希望他能留下继续合作研究。此时的胡刚复,"深感循实业科研路线报效祖国之责任",为报效祖国,他毅然离开哈佛大学。

1918年胡刚复回国后,即投身于开创、发展我国的物理学和科学教育事业,历任多所高校教授。1918—1922年间,先后任国立南京高等师范学校、上海私立大同大学、国立同济大学物理系教授。1922—1926年,先后任南京东南大学物理系主任、上海交通大学物理系教授。1927年任南京国立第四中山大学高等教育处处长、理学院院长。1928—1931年,协助创立中央研究院物理研究所,任该所研究员。1931—1936年,复任上海交通大学物理系教授。1936—1949年,任国立浙江大学理学院院长。胡先生十分注重对学生实际动手能力的培养,他深感物理学应以实验为基础,不做实验是培养不出真正的物理学家的，于是，他率先在南京高等师范学校（后改为东南大学）及大同大学等校创建了物理实验室，培养了吴有训、严济慈、赵忠尧、施汝为、钱临照、余瑞璜等著名物理学家。杭州解放前夕，他和浙江大学校长竺可桢等不顾国民党的威胁利诱，断然拒赴台湾地区。

新中国成立后，历任上海大同大学校长，唐山交通大学、天津北洋大学（后改为天津大学）、南开大学物理系教授。1960 年被推选为天津市政协委员，1962 年被推选为中国物理学会永久会员和名誉理事。

黄寰清（1893—1967）

黄寰清，江苏常熟人。毕业于江苏省立第一师范学校甲种讲习所，1917 年起历任无锡泰伯市第五小学校长、江苏省吴江乡村师范学校附属小学二部主任、苏州女子师范学校附属小学教师。1938 年，他多方筹资，创办了吴县启智小学并自任校长。1945 年该校停办后，黄寰清任省立苏州实验小学教师。

黄寰清热心钻研单级教学法，后称复式教学法。所谓复式教学法，即教师在同一教室、同一课时内用不同的教材，分别对两个年级以上的学生进行教学。他经过精心研究，不断改进，能在一个教室同时教 4 个不同年级，“动”“静”搭配，有条不紊，教学成绩斐然。他悉心钻研教材和教法，制作多种教具，又在学生中培养“小先生”，增强学生的自学能力。黄寰清在长期的教育实践中积累了丰富的经验，他熟悉儿童心理，掌握教学规律，著有《单级教学法》。

新中国成立后，黄寰清更积极投身教育事业，1956 年被评为苏州市、江苏省优秀教师，1960 年被评为全国先进工作者，出席全国群英会，获全国总工会赠送的“劳动光荣”奖章。曾任苏州市政协常委、江苏省政协委员等职。1967 年去世。

施仁夫（1893—1983）

施仁夫，原名毓麒，常熟唐市人。1915 年毕业于江苏省立第一师范学校，1918 年考入南京高等师范学校；毕业后历任江苏省第一师范学校教务主任兼附属小学主事、省立苏州实验小学校长、无锡高等师范学校校长。

自 1922 年始，施仁夫主持江苏省第一师范学校教务兼附属小学工作长达 22 年之久。他在办学过程中善于吸取国内外先进经验，并潜心初等教育的实验及研究，办学优良，倡导尤多，蜚声教育界。抗战期间战时，施仁夫拒应伪聘，去沪执教，任上海育英中学教师。1945 年秋，奉命恢复苏州实验小学。该年末任江苏省教育厅科长。在任期间，他致力于普及江苏省小学教育，筹办乡村师范及农村小学，成绩斐然。1952 年，施仁夫到苏州新苏师范学校任教。

潘序伦(1893—1985)

潘序伦,祖籍江苏宜兴,出身书香门第,其曾祖父和伯父都是清代举人。12岁前读私塾,后入蜀山小学。1921年考入美国哈佛大学企业管理学院,学习两年,获得企业管理硕士学位;1924年获得哥伦比亚大学政治经济学博士学位,同年,他怀着"实业救国""教育救国"的愿望,回到了祖国。

回国后,潘序伦任上海商科大学(现上海财经大学)教务主任兼会计主任等职,随后又兼任暨南大学商学院院长。1927年创办潘序伦会计事务所,次年改名为立信会计补习学校。1937年,潘序伦向当时的教育部呈请申办立信会计专科学校,获得批准。该学校自1927年到1952年间毕业学生总数达到7.2万人,是当时中国最大的面向成人的会计教育学校。

潘序伦把"立信"作为学校的校训,并提出了"信以立志,信以守身,信以处事,信以待人,毋忘立信,当必有成"的口号。潘序伦还在学校建立了严格和实用的教育方针,并把该方针归纳为:"管教务期严格,学生学验并重,出路必予保障。"

潘序伦在会计领域及会计人才培养方面著述颇丰,被誉为中国会计教育事业的先驱。

颜文樑(1893—1988)

颜文樑,画家、美术教育家。光绪十九年(1893)7月20日生于江苏苏州,1988年5月1日卒于上海。

颜文樑自幼随父亲学画,光绪三十二年(1906)考入长元吴公立高等小学堂,宣统二年(1911)入商务印书馆画图室学习西洋画。1916年后任中学美术教员,1922年与胡粹中、朱士杰创办苏州美术专科学校,1928年赴法国留学,入巴黎高等美术专科学校学习油画。1932年,颜文樑回国主持苏州美术专科学校的教学,倡导实用美术教育,主张"培养艺术人才,为社会服务"。抗战爆发后,他在上海赁屋开办苏州美专上海分校。1940年至1944年,兼任上海之江大学教授;1946年至1949年,兼任上海国立幼稚师范专科学校教授。1953年后任中央美术学院华东分院副院长、浙江美术学院顾问、中国美术家协会顾问等职。

颜文樑的油画,长于风景静物。早年绘画手法写实,景色逼真,具有高度的造型技巧。所作《画室》《厨房》《肉店》为中国早期油画、色粉画的代表作,其中《厨房》获1929年法国巴黎春季沙龙展荣誉奖。留学期间接受古典主义和印象主义的影响,作品在结构严谨、手法写实的基础上,又重视表现外部光影和色彩的变化。20世纪60年代的作品多注重表现大自然的微妙变化和静谧之美。20 世纪 70 年代后期,作品笔触灵活、自然、洒脱,色彩明快。著有《美术用透视学》《色彩琐谈》,出版《颜文樑画集》《油画小辑》《欧游小品》《苏州风景》等。

叶圣陶(1894—1962)

叶圣陶,原名叶绍钧,光绪二十年(1894)10 月 28 日生于苏州吴县。家境清贫,5 岁入当地的私塾就读,13 岁入苏州公立第一中学堂读书。中学期间,他酷爱外国小说及新文学,并与同学组织诗会《放社》。中学毕业后,因家境清贫在当地一家初等学校任教,并试验当时由美国杜威及其弟子传输的新式教学法。

1914 年,他被排挤出学校而失业。在失业期间,他全身心投入文言文小说的创作,他发表了许多反映人民痛苦生活和悲惨命运的作品,出版了童话集《古代英雄的石像》《稻草人》以及小说集《隔膜》《火灾》等。1921 年起在上海、杭州、北京等地的中学和大学任教,并与茅盾、郑振铎等人发起组织文学研究会。1923 年,叶圣陶进入商务印书馆,开始从事编辑出版工作,并主编《小说月报》等杂志,同时继续文学创作,发表了长篇小说《倪焕之》和大量短篇小说。

1930 年底,叶圣陶辞去上海商务印书馆的工作,成为开明书店的编辑。他主办的《中学生》杂志,是三四十年代最受青年学生欢迎的读物。"九一八"事变后,他积极投身抗日救亡活动,发起成立"文艺界反帝抗日大联盟"。抗战期间,他前往四川,先在中学、大学执教,同时写下大量散文、小说、诗词,从不同角度揭露了旧社会的黑暗和人民的悲惨生活。1946 年回到上海,在开明书店继续他的编辑生涯。

叶圣陶对改进现代语文教育产生了重要影响,他给中文教育引入了一个全新的观念,即冲破习惯于强烈依赖记忆和灌输的传统语文教学观念,促进语文教学中批判性思维的发挥。

新中国成立之后,他先后出任中央人民政府出版总署副署长兼编审局局长,教育部副部长兼人民教育出版社社长和总编,教育部顾问,中央文史研究馆馆长,中华全国文学艺术界联合委员会委员,中国作家协会第二、三届理事顾问等职,并当选为第五届全国人大常务委员会委员等重要职务。

徐悲鸿(1895—1953)

徐悲鸿,光绪二十一年(1895)出生于江苏宜兴,现代著名画家,美术教育家。父亲徐达章是私塾先生,能诗文,善书法,自习绘画。徐悲鸿自幼随父亲学习诗文书画。13 岁随父辗转于乡村镇里，靠卖画接济家用。20 岁考入法国天主教会主办的震旦大学，在朋友的引荐下，成为康有为的入室弟子，康有为曾称徐悲鸿的画“独步中国，无与为偶”。1912 年，徐悲鸿任宜兴女子初级师范班教师。1917 年，徐悲鸿留学日本学习美术，这为他日后绘画方面的开拓探索打下了坚实的基础。不久回国，任北京大学画法研究会导师。1919 年赴法国留学，考入法国国立高级美术学校，学习油画、素描，并游历西欧诸国，观摩研究西方美术。1927 年回国，先后任上海南国艺术学院美术系主任、中央大学艺术系教授、北京大学艺术学院院长。1933 年，徐悲鸿前往法国巴黎举办中国美术展览会，获得极大的成功；1939—1941 年，徐悲鸿先后在新加坡、吉隆坡、槟城举办画展，画展所得全部捐献给难民和军人；1939—1940 年，在印度的国际大学艺术学院和加尔各答的印度东方美术学社举办个人画展，得到泰戈尔等印度名流的高度评价。1946 年 4 月，徐悲鸿被任命接管北平艺术专科学校，担任校长；1950 年，北平艺专与华北大学三部合并为中央美术学院，徐悲鸿任院长。

徐悲鸿是中国现代美术教育的开拓者，他勇于革新艺术教育体制，培育了众多现实主义艺术人才。他对学生言传身教、循循善诱，为中国培育了数代艺术人才。他的作品充满了爱国主义情怀和对劳动人民的同情，表现了人民群众坚韧不拔的毅力和威武不屈的精神，表达了对民族危亡的忧愤和对光明解放的向往。

新中国成立后，徐悲鸿笔耕不辍地进行创作，满腔热情地描绘新中国建设中的新人、新事、新面貌。

钱穆(1895—1990)

钱穆，江苏无锡人。中国现代历史学家、国学大师，历任燕京、北京、清华、四川、齐鲁、西南联大等大学教授，也曾任无锡江南大学文学院院长。

钱穆 7 岁入私塾，12 岁入常州府中学堂，1912 年辍学，自学文史，后任教于无锡、苏州等地的中小学。1922 年起，钱穆任教于厦门集美师范学校、江苏省立第三师范学校、苏州中学。1930 年因发表《刘向歆父子年谱》成名，经顾颉刚推荐，聘为燕京大学国文讲师，后历任北京大学、北平师范大学、西南联大、齐鲁大学、华西大学、四川大学、云南大学、江南大学教授等。1949 年钱穆迁居香港，出任香港亚洲文商学院(夜校)院长。1950 年秋，在香港创办新亚书院。因办学有成，钱穆获香港政府尊崇。1960 年应邀讲学于美国耶鲁大学，学期结束，耶鲁大学特颁赠人文学名誉博士学位。1965 年正式卸任新亚书院校长，应马来西亚大学之聘，前往讲学。

1967 年 10 月,钱穆应蒋介石之邀,以归国学人的身份自港赴台。次年,迁入台北市士林区外双溪之素书楼,同年膺选"中央研究院"院士。1990 年 8 月在台北逝世。

钱穆被中国学术界尊其为"一代宗师",他一生写了 1 700 多万字的史学和文化学著作,在国内外学术界享有盛誉。

刘海粟(1896—1994)

刘海粟,祖籍安徽凤阳,光绪二十二年(1896)生于江苏常州。刘海粟出身于一个封建世家,但他天生具有叛逆的性格,一改祖上的"功名"传统,从小就迷上了艺术,虽然缺少家人的支持,但他依然潜心于其中。

刘海粟早年曾为逃避父亲为他安排的亲事只身到上海,并计划东渡日本。父亲为阻止他去日本,答应他在上海创办美术学校,并同意资助办学经费。就这样,中国第一所美术学校——上海国画美术院于 1912 年 11 月 23 日诞生了(后定名为上海美术专科学校),刘海粟任校长。

上海美专在刘海粟的主持下,对中国的传统的教育体制作了一系列的改革。如:男女同校读书,由上海美专肇始;仿效北大校风,提倡学术自由;制定旅行写生制度;创办暑期进修班;等等。

刘海粟在主持美专校务的同时,还非常注重美术理论的宣传和推广。他曾两次去日本,并写有专题考察报告,向国人介绍国外美术发展的经验和最新动态。1918 年,刘海粟在上海美专创办了我国第一本美术杂志。在刘海粟的领导下,上海美专以及中国绘画事业得到了辉煌的发展。1925 年,他提议让美术、音乐成为中小学的必修课,得到蔡元培、陶行知等先生的支持和鼓励。他的努力对美育在中小学的推广和普及起到了重要的作用。

"文革"之后,刘海粟以 81 岁高龄再度出任南京艺术学院院长,继续为中国的美术及其教育事业贡献自己的光和热。1994 年去世。

俞庆棠(1897—1949)

俞庆棠,女,江苏太仓人。她自幼受到良好家庭环境的熏陶,曾就读上海务本女校、圣玛利亚女校。

学生时代的俞庆棠即充满爱国之情。1919 年五四运动爆发,如火如荼的学生爱国运动冲击着青年一代,冲击着整个中国社会,也震撼着俞庆棠那颗年轻火热的爱国忧民之心,她毅然投身运动,参加校学生会的工作。期间,她接触到很多纯朴的劳动人民,增强了对劳动人民的思想感情,认识到劳动人民力量的伟大。1919 年秋,赴美国哥伦比亚大学攻读社会学和教育学。1922 年学成回国，任江苏省立第二师范学校教育学教师，教西洋教育史。1927 年，任中央大学行政院教授兼扩充教育处处长，负责江苏省的社会教育。她大力推行社会教育，提倡要办好劳苦大众的教育工作。1928 年 3 月，她在苏州创办中央大学区民众教育学院，亲自兼任校长。

抗日战争胜利后，她怀着对民众教育的热情出任上海市教育局社会教育处处长，还在上海胶州路创办了一所实验民众学校，她亲自兼任校长。在办学过程中，俞庆棠坚持教育要从现实生活出发，要以改造社会、拯救民族危机为目的。她认为，“中国民众教育是改革现行教育，完成教育理想，谋求合理的共同生活的一种教育运动”。强调民众教育与社会经济的关系，认为“民众是直接生产者，增进生产能力，要从直接生产者做起”。提出“战时民众教育的对象，应是一般劳苦大众，要扫除文盲，增进职业技能，提高政治意识，教育是为政治服务的，要教育民众坚持抗战，成为不妥协、不屈服、不投降的硬汉”等。

俞庆棠一生致力于民众教育，尽瘁于社会教育事业，为提高民族的文化素质、培养人才积极探索做出了卓越的贡献。1947 年，担任联合国教科文组织中国委员会委员。

马博庵(1899—1966)

马博庵，江苏仪征人，著名的历史学家、社会学家、教育家。年幼时，马博庵家乡读私塾，后来家人把他送到镇江润州中学(由美国一传教士创办)读书。

1919 年，马博庵考取金陵大学历史系。大学毕业后，于 1924 年春赴泰州明德中学任教务主任，一年半后到南通英华职业学校任教务主任。1926 年回母校南京金陵大学工作。1928 年春被录取到美国留学，他先在芝加哥大学攻读历史学，后又转入哥伦比亚大学攻读外交史和国际法，1930 年底获博士学位。

1931 年春，马博庵学成归国，受聘于金陵大学。抗日战争期间他辗转到内地，1938 年初在位于长沙的湖南省地方行政干部学校任教授；1939 年春他去重庆，与著名平民教育家晏阳初合办中国乡村建设学院；1939 年秋应熊式辉聘请前往江西泰和(江西省政府所在地)，主持筹建中正大学。中正大学正式开办后，他担任教授、校务委员、文法学院院长等职。1943 年，中正大学的学生与内地其他一些高校学生一样，掀起抗议政治腐败的浪潮，国民党当局决定镇压，开除进步学生。马博庵发表讲话公开抗议当局，当年 6 月被排挤离校。1943 年 9 月，马博庵到四川省干部训练团附设的县政研究部任导师；1944 年冬，马博庵在中央设计局任设计委员；1945 年 6 月，马博庵担任内政部专门委员。

1948 年秋，马博庵应聘到无锡担任江苏省立教育学院教授、代院长，主持校政。1949 年 6 月辞去在江苏教育学院的课程和事务。当年暑期他参加了苏南行政公署举办的教育界研究会的短期学习。之后到上海，任东吴大学法学院教授。1951 年秋，马博庵被派到香港和曼谷、日本、菲律宾等地，进行农村建设方面的考察和研究活动，1955 年回到上海。1957 年，马博庵在上海历史研究所做研究和编译工作。

马博庵先生把毕生的精力投入到教育学、史学以及社会学领域的研究，取得了令人瞩目的成绩。

孟宪承(1899—1967)

孟宪承，字伯洪，江苏省武进县人，著名中国现代教育家。少时在常州府学堂(今常州省高级中学)就读。1916 年毕业于上海圣约翰大学外文系，1918 年入华盛顿大学专攻教育学，1920 年获教育学硕士学位后又赴伦敦大学研究生院深造，研究教育学、心理学、教育史、教育哲学，1921 年回国，受聘于东南大学任教授。

1923 年，孟宪承受上海圣约翰大学校长卜舫济之邀，前往该校任教。1925 年“五卅惨案”爆发，国人爱国反帝热情高涨，孟宪承不顾个人前途，与美籍校长据理力争，坚决支持学生的爱国行动。他以国文部主任的身份，领导爱国师生对抗校方对进步学生的镇压，并与钱基博等教授带领进步师生离校，宣布“永远与圣约翰大学脱离关系”，“以后不再进任何外国教会学校”。

离开圣约翰大学后，孟宪承联合一些教育界人士，发起创办了光华大学。此后曾一度担任国立第四中山大学秘书长、国立中央大学教育学院院长。1929 起至 1933 年，孟宪承在国立浙江大学任教。1933 年，孟宪承在杭州亲手创建了一所民众教育实验学校，并在此期间对民众教育理论进行了深入研究，著有《民众教育》《民众需要的是什么教育》等论著，是我国民众教育的先驱之一。

抗战期间，孟宪承先后在浙江大学(1938—1941)和湖南国立师范学院任教。抗战胜利后重返浙江大学任教(1946—1951)，兼任文学院院长。1949 年杭州解放，孟宪承为浙江大学校务委员会常务委员，参与主持浙江大学校务。

1951 年孟宪承调到上海，出任华东军政委员会教育部部长、华东行政委员会教育局局长，后转任华东师范大学校长，1956 年被评为一级教授。孟宪承先后当选为第一、二、三届全国人民代表大会代表，上海市第三、四届政治协商会议副主席，上海市教育学会会长。

在办学指导思想上，孟宪承认为，理想的大学创办应该包括“知识的创获”

“品性的涵溶”和“民族的社会的发展”。他十分强调培养师资，认为提高教师的思想水平和学术水平是办好大学的根本。他主张大学应加强基础教学，要让学生掌握坚实的、广博的基础知识，不宜过早地分专业，同时还必须注意培养优良的校风和学风。

孟宪承对文、史、哲等学科具有很深的造诣，通晓英语、法语，晚年还刻苦学习俄语。孟宪承先生博通中外古今，特别是外文、史、哲、教育等学科。他治学严谨，一丝不苟。他重视教育理论的研究，并强调深入教育实践。在教育理论方面，他出版的专著有《教育概论》《教育通论》《教育史》《西洋古代教育》《大学教育》《民众教育》《中国古代教育史资料》《中国古代教育文选》等多种，还曾编写《教育哲学》《中国教育史》《外国教育史》等教材，翻译国外教育著作。1942 年，孟宪承当选为国民政府首批 29 位部聘教授之一，教育学科仅他一人。

2006 年 5 月 15 日，经教育部批准，中国高等教育学会发出关于做好“共和国老一辈教育家宣传活动”的通知，列入第一批计划宣传的共有 18 位大学校长，孟宪承名列其中。

沈体兰(1899—1976)

沈体兰，又名流芳，吴江人。他是一位虔诚的基督教徒，长期致力于教育事业和基督教的传播。

1922 年，沈体兰毕业于苏州东吴大学，1928 年赴英国牛津大学深造。1931 年 9 月，沈体兰应聘任由英国教会承办的麦伦中学的校长。任职期间，他确立了“建设高尚思想，养成社会意识，练习集体意识，实行公众服务”的新办学方针，培养学生“科学头脑、劳动身手、生产知识、革命精神”，聘请进步文化人士任教。他建立起民主管理治校制度，废除宗教课，开设时事形势课，邀请海内外学者名人讲演。同时，沈体兰还创办民众学校、补习学校和义务学校，招收工人、店员和失学儿童入学。“九一八”事变时，沈体兰支持麦伦中学学生开展的各项爱国救亡活动，并发起组织爱国社团，宣传团结御侮的救国主张。“八一三”战事爆发后，沈体兰加入保卫中国大同盟等抗日救亡组织，并受宋庆龄委托，辗转印、英、美诸国，宣传中国抗日斗争，扩大反侵略正义事业的影响。1941 年初，沈体兰赴内地办学，1946 年夏返沪，复任麦伦中学校长，并兼上海圣约翰大学教授。1947 至 1948 年间，沈体兰等发起组织了上海大学教授联谊会。在上海各界人民团体联合发起组织的“美军退出中国”宣传周中，沈体兰主持召开外国记者招待会，用英语演讲，反对美国干涉中国内政。他还与马寅初等发起成立“上海市教育人权保障会”，联合 28 位教授发表意见书，提出反对内战、反对逮捕爱国师生等6项抗议。1949年初，沈体兰应邀参加新政协筹备工作，任全国第一届政治协商会议副秘书长，并参加开国大典。1950年，沈体兰任华东军政委员会教育部副部长，1953年调任华东体育委员会主任，1955年起任上海市体委主任，1958年起任上海市政协副主席。曾当选为全国人大代表和上海市人大代表、上海市人民委员会委员、全国政协委员、中国民主同盟中央委员、上海市委常委、民主促进会上海市委常务理事等。

古楳(1899—1977)

古楳，又名古柏良，广东梅县人，我国较早研究教育经济问题的一位学者。1919年考入南京高等师范学校，开始研究乡村教育，致力于乡村教育运动，曾写成《美国乡村教育概观》。1928年受国立中山大学之聘，讲授乡村教育。在此期间，写成《乡村教育新论》等一系列关于乡村教育的文章。

1937年后，古楳在上海、苏州、无锡等地任教。1940年以后，一度在上海主持过教育实验区，曾担任江苏省立教育学院副教授、苏南文化教育学院院长等职务。抗战胜利后至1949年任国立社会教育学院社教系教授、院务委员会委员，主持院务。1952年后任江苏省教育厅副厅长、中国民主促进会江苏省分会副主席。

古楳先生是20世纪二三十年代改革传统教育、推进新教育的积极倡导者与实践者。他主要从教育与经济关系的理论角度对当时中国教育的失败进行了深刻反思。这些见解对形成我国的教育经济理论起了开创性的作用。

1929年以后，古楳意识到农村经济问题的重要性，开始着手研究，著有《中国农村经济问题》。为寻求当时教育失败的原因，1930年开始研究中国教育现状，1932年写成《现代中国及其教育》，认为“今后中国教育之设施”，“当以经济的标准为衡”，“力求历程之经济，不宜稍有浪费”。1934年，古楳将其研究教育与经济问题的文章辑成《中国教育之经济观》一书。古楳先生所说的“教育之经济学”，是从经济学观点出发来观察中国的教育，从而推出中国的教育问题。古楳先生提出的见解主要包括以下四个方面：一是教育者应具有经济观点。要认识到国家经济发展水平对教育起着决定性的作用。二是发展生产要重视人才。他认为发展生产最难求的是人才，而人才的培养途径主要是教育。三是办教育要讲求经济效率。他认为当时中国的教育经济效率的低下与中国人口的问题和赋税问题有密切的联系，人口的数目决定着教育的规模。所以办教育要讲经济效率，而忽视了这些重要的因素就会导致教育成本的上升和资源的浪费。四是要注意研究教育成本。他认为，教育成本的研究有利于教育部门进行经济监督，以提高教育投资利用的经济效益；有利于正确处理国家、集体和个人对教育投资的不同负担，科学确立教育成本合理分担；有利于学生正确处理个人与国家利益、目前利益和长远利益的关系，以及改变教育部门是消费部门、忽视成本核算的错误观念。

古楳先生提出的教育经济学思想，对我国教育经济学的研究起着先导性的引领作用，也是现代教育经济学所要研究的重要内容。

杨荫浏(1899—1984)

杨荫浏，字亮卿，光绪二十五年(1899)十月初八生于无锡留芳声巷，著名音乐教育家、民族音乐史家。12岁时，杨荫浏加入民间音乐团体“天韵社”(由无锡音乐界名流组成的民间音乐团体)，是天韵社最后一代传人。

1916年秋，杨荫浏高小毕业后考入江苏省立第三师范学校(今无锡高等师范学校)，22岁时以优良成绩毕业，任石塘湾县立第五高等小学国文教员。一年后，入无锡辅仁中学学习，1923年毕业，同年进入上海圣约翰大学，先后在经济系、文学系学习。

杨荫浏自幼酷爱音乐。在天韵社时，他师从吴畹卿，除学习乐器外，对音韵、音律、乐器构造等也有浓厚的兴趣。民国初年，美国人郝露易女士来无锡圣公会做传教士，杨荫浏曾师从郝露易学习英文、钢琴和西洋音乐乐理。

1925年“五卅惨案”发生后，杨荫浏因积极参加反帝爱国运动，遭校方压制，愤而离校，进入中国人自办的光华大学经济系学习。为配合示威游行的宣传需要，他将《金陵怀古》曲调填以宋代民族英雄岳飞的《满江红》词，用以鼓舞人心，这首歌曲影响深远，迄今还在全国广泛流传。1926年2月，杨荫浏因家贫辍学。回乡后，先后在辅仁中学、荣氏女校、无锡美专、宜兴中学等校任教。

1929年，杨荫浏应基督教圣公会之聘，先后在南京、杭州做赞美诗的编辑工作。1932年，杨荫浏赴北京与燕京大学刘廷劳博士一起编译和修订赞美诗，并共同主编宗教期刊《紫晶》及《真理与生命》刊物中的“圣歌与圣乐”专栏。这项工作一直延续到1941年。杨荫浏所编辑出版的赞美诗集《普天颂赞》，获国际圣经展览编辑优良奖，所载赞美诗在国内外教徒中广为传唱。

杨荫浏在北京期间，继续钻研音乐理论。1936年，他任哈佛燕京学社研究员，同时在燕京大学音乐系讲授中国音乐史。1937年暑假回无锡度假，后因“七七”卢沟桥事变发生，不能北上。该年8月下旬去南京，暂任中央机器厂总务主任，12月随厂迁至湘潭，翌年8月迁昆明，1940年又迁重庆。1941年9月，杨荫浏任重庆国立音乐院教授兼国乐组及研究室主任。在重庆国立音乐院时，他支持学生的进步活动，资助山歌社出版中国民歌。抗日战争胜利后，国立音乐院迁南京，杨荫浏任原职，同时兼任金陵女子大学教授。

杨荫浏从事中国民族音乐的研究和教育长达60余年，他一生著述27种，论文近百篇，其中1982年由人民音乐出版社出版的《中国古代音乐史稿》，是一部系统阐述中国音乐发展的学术著作，在我国民族音乐学术宝库中占有重要的地位。

童润之(1899—1993)

童润之，南京人，著名乡村教育家。童润之早年在南京金陵大学农科毕业，1926年夏赴美留学，在加州大学教育研究院攻读中等教育，获教育硕士学位，1928年回国。

1929年初，在无锡建校的江苏省立民众教育院增设劳农学院，童润之应院长俞庆棠之邀，到该院任教授，讲授乡村中等教育和乡村社会学，兼农民师范班主任。1933年，民众教育院与劳农学院合并，改建为江苏省立教育学院，童润之担任教务主任。

抗战初期，江苏省立教育学院临时迁至广西乡间授课，童润之任代理院长。他治院开明，经常邀请文化界进步人士胡愈之、陶行知、杨东莼、刘季平等到校作报告，深受学生的欢迎。他还协助广西政府推行成人教育，并实验广西提倡的国民中学制度。他潜心国民中学制度的研究，撰写了《广西之国民中学教育》一书和《创办国民中学刍议》《从普通中学说到国民中学》《广西国民中学创设之背景有其特质》等论文。

1940年春，童润之应江西泰和新建的中正大学之聘，前去担任教育系主任。1941年初，应广西大学校长雷沛鸿之邀，任广西大学农学院院长，讲授《中国农村经济》。1943年，转去重庆，在国立社会教育学院任社会教育系主任，兼教学，还曾在晏阳初主办的乡村建设研究院讲授乡村社会学，同时从事农村调查研究。

抗战胜利后，童润之回无锡，筹划恢复江苏省立教育学院。不久，在原址改建校舍，添置设备，增聘教师，开始招生。1950年1月，原来设在苏州的国立社会教育学院迁至无锡，与江苏教育学院合并，改建为苏南文化教育学院，童润之任副院长。1952年，苏南文化教育学院和东吴大学、江南大学数理学院合并，在东吴大学旧址建立苏南师范学院，同年定名为江苏师范学院（1982年改名苏州大学）。

1993年童润之逝世，享年95岁。他一生严于律己，宽以待人，培养了大批人才，为教育事业做出了杰出的贡献。

王庸(1900—1956)

王庸,字以中,生于光绪二十六年(1900),无锡县东埠糜巷桥人。1914年进江苏省第二工业学校土木工程专科学习,1919年考入南京高等师范学校史地部,毕业后在无锡中、小学任教。1925年,王庸以优异成绩考取北京清华学校国学研究所研究生,亲受梁启超、王国维、陈寅恪等大师的指导,研究史地之学,开始撰写《明代北方边防图籍录》《海防图籍录》。1928年毕业后留校任助教。后离校南归,在上海暨南大学、中国公学任讲师。1931年,经陈寅恪介绍,王庸出任北平图书馆编纂委员兼舆图部主任,撰成《中国地理图籍丛考》;1936年任浙江大学图书馆主任。两年之后,开始编写《中国地理学史》。

抗日战争爆发后,王庸先后在湖南师范学院、云南大学、西南联合大学任历史系教授。1941年,因父亲逝世,王庸从昆明奔丧回到无锡,后在梅村吴风中学代课,以维生计。抗日战争胜利后,王庸受聘于中央图书馆上海办事处,同时在暨南大学兼任史地系教授。因同情与支持学生的爱国民主运动,王庸遭校方解聘。1947年,王庸受聘任无锡江南大学教授,并在无锡国学专修学校兼课,后又任苏州国立社会教育学院新闻系主任。

1949年4月,无锡、苏州相继解放。王庸离开苏州国立社会教育学院,至无锡县中学任高中部国文教师。第二年春,由郑振铎推荐,任南京图书馆特藏部主任,1953年任南京大学历史系教授,1954年调任北京图书馆研究员兼舆图组组长,并兼任中国科学院地理研究所研究员,编制《中国舆图分类表》,撰写《中国地图史纲》,并着手研究《山海经》和《水经注》。1956年3月14日,王庸因心力衰竭病逝,终年56岁。

吴邦伟(1900—1978)

吴邦伟,字兆奎,江苏无锡人,著名体育教授。

1921年,吴邦伟从南京高等师范学校体育专修科毕业以后,先后任东吴大学、厦门集美师范学校、东南大学、圣约翰大学、光华大学、暨南大学的助教、教员、体育主任等职。1930年,吴邦伟辞去上海暨南大学体育系主任职务,到江苏镇江担任省立体育场场长、江苏省教育厅督学。在此期间,他整顿和修建了一些县体育场,定期举办各类体育比赛,举办了各种讲习班,同时创办了《体育研究与通讯》季刊。

抗战爆发后,吴邦伟入川担任国民体育委员会委员,着手编订国民体育实施大纲,主持制订了各级学校体育实施方案,大、中、小学体育教学大纲,抗战时期各级学校体育设备标准和中、小学体育教材等。抗战胜利后,吴邦伟回镇江,复任江苏省立体育场场长。

1947 年底，吴邦伟受上海市立体育专科学校之聘，历任该校教务主任、代理校长等职。1952 年任华东体育学院建院领导小组成员，兼体院附设华东体育干部班主任。以后担任华东体院综合教研室主任，开设《体育概论》《体育行政》《体育教学法》《活动性游戏》等课程。1955 年任华东体院体育理论教研组主任，主持编写了《中国体育理论》和《体育学》等讲义。

吴邦伟一生为我国体育教育理论与实践的发展做出了重大贡献。主要著作有《体育理论知识》《足球训练法》《篮球训练法》《足球规则问答》等。

程有庆(1901—1997)

程有庆，江苏常熟人，著名化学教育家，二级教授。他幼年进私塾，13 岁进塔前县立小学。小学毕业后，考取苏州桃坞中学，1922 年以优异成绩毕业，以“工读生”由该校保送到上海圣约翰大学化学系。在圣约翰大学，他一面进修大学课程，一面在化学系担任辅助工作。1928 年他又以优异成绩毕业，获理科学士学位，并留校任化学系助教。1929 年 8 月到北京燕京大学研究院进修，次年毕业，获理科硕士学位，即回原校先后担任化学系讲师、副教授、教授、系主任等职。1947 年 8 月赴美国，进威斯康辛大学研究院深造，获生物化学硕士学位。1948 年 6 月回国，继续在圣约翰大学化学系任教。1952 年 8 月全国院系调整时，调至江苏师范学院(今苏州大学前身)，任化学系教授。

程有庆的青年时代，正值军阀混战，民不聊生，人民灾难深重。他目睹此情此景，忧虑深重，认为必须开发民智、振兴科学，才能拯救祖国。为此，他立志献身祖国的教育事业。他工作认真负责、一丝不苟，几十年如一日，坚守在教育工作岗位上。

新中国成立后，程有庆更是把全部精力扑在教育工作上，在几十年的化学教学实践中积累并提出了丰富的教学经验与思想，主要包括：注重“三基”即基本理论、基本知识和基本技能的教学；重视开阔学生的知识面；加强实践性教学环节，培养学生分析问题和解决问题的能力；严格要求学生；等等。他一贯治学严谨，同时在教学中深入浅出，循循善诱，并特别重视课堂演示实验。

1983 年冬，程有庆以 82 岁高龄，辞去了苏州大学化学系主任的职务。程有庆一生为祖国教育事业耗尽了心血，取得了丰硕果实，培养了一大批优秀的学生，为我国的化学教育事业做出了突出的贡献。

顾翼东(1903—1996)

顾翼东，苏州人，光绪二十九年(1903)生于苏州临顿路宝砚堂顾氏老宅。顾翼东出身于书香世家，高祖父顾沅(湘舟)是清代著名的图籍、金石收藏家和文学家。父亲擅代数，母亲善诗词。外祖父王同愈是前清翰林、著名书画家，爱好几何学和天文，有维新思想，对顾翼东幼时的成长很有影响。

顾翼东于1914年入东吴大学附属中学，1918年考入东吴大学化学系。1923年毕业，获理学士学位。1924年去美国留学，1925年获芝加哥大学化学硕士学位，曾留校任助教。1926年回国后任东吴大学化学系教授，1931年任化学系主任。1933年，顾翼东再次赴美国留学，获芝加哥大学哲学博士学位，婉拒芝加哥大学的留校邀请，毅然回国，仍在东吴大学执教。

顾翼东受聘东吴大学的同时，还先后应聘担任了交通大学化学系教授、震旦女子文理学院化学系主任、上海医学院化学教授、上海大同大学教授、华东四个大学联合实验室主任等职。他认识到：国家要自强自力，一定要大力发展科学，而教书育人是关键。他启发学生独立思考，注重能力培养。

1942年至1952年间，顾翼东任东吴大学理学院院长。1952年后一直担任复旦大学化学系教授。在几十年的化学教学中，他要求青年教师教学、科研两副担子一起挑。他认为提高教学质量，离不开科研工作的开展，书本知识一定要与实践相结合，脱离实际的讲课一定是失败的讲课。他要求学生一定要立足创新，学了就要用，要互相尊重、互相交流。他奉行的格言是：与人无忤，与世相争。即对人要宽厚，对真理却要争个明白，不迷信盲从。他不仅把此作为自己的座右铭，也以此一再谆谆教导自己的子女及学生。顾翼东生活朴实，不求名利，为人师表，德高望重，恩泽教坛，致力于化学教育70余年，为祖国培养了几代英才，其中有十多位中国科学院院士，是我国优秀的老一辈爱国科学家。

费达生(1903—2005)

费达生，女，江苏吴江人，蚕丝教育家。光绪二十九年(1903)10月1日出生于苏州吴江。父亲费璞安，曾留学日本，长期从事教育工作；母亲杨纫兰，早年从事幼儿教育。费达生自幼受到良好的家庭教育。14岁入江苏省立女子蚕业学校学习，受到蚕丝教育家郑辟疆的熏陶，在五四运动的影响下，她立志献身祖国的蚕丝事业。

1920年夏，费达生从女子蚕业学校毕业，被学校选派去日本留学，次年考入东京高等蚕丝学校制丝科(东京农工大学前身)。留学期间，她看到日本自明治维新后，以蚕丝兴国，成为中国的强劲对手；又因经常受到一些日本人的歧视，更激起了她发奋图强、重振祖国蚕丝事业的决心。从东京高等蚕丝学校毕业后，费达生回到蚕校工作，追随郑辟疆，坚持教育与实践相结合，长期深入农村，从事桑蚕丝绸科学技术的推广。

日军侵入吴江时，费达生与蚕校部分师生到四川乐山建立蚕丝实验区。

费达生在此建立蚕种场，指导科学养蚕，并改造旧式丝厂，改进土法缫丝。后创办大后方唯一的蚕丝学术刊物——《蚕丝月报》，并发表《我们在农村建设中的经验》《复兴蚕丝业的先声》和《建立桑蚕丝绸的系统观点》等文章。抗战胜利后，费达生回到江苏，受中国蚕丝公司委托，协助接收日商苏州瑞纶丝厂，把该厂改名为苏州第一丝厂。此后又到处奔走，历尽辛苦，使女蚕校制丝实验厂重新建立，恢复生产。

新中国成立后，费达生先后在江苏蚕桑专科学校推广部任指导员、苏州丝绸工学院任副院长，并随郑辟疆在吴江震泽创办我国农民的第一个近代机械缫丝厂。

费达生七十余年如一日，忘我工作，公而忘私，为振兴中国的蚕丝事业做出了重要贡献。

许莼舫（1906—1965）

许莼舫，原名许润芳，光绪三十二年（1906）出生于江阴顾山镇南桥埯一个中医家庭，后定居无锡。幼年就读于顾山镇一所小学。1924 年夏于江苏省立水产学校毕业后随父学医，半年后在顾山小学任数学教师。1928 年 2 月起到堰桥镇胡氏中学任数学教师。他自幼酷爱数学，刻苦自学。1935 年，编著了《古算法之新研究》和《古算法之新研究续篇》，在数学界初露头角。同年起，先后在无锡锡光中学、方桥锡南中学任数学教师，又根据自己的教学经验，编写了《数学补习用书》四种，深受中学生的欢迎。

1936 年，许莼舫出任道南中学教务主任。1943 年，在无锡城区新庙前同仁堂创办弘毅中学，自任校长。1944 年 8 月接办育才中学，任校长。1946 年任青城中学校长，后回道南中学任教导主任。

新中国成立后，许莼舫先后在无锡辅仁中学、无锡市第一中学任数学教师。为了培养学生对数学的兴趣和爱好，他在课堂上用讲故事的形式介绍我国的数学史，深入浅出，引人入胜；并在课外举办数学辅导讲座；还亲自创作了不少数学模型、挂图、表格，进行直观教学。1951 年，许莼舫应北京开明书店之邀任编辑。后因病辞职回家，专事数学读物的写作。

许莼舫著有数学读物 32 种，撰写论文 60 多篇，共 300 多万字。其中《圆》一书，被朝鲜翻译发行。日本学者石川新次在《珠算的理论与技巧》及苏联学者尤什凯维契在《中国学者在数学领域中的成就》中，均引用了许莼舫著作中的有关内容。

戴伯韬（1907—1981）

戴伯韬，我国著名教育家和科普作家。光绪三十三年（1907）7 月 15 日出生于江苏丹阳西门外水湖村的一个农民家庭，曾用名戴邦杰。

1918 年，戴伯韬考入丹阳县第二高等小学，1922 年秋考上江苏镇江省立第六中学。1925 年秋，他在父亲的劝告下，考入了商业专科学校，两年后又转入晓庄试验乡村师范就学。

1928 年，他到无锡社会教育学院工作，担任乡村教育指导员，次年 9 月任无锡县立惠山实验小学校长。1930 年，他回到晓庄师范，和谢纬棨等人筹办蟠龙学院（即民众教育学院）。同年 4 月，晓庄师范学校由于在共产党的领导下参加反蒋介石的活动而被迫关闭，戴伯韬也化名转移到浙江江山县一所私立的何家山农业学校教国文。1931 年 2 月，戴伯韬又转移到上海办儿童半月刊，编写童话、故事、散文等。不久，戴伯韬和董纯才等创办了儿童"自然科学园"，编写出版了"儿童科学丛书"，并创办了儿童科学通讯学校。戴伯韬还和董纯才合编了农民常识读本，和高士其一起写了不少科普文章。

1934 年 2 月，戴伯韬应陶行知之邀，负责编辑《生活教育》，随后又办《抗战教育》《战时教育》杂志等，积极宣传党的抗日主张，揭露国民党破坏抗日的罪行，对广大民众进行爱国的抗日民主教育。

1938 年 12 月，陶行知先生在桂林正式成立生活教育杜，戴伯韬当选为常务理事。1939 年 7 月，陶行知先生在重庆附近的合川县古圣寺创办育才学校。在陶行知先生的主持下，戴伯韬与魏东明、王洞若等一起拟定了《育才学校教育纲要草案》《育才学校公约草案》等办学的主要文件，戴伯韬成为育才学校的实际负责人。

1941 年 5 月，戴伯韬被分配到苏北盐阜地区工作，后任盐阜区公署文教处处长、盐阜地委宣传部副部长，主持教育工作。1945 年 6 月，盐阜和江淮地区合并，成立苏北行政委员会，戴伯韬被任命为苏北行政委员会第一厅厅长，负责民政和文教工作。

1945 年 9 月，戴伯韬任教育厅副厅长，兼华中建设大学副校长。1949 年 8 月，戴伯韬任国民教育科科长，1954 年任人民教育出版社第一副社长兼总编辑，领导编写全国小学统编教材。戴伯韬还多次被选为全国人民代表大会代表。1962 年至 1966 年间，他任中央教育部党组成员，兼中央教育科学研究所所长。

"文革"结束后，他为教育事业的拨乱反正、开展教育科学研究等做了大量工作。

钱仲联（1908—2003）

钱仲联，原名萼孙，号梦苕，苏州常熟虞山镇人。被誉为"昆仑万象一代诗豪"。光绪三十四年（1908）9 月出生于江苏常熟一书香世家。

钱仲联祖父钱振轮是晚清著名骈文家，舅祖翁同龢为清末大学士，父亲钱滮早年曾留学日本。在家人的影响下，钱先生自幼好学。1924 年春，17 岁的钱仲联以第一名的优异成绩考取了无锡国学专修学校。求学期间，钱仲联不仅熟读了四书五经等儒学经典，还通读了先秦诸子、《史记》《汉书》《资治通鉴》《说文》《昭明文选》《文心雕龙》《古文辞类纂》及理学家的专著集。

1926 年，钱仲联毕业于无锡国学专修学校，在《学衡》发表了他的第一篇论文《近代诗评》，对晚清以来的诗学大势做了精辟的评述，从此开始了他漫长的学术生涯。1936 年由上海商务印书馆出版的《人境庐诗草笺注》是其学术活动的第一个里程碑。此后，他几乎将毕生精力都投入到了诗词笺注中。《海日楼诗注》《吴梅村诗补笺》《鲍参军集补注》《剑南诗稿校注》等一大批蜚声学术界的力作相继问世。

钱仲联是一位治学严谨的学者、才华横溢的诗人，同时，作为一名时刻牵挂国运民生的爱国知识分子，在那国难深重、民生涂炭的黑暗岁月里，他时时不忘以诗歌为武器，呼唤民族精神，激扬救国热情。钱仲联以学说、诗词闻名于世，但他却把这视为"副业"，而始终以教师作为其一生中最重要的职业。他先后任大夏大学、无锡国学专修学校、南京师范学院、江苏师范学院教授。在教学中，钱仲联一直提倡"活教"，启发学生触类旁通、举一反三。他常说："授人以鱼，为一饭之惠；授人以渔，则终身受用无穷。"

钱仲联的晚年仍笔耕不辍，著述颇丰，其好学精神令人无法望其项背。2003 年 12 月 4 日，在走完了九十六年的人生旅程后，被誉为"清诗功臣"的钱仲联永远地离开了他所钟爱的事业。

华山（1910—1971）

华山，原名华芷荪，新中国成立后改名华山，著名宋史研究专家、中国思想史研究专家。宣统二年（1910）11 月 12 日出生于江苏省无锡县张泾桥乡（今属无锡市锡山区张泾镇）一个地主家庭。

华山自幼酷爱文学，在私立无锡中学高中文科班读书时，即以诗词闻名于同辈。1929 年，考入清华大学中国文学系，后转政治经济系。1933 年 7 月大学毕业后，受无锡私立锡光中学之聘，任历史、外语教师，两年后，转至无锡县立女子中学任外语教师。在中学任教时，华山的治学兴趣渐由文学转向历史，开始钻研中国历史典籍。1937 年抗战爆发，11 月，无锡沦陷。在此动荡时期，华山还与同学一起在无锡合办私立正风中学。

1945 年抗战胜利后，华山受上海大同大学附属中学之聘，任该校历史、外语教师。翌年，进步人士吴晗教授自昆明抵沪，华山请他到校向学生演讲。华山这一行动，为保守的学校当局所不满，被迫辞职返乡。1947年，华山应私立无锡中学校董会之聘，任外语、历史教师，兼任图书馆主任。1949年4月23日，无锡解放，这为华山的工作和治学开创了新的局面。他积极参加政治活动，参加民主党派，担任九三学社无锡分社第一任宣传部长，又被教育界推荐为中国人民政治协商会议无锡市委员会委员。同时，华山潜心历史研究，至1956年为止，先后发表关于宋史的论文20多篇。

1956年7月，华山调任山东大学《文史哲》编辑。不久转该校历史系，开宋史课程，并继续发表其史学的研究成果，受到史学界重视。

孙起孟(1911—2010)

孙起孟，安徽省休宁县商山乡人，中国著名的教育家和社会活动家。

孙起孟于1918年随父母迁居苏州，中学时就读于苏州东吴大学第一附属中学，1927年至1930年在东吴大学文科学习，毕业于东吴大学政治学系，随后在苏州女子师范学校、苏州中学任教。

孙起孟初登教坛，就以前辈教师为楷模，全身心地投入到为振兴中华、培养人才的教育事业中。他从不拘泥于旧的教学模式，在教学方法上有很多独到之处。此外，孙起孟注重学生能力的培养，积极为学生创造锻炼能力的机会，为学生提供可以施展才能的场所，孙起孟和苏州女子师范学校的进步教师在陶行知教育思想和办学主张的启示下，带领师范的“小先生”(师范生)把附近无条件入校读书的孩子组织起来，开办平民学校，由“小先生”轮流给孩子们上课，这一做法给师范生提供了实践教学的场所，又使贫苦子弟有了学习文化的机会。除此之外，孙起孟执教时还十分注意拓宽学生的知识面，从掌握知识的能力上提高学生的素质。

在苏州女子师范学校任教期间，孙起孟还领导进步学生发动学潮，驱逐思想保守、反动的校长陈淑。风潮失败后，他被国民党政府江苏教育厅开除教职，1935年离开苏州。

1936年，孙起孟应黄炎培之邀，到上海中华职业学校任教。抗日战争爆发后赴重庆，任重庆中华职业教育社四川办事处主任。1942年夏调任职教社昆明办事处主任，1946年2月回上海复任职教社总书记，是年7月任职教社创办的比乐中学首任校长，全力支持该校师生的爱国民主活动。之后，任职教社驻香港代表和香港持恒函授学校校长。

孙起孟也是我国职业教育的主要倡导者和实践者，他长期担任中华职业教育社领导职务，认真研究我国职业教育的发展方向，在近半个世纪的职业教育生涯中，他为推动和发展我国的职业教育事业呕心沥血，做出了突出贡献。

参 考 文 献

周邦道. 近代教育先进传略初集[M]. 台湾：中国文化大学部，1981.

雷克啸. 中外著名教育家[M]. 哈尔滨:黑龙江教育出版社,1985.

陶愚川. 中国教育史比较研究(近代部分)[M]. 济南：山东教育出版社,1985.

《中国现代教育家传》编委会. 中国现代教育家传(第1卷)[M]. 长沙:湖南教育出版社,1986.

毛礼锐. 中国古代教育家传[M]. 北京:北京师范大学出版社,1987.

《中国现代教育家传》编委会. 中国现代教育家传(第8卷)[M]. 长沙:湖南教育出版社,1988.

《教育大辞典》编纂委员会. 教育大辞典(第10卷)[M]. 上海:上海教育出版社,1991.

苏州教育局《苏州教育志》编纂组. 苏州教育志[M]. 上海：上海三联书店，1991.

冯桂芬. 采西学议[M]. 沈阳:辽宁人民出版社,1994.

孙培青,李国钧. 中国教育思想史[M]. 上海:华东师范大学出版社,1995.

金其桢. 吴地教育家[M]. 北京:中央编译出版社，1996.

刘桂林. 中国近代职业教育思想研究[M]. 北京:高等教育出版社,1997.

董宝良,周洪宇. 中国近现代教育思潮与流派[M]. 北京:人民教育出版社,1997.

程凯. 当代中国教育思想史[M]. 开封:河南大学出版社,1999.

俞启定. 中国教育简史[M]. 北京:中央广播电视大学出版社,1999.

郑金洲. 教育文化学[M]. 北京:人民教育出版社,2000.

刘正伟. 督抚与士绅——江苏教育近代化研究[M]. 石家庄:河北教育出版社,2001.

杨际贤,李正心. 二十世纪中华百位教育家思想精粹[M]. 北京:中国盲文出版社,2001.

余广彤. 蚕魂——费达生传[M]. 苏州:苏州大学出版社,2002.

金其桢. 近代三大实业教育家研究[M]. 北京:高等教育出版社,2004.

殷爱荪,周川. 校长与教育家[M]. 福州:福建教育出版社,2004.

张乃格,江苏民性研究[M]. 南京:江苏人民出版社,2004.

朱永新. 沟通与融合——中国近现代教育思想史[M]. 北京:人民教育出版,2004.

周川,黄旭. 百年之功——中国近代大学校长的教育家精神[M]. 福州:福建教育出版社,2005.

曲铁华. 中国教育发展史纲[M]. 吉林:东北师范大学出版社,2006.

孙孔懿. 论教育家[M]. 北京:人民教育出版社,2006.

陈乃林,周新国. 江苏教育史[M]. 南京:江苏人民出版社,2007.

周春良,冯黎,周祖华. 草桥春秋[M]. 苏州: 古吴轩出版社,2007.

孙丽荣. 中国近代教育史[M]. 哈尔滨:黑龙江人民出版社,2009,(6).

田正平. 中国教育史研究 · 近代分卷[M]. 上海:华东师范大学出版社,2009.

袁相碗,秦浩. 江苏历代名人录(教育卷) [M]. 南京: 江苏人民出版社,2010.

周川. 中国近现代高等教育人物辞典[M]. 福州:福建教育出版社,2012.

想起那些先生……(跋)

我们把记忆追溯到一个多世纪前的江苏无锡。一座古庙里,一位先生问一群弟子:“倘若让你们今年在这庙里种一株植物,来年观赏,你们最想种什么?”弟子们纷纷回答:“种夹竹桃!”“种月季!”均为来年便可开花之植物。先生不置可否。只有一个年龄最小的弟子说:“先生,我想种松树,种柏树,虽然来年无景可赏,但十年、百年后,便可满目苍翠,惠泽后人了。”先生笑了,他向眼前这个年仅 12 岁的少年投去了赞许的目光。先生教诲众弟子说:“其实,种植物就如同做学问,亦如同为人师者对待自己的学生,我们切不可急功近利,只想着种桃种李种春风,更要懂得种松种柏种永恒啊!”先生的教诲弟子们铭记在心。这位可敬的先生便是民国时期著名的史学家吕思勉。而那个 12 岁的翩翩少年在多年后也继承了先生的衣钵,成为一位可爱的学者,他便是新中国史学界的泰斗、《国史大纲》的作者钱穆。

一个多世纪过去了,想起思勉先生,想起钱穆先生,我不禁慨叹。面对世事红尘的千般纷扰,面对地位、荣耀的万般诱惑,我们是不是应该放慢匆匆的步履,让灵魂跟上脚步;我们是不是该时常仰望头顶澄澈的天空,用心呵护每一粒种子的成长,静静地等待、聆听花开的声音。诚如我的导师朱永新先生所言:“相信种子,相信岁月。”

我又想起了周作人先生有关日本茶道的一句话:喝茶,讲究一期一会。期就是期待的期,会就是会面的会。也就是说,每个喝茶的人,如果把每一次聚会都看成生命中唯一的一次、最后的一次,那么就会心怀敬畏和感恩,就会分外珍惜这次聚会。作为教师,我也愿把课堂看做我的一期一会,因为我深深地懂得,每个 50 分钟,都是我和学生共同走过的永不再来的 50 分钟,是生命在那个时刻唯一的纪念。所以,我不敢,不能,也没有任何资格懈怠。

时时想起那些先生,他们的人生境界,我虽不能至,但心向往之。我愿用一颗真诚朴素之心,去温暖我可爱的学生们,让每一堂课和每一次交流,都成为我们生命中的一期一会,成为生命中不死的时间!